BEYOND TESTING
Towards a theory of educational assessment

新しい評価を求めて
――テスト教育の終焉

キャロライン・V・ギップス著　鈴木秀幸訳

BEYOND TESTING   Towards a theory of educational assessment by Caroline V. Gipps
Copyright © 1994 by C. Gipps
Japanese translation rights arranged with The Falmer Prass Limited
through Japan UNI Agency, Inc., Tokyo.

装丁　鈴木武道＋ワニプラン

訳者序文

本書は，1994年にThe Falmer Pressから出版された，ロンドン大学教授C・ギップスの「Beyond Testing–Towards a theory of educational assessment」の全訳である．原著は教育評価の新しいパラダイムの方向を解説したものとして，英国のみならず広く世界で教育評価の研究者に読まれており，多くの論文に引用されている．わが国では，教育評価の新しいパラダイムをまとめて解説した書物は皆無であり，その全体像を知るためには本書の邦訳が必要と考え，ここに出版することとなった．本文でも述べられているように，教育評価は1980年代に理論の面でも，実務の面でも大きな転換を迎えた．最も大きな転換は，教育評価が精神測定から独立して，それ自身独自の論理的基礎をもった独立した分野となってきたのである．残念ながら，わが国では教育評価は心理学の一分野と考えられる傾向が根強く，研究者の数もわずかである．大学においても教職希望者に対する，評価に関する教育はほとんど行なわれていない状況である．私自身，教職課程で評価に関する教育を受けた覚えがない．一時期，評価に関する私の知識は，現職教員になってから見よう見まねで覚えたものであり，それも偏差値，順位，相対評価といったたぐいのものにすぎなかった．

たまたま私は，1988年ロンドン大学で英国の教育改革について講義を受け，この年からGCSE試験の導入を中心とした，評価に関する転換が始まったことを知った．その後，実際の学校現場でその評価改革の内容を目のあたりにすることができた．その改革の内容を知り，わが国の評価の現状と比べ，あまりに大きな隔たりに驚愕したものである．以来10年以上経過したが，現在でもGCSE試験と，例えばわが国のセンター試験の問題，高校入試の試験問題との違いは驚くべきものである．もっとショッキングなことは，それが（わが国の試験問題が，生徒の能力や技

I

能のきわめて限定された部分しか対象としていないという意味で),ほとんど知られていないということである.

　当時のわが国は,いわゆるバブル経済の真っ盛りであり,一方の英国は英国病からようやく回復しつつあった時期である.しかし,英国での評価の改革とそれがもたらす人材の姿を思い浮べると,10年後の両国の立場は逆転していることを予想せざるをえなかったのである.その後の経過はいまさら言うまでもない.近年「失われた10年」と言われるが,これは経済ばかりではない.教育評価においても同様のことが進行してきたのである.評価の改革が始まったのは1980年代はじめからであり,そこから考えれば,評価に関しては「失われた20年」というほうが正確である.にもかかわらず,状況はいっこうに変わっておらず,わが国は有能な人材を不十分な評価のために,失いつつあるのである.失われた20年の影響はこれからますます顕著になるであろう.おりしも大学生の学力低下の問題が叫ばれ,2002年から学習内容が3割減らされることに対する批判が相次いでいる.しかし,問題の根本はそのようなところにあるのではない.あまりに簡略な試験システムがこのような状況を招いたのである.学習内容と評価の関係は,犬と尻尾の関係になぞらえることができる.ただし関係は逆である.犬が尻尾を振るのではなく,尻尾が犬を振るといってもよいぐらいである.

　それではこの20年間に何があったのか,どこにわが国の評価や試験システムの問題があるというのか.このような問題にも本書は答えるものである.20年前,違いはさほどではなかったのである.その後英国では評価や試験改革を実行し,わが国では遅々として進まなかったのである.評価や試験改革の起こった根本的な理由は,評価のパラダイムが変わったためである.どこがどう変わったのか,変わりつつあるのか,本書はこれに答えるものである.評価のパラダイムの転換は,現に進行しつつあり,そのため本書でもすべてについて完璧に説明しているわけではない.転換の方向や基本的な考え方を説明しているが,それが引き

起こす問題のすべてに解決策を示しているわけではなく，問題点を指摘しているにとどまる部分もある．しかし，転換の全体像を捉える枠組みを示すことは，現在のわが国の評価の改革のために急務である．わが国では，問題点を捉える枠組みさえ十分ではないからである．

　以上のような問題点は，本書を翻訳するにあたって，適切な用語がわが国にないことに端的にあらわれてきた．そのため，多くの用語がこの翻訳のために新たに作り出されたものである．教育評価を論じるための適切な用語がないことほど，わが国の現状をあざやかに示していることはないであろう．訳語については，様々な批判もあるであろうが，今後とも識者のご意見をお伺いしながら改良すべきことであると考えている．

　また，既に訳語のあるものについて，従来の訳語が不適切と考えたものもある．教育評価の先達の訳語であるが，教育評価の理論的な発展により，これらの訳語が誤解を生じる原因となってしまう場合もあるため，誠に残念であるが本書では新しい訳語を提案した．その最も典型的な例は，criterion-referenced assessment の訳語である．これを絶対評価と訳すことはもちろん，到達度評価と訳すことも不適切となってしまった．それは，criterion-referenced assessment の criterion の解釈として当初は，domain-refernced assessment が提唱されたが，その後，standard-refernced assessment の登場するにおよんで，前者の意味をもつ到達度評価という用語では，後者の意味をもたないからである．そのため，本書では最も原語に近い訳語として，クライテリオン準拠評価の訳語をあてることとした．そして，domain- referenced assessment の訳語としてドメイン準拠評価をあてることとした．なお本文では，assessment の部分が testing となっているため，ドメイン準拠テストと訳した．

　人名とその後の年号は引用，参考文献の著者と発表，出版年を示し，巻末参考文献の索引の役目を果たしている。

　本書はもともと英国の評価システムや試験制度を念頭において書かれているため，わが国の読者には不明の部分も多いと思われる．これにつ

いては，用語解説に説明したので参照されたい．英国は，評価や試験について，ここ20年間にわたり各種の新しい評価や試験が試された壮大な実験場のようであった．ともすればこのような海外の事例を紹介すると，文化や風土の違いからわが国には参考にならないという意見を聴くが，これは表面的な見方である．英国の実験は，新しい評価や試験がどのような効果をもたらし，どこに問題を生じるかを知るためのまたとない参考例である．英国の試験や評価のすべてが成功したわけではない．私たちは，英国の失敗例からも，学ぶことができるのである．

　評価について，新しい評価観からどうその全体を捉えることができるか，本書はそのために書かれたものであり，読者の皆さんが個別的な評価の手法や議論にとどまらず，全体的なパースペクティブをこれによって得られることを願っている．最後に，本書の刊行にあたって，論創社の森下紀夫氏，パピルスの小田光雄氏に前書『教師と子供のポートフォリオ評価』と同様，たいへんお世話になったので，ここにお礼を申し上げたい．

目 次

訳者序文 1

第1章　評価のパラダイムの転換 1

はじめに 1

評価の目的適合性 3

精神測定学 6

教育測定 10

教育評価 14

精神測定学の遺産 19

教育評価のこれからの課題 21

第2章　評価と学習の関係 25

伝統的な学習モデル 25

認識論的および構成主義的な学習モデル 30

学習のための評価 35

結論 40

第3章　テストのもたらす弊害 43

はじめに 43

測定主導の学習指導 45

テストがカリキュラムや学習指導に与える影響 47

評価がモチベーションに与える影響 56

テストに向けた学習指導 63

テストの点数の汚染 64

レイク・ウォベコン効果 65

教師はなぜテストに向けた指導をするのか，またその方法は　69

学校システムへの影響　73

第4章　妥当性と信頼性　81

妥当性　81

統合概念としての妥当性　83

妥当性とテストの使用の帰結　86

信頼性　94

採点の信頼性　96

評価の一貫性の確保　99

モデレーションの方法　100

結論　105

第5章　クライテリオン準拠評価　109

技術的な問題　114

クライテリオン準拠評価の信頼性　115

まとめること　118

妥当性　120

GCSE　122

結論　129

第6章　パフォーマンス評価　135

はじめに　135

パフォーマンス評価の妥当性　138

パフォーマンス評価の信頼性　142

一般化可能性　145

パフォーマンス評価の使用に関する問題　150

7才でのナショナル・カリキュラムの試験　154
　評価の実施から得られた信頼性，妥当性に関する教訓　159
　結論　166

第7章　教師の評価と形成的評価　171

　はじめに　171
　教師の評価　171
　形成的評価　173
　教師の評価の問題点　176
　評価におけるフィードバック　180
　教師の評価の信頼性と妥当性　189
　モデレーションを通じた教師の評価の信頼性の強化　191
　ナショナル・カリキュラム Key Stage 1 での教師の評価のモデレーション　194
　結論　197

第8章　倫理と公正　199

　はじめに　199
　結果妥当性　201
　公平の問題　205
　倫理的なテストの準備　210
　結論　216

第9章　教育評価の枠組み　219

　教育評価：広範な定義　220
　評価システムの設計　224
　倫理と公平　229
　パラダイムの転換　231

妥当性に関する争点　234

信頼性　237

教育評価の質を判断する新しい基準　239

用語解説　245

参考文献　262

第二版への訳者あとがき　275

第1章　評価のパラダイムの転換

はじめに

　教育評価はパラダイムの転換を迎えようとしている．それは，これまでの精神測定学をもとにした測定中心の評価から，評価の目的や対象をもっと広げようとする方法への移行であり，テストや試験だけの評価から，幅広い教育評価への文化的な転換である．実際に現在では4半世紀前と比べて，多様な評価方法が登場してきている．それらは実技や対話による評価，筆記試験，標準テストだけでなく，教師評価，**標準課題**[1]，**コースワーク**[2]，**ポートフォリオ**[3]といったものである．また，従来のノルム準拠テスト[4]に加えて，**クライテリオン準拠評価**[5]，**形成的評価**[6]，**パフォーマンス評価**[7]などが出現してきた．このような積み重ねによって，評価が重要なものであり，多くの目的にかなうように求められることになった．例えば，指導や学習の改善，生徒や教師，学校の教育活動についての情報提供，選抜や資格付与のための活用，学校の教育活動の成果を説明したり，カリキュラムや学習指導を一定の方向に誘導する手段として用いられることもある．このように新しい評価方法の登場や評価の目的の多様性は，従来の精神測定学を基礎とした測定中心の評価方法では，もはや時代の要請に応えられないことを意味している．それゆえにこそ，パラダイムの転換が求められているのである．

　パラダイムとは，私たちが特定の問題や活動を観察したり理解しようとする場合に用いられる枠組みであり，これは相互に関連する概念の集合であるといっていい．私たちが何を求めているのか，何を観察しどう解釈するのか，目の前の問題をどう解決するのか，これらはすべて特定のパラダイムの枠組みのなかで行なわれるのである．パラダイムの転換

とか「科学的革命」といった事態は，古いパラダイムがもはや差し迫った問題に有効に対処できなくなった時に引き起こされるのである（クーン，1970）．本書は1990年代の教育評価をあらためて定義しようとする試論として書かれた．1980年代に教育評価の研究は飛躍的に進み，多くの著名な研究者が教育評価の再定義を試みてきた．本書の目的は，これらの研究の成果を集大成し，私たちの教育評価についての理解や実践をさらに進展させ，また教育評価の理論を発展させることにある．

評価の定義や目的がこれまでよりも広がっていくにつれて，新しい課題が生じてきている．この課題に対処するために，評価に関する新しい考え方を打ち出す必要がある．例えば，目下のところ評価の重要な問題の1つは，教育的に意味のある評価の内容の確保，評価から導かれる決定の妥当性の確保という視点から，どのようにこれまでの信頼性（得点の正確性）の再定義を行なうかである．なぜならば，最近になって登場した評価方法は従来のような精神測定学に基づくものではないし，高度に標準化されたテスト手続きはこのような信頼性の確保のためにふさわしくないからである．

私は理論という言葉を，説明や予測のための手段，理解し，説明し，予測したりすることを可能にする骨格として用いる．事実を構造化したり，事実に意味を与えたりする理論は，分析作業の過程を通して組み立てられる．抽象的で概念的な分析は，核心とでもいうべき分野や構成要素を浮かび上がらせる手段となる．この分析を通じて，新しいパラダイムのもとでの評価の全体的設計や機能，その影響，さらに不適切な使用法などについて私たちの理解を前進させること，それが私のめざすところである．

また，評価の影響が広範囲に広がり，その役割がますます意義あるものとなってきていることは，とても重要である．評価の論点はより多くの人々に明確に説明されなければならない．そのために，本書はなんらかの形で教育にかかわる人々や，評価に興味を持つ人々を対象に書かれ

たものである．教師や管理職，指導主事，大学の講師，政策担当者に加えて教育研究者等を対象としている[1]．

第2章以下では，評価と学習の関係，クライテリオン準拠評価，教師評価とパフォーマンス評価（これらが新しいパラダイムではどんな役割を期待されているかを検討する），倫理的問題，公正の問題等のほか，評価がカリキュラムや学習指導にどのような影響を与えるかという問題（但し，技術的な観点というよりも，概念的な観点から）を詳しく検討する．その上で，これらの分析をまとめて教育評価のこれからの骨格を提案する．まず最初にこの章では，評価の目的，評価手段の目的適合性，伝統的な精神測定学に基づく評価のパラダイム，新しい評価のパラダイムの特徴などについて概観しておきたい．

評価の目的適合性

評価の信頼性（この概念は，評価者が異なったり，または同じ評価者が1人の生徒を2回評価したとしても，採点は同じか，もしくは類似した結果がでることである）については既に述べた．それと並行して妥当性（この概念は，ある評価の方法がどの程度に当初意図した内容の評価にかなっているかを問題とする）を中心にこれまで評価の議論はなされてきた．しかし，テストや評価の問題が，信頼性や妥当性の技術的問題に限られるわけではない．評価には（ここでいう評価は，テスト，試験，実技試験，コースワーク，教師の観察や評価を含む）さまざまな方法があるだけでなく，それぞれ目的や根拠となる哲学も異なる．目的や哲学が異なれば，その評価方法の適切な使用分野も異なるのである．まず最初に必要なのは，使用する評価方法を選択するとき「何のために評価するか」ということである．教師や生徒に詳しい評価の情報をフィードバックするとすれば，学習を支援する評価は，学校の教育活動の記録やアカウンタビリティー[8]のための評価とは必然的に異なり，より細かな情報が必要となる．それ

にはまず,「何のための評価」を考え,それから目的に適合した評価方法を考案しなければならない.

評価の最も重要な目的は,専門的情報をくみあげることにある.すなわち,指導や学習過程を支援するための評価である.しかし,政府や納税者,保護者は教育システム全体や個々の学校がどのような成果をあげているかを知りたいと望んでいるし,そのような情報にアクセスする権利があると考えている.ところが,相変わらず主流は,生徒のテストや試験の成績におかれている.これらの目的のために行なわれる評価は,簡単で手間が掛からず,学習を支援する評価よりも高い信頼性を必要とすることで,表面的になりがちである.例えば,質問紙を郵送する調査形式と,調査対象者を個別に面接する詳しい調査とを対比してみればよい.英国での16才と18才での公的な資格試験 [9] は,学習を支援する評価とアカウンタビリティーのための評価という両極端の間をうろうろしている.この資格試験評価は,学習活動の全体を評価対象とする詳細なものであるとともに,一定水準の信頼性(試験の結果を,学校間や地域間で比較できる程度の評価の統一)を備えていなければならない.しかし,ドイツなどの一部の国々では,こうした信頼性を視野に入れていない.

私たちのいま直面している問題は,学習を支援する以外の目的で開発されたテスト,例えばアメリカで用いられている多くの択一式の標準テストや英国での公式のペーパー試験などが,学習指導やカリキュラムにとって望ましいものではなく,また実りのないものとなっていることにある.英国の公的試験が中等学校の教育を硬直化させていることはHMI [10] (1979と1988)の指摘するところである.英国でのGCSE試験 [11] の導入は,これらの指摘を受けて,より広い範囲での技能を評価し,時間の限られた試験への依存を緩和し,より広い範囲の能力水準の生徒を対象とできる試験への改革を目指したものである(この改革を進めた政府は,いまや旧態依然のペーパー試験へ回帰しようとしているが,これはとんでもない話である).最近,アメリカでも択一式の標準テストによる学習指導

やカリキュラムへの限定作用や否定的側面についての議論や分析がなされている（例えば，レズニックとレズニック，1992）．しかし，教育活動の監視や，アカウンタビリティーのための評価はなくなりはしない．発展途上国の中には，評価を教育システムの整備の促進のために用いている国もある．アメリカやニュージーランド，オーストラリアでは英国と同様に，教育活動の成功を経済成長と結びつけて考え，評価をカリキュラム作成の資料とし，教育全体の達成水準を引き上げる道具に使おうとしている．さらにニュージーランドや英国のような新保守派の市場経済モデルを採用している国々では，評価をあたかも市場の示すサインのようにみなして，保護者の学校選択に利用させたり，学校間の競争を煽ろうとしている（マーフィ1990，ウィリス1992a）．

　これらの目的に用いられる評価の悪しき側面を視野に入れて，評価の専門家のなすべきことは，望ましい学習指導や学習活動を阻害することなく，生徒の学習状況についての質的にすぐれた情報を提供し，アカウンタビリティーの目的にも応用可能な評価の方法を考えだすことである．さらに，アカウンタビリティーのための評価だけでなく，学習の改善のための評価の方法と，これらの評価の善し悪しを判断する基準を提起しなければならない．このことは従来の標準テストや試験が，評価の枠組みのなかで果たすべき役割がないといっているのではない．求められている目的に適合し，かつ学習指導や学習活動の向上に役立つような評価方法を開発しなければならないと言いたいのである．

　このことは問われるべき次の課題を示唆している．しかし私たちはそれにこれまでほとんど手をつけてこなかった．すなわち「どのような種類の学習を私たちは求めているのか」という課題である．異なった種類の評価方法は，学習指導のあり方を変えることで，異なった学習スタイルを生み出すことが現在ではわかっている．だからもし私たちが知識の応用，探求活動，分析，論理的思考，解釈などの高次の技能をエリートだけでなくすべての生徒に育成したいとすれば，この目的に適合する評

価方法を必要とする.

しかし,学習活動と評価の関係を明確にすることができなかったために,教育政策文書では質を重視した学習活動を求めているのに,対応する評価の手続きは質的に劣る学習活動を促進しているというミス・マッチが生じている（ウィリス,1992b）.

評価の計画の論点について考えるとき,学習の形式と深さについて考慮する必要がある.もし私たちが適切な評価の枠組みを作り,望むべき成果を実現しようとするならば,まず学習のあるべき姿を明晰化し,これに基づいて次の10年間くらいの時間を覚悟して,評価の枠組みを構築するべきである.結局のところ,精神測定学はそもそも知能の理論に依拠しているし,また択一式の標準テストは行動主義の学習理論に基づいている.次の世紀の教育評価は,現在の私たちが持つ学習理論の最良の成果に基づいて構築されるべきである.評価のパラダイムについて論じるにあたって,まず教育におけるテストの利用の始まりと関連する従来の精神測定学の枠組みを検討する.次に,教育評価と呼ばれるものの由来と,それが精神測定学に基づく枠組みとどう異なるかを論じていくことにする.

精神測定学

科学としての精神測定学は知能と知能テスト研究に基づいて発達した.その根幹となる考え方は,知能を皮膚の色のような生来の特徴と同様,変わらないものとみることにある.それゆえに,知能は他の生来の特徴と同様に,測定できるものとされ,この測定結果に基づいて各人を知能（目に見える形としては能力）に応じた一定の能力別クラスやグループ,学校に割り振るのである.結果として,従来の精神測定学のテストに基づく枠組みは本質的に個人の能力を限定されたものであるとみなしていることになる.測定の特質とは,個人の固有性を示すことであり,それ

は変わることのないものと考えている．この限定的な見方が，精神測定学に基づく評価の主な欠点であるとみられている．これと対照的に，学習を支援するための評価は生徒の学習を進化，発展させることを目的としている．限定してしまうのではなく，可能性を付与することにある．精神測定学のもうひとつの特徴は，得点の解釈を全体の得点分布（ノルム）に対比して行なうことである．ノルムに対比するとは，各人の得点を他の者の得点と比較して格付けし，絶対的な尺度ではなく相対的な尺度によって成績評価する．ノルム準拠テストとは，高得点，中得点，低得点といったお馴染みの成績づけをするために作られたテストである．生徒は他の生徒の得点を変えることはできないから，彼自身の成績は他の生徒の結果によって変わってくる．このようなやり方は生徒の教育上の達成状況を調べるためには，不適切な方法であると現在では考えられている．

　精神測定学による評価の枠組みは，仮定として技術的な問題を最優先にしている．それらは標準化，信頼性，限定的な解釈などである．もし個人が比較されるとしたら，テストや評価は全員同じようなやり方で実施され，採点や得点の解釈も同じように行なわれなければならない．この枠組みにおいて，標準化は不可欠であり，テストの技術的な信頼性の確保についても同様である．これらのもたらす要求は，構成妥当性を損なうことになり，テストがカリキュラムに与える影響の観点からも見ても好ましくない．なぜなら，このような形式のテストで評価できる題材や課題は限られているからである．

　精神測定学の理論とそれにともなう数式，数量化は客観的であるという雰囲気がある．このようなテストは科学的であり，そこから生まれる数値は正確で意味あるものとされている．確かに知能指数，読書年令，ランキングなどテストを通じて集められた測定結果は，場合によっては個人にレッテルをはる強い力をもつことがある．

　しかし，精神測定学のパラダイムはこの他に2つの疑問となるような

仮定を孕んでいる．それらは最近になってようやく明らかにされた（バールラックなど1992，ゴールドスタイン，1992と1993）．

その第1は，普遍性の仮定である．つまりテストの得点は全員に同じ意味があり，本質なものだということである．例えば，標準化された読書年令のテストは個人の読書能力を示すものであり（テストの結果を読書一般に広げて推定する），その結果はすべての読書に関する領域に適用できると考えている．

このような議論の核心にあるのは，構成概念である．心理学では構成概念を表面にあらわれた現象の背後にある技能や属性をさす用語として用いている．構成概念は説明用具であり，人間の行動の特性について理論的に構築されたものである．テストの開発に関して言えば，テストが開発される前に，テストが評価しようとしている構成概念を規定することからはじめている．これはテストが属性を評価していることを確認し，それによってテストの「妥当性」を確保しようとすることである．読むこと（読書年令）の場合で言えば，「読むこと」の構成概念を細かに規定すれば，音読と黙読の両方での「読むこと」の正確さ，淀みなさ，文章の解釈，読書への関心である．そこで高い構成妥当性を持ったテスト（つまり「読むこと」の技能を実際に的確に評価していること）とは，この技能のそれぞれの側面を評価するものでなければならない．しかし実際には，「読むこと」についての標準テストはこの技能の一部の側面，例えば簡単な文章の解釈を評価しているにすぎないことが多い．これは次のようなことを意味している．そのような「読むこと」についての標準テストは，個人のもっと広い範囲での「読むこと」の能力を代表して示してはいないし，テストの得点を普遍的に解釈してはならないということになる（テストの利用者は，「読むこと」のどの側面がテストされたかを知らなければならない）．第2は単一次元性の仮定である．これは構成概念の設定と，テスト問題の分析に用いられる技術へ影響する仮定である．この仮説（精神測定学の理論）によれば，テストの問題は，個人のもつ

能力の属性の1つだけを測定しなければならない．テストのために問題を作成する場合，まずそれぞれの問題の言葉や図版に固定観念から生ずる偏見の有無が問われる．それから予備試験がサンプルとして選ばれた一部の生徒（集団の性格がサンプルとして求められる同一性を持っていること）に実施される．次に問題の分析を行ない，不適合な問題や全体の得点と相関関係の低いものを排除する．つまり，テストは単一の属性だけ評価することになる．テストの全体の得点と密接に関連している問題は，弁別性が高く，そうでない問題は弁別性が低いとされ，テストから外されるか手直しされる．このような方法は因子分析の手法を用いており，すぐれたテストの目的は個人の能力の背景をなす要因のひとつだけを評価しようとする．この実践は2つの結果をもたらす．まず第1に，このようにして測定される構成概念は意図的に単純化されたものであり，実際には「読むこと」のところで示したように，多くの属性は多面的なものである．第2に，もし最初の問題群が実際には多くの属性を測定しているとしても，少数の問題だけがひとつの属性を測定していることになり，当然全体の得点との相関関係は低くなるので排除されてしまう．こうしてそれらの他の多数の問題と一致しないという理由で除去されることになる．その結果，（第1の仮定から）単一の属性を測定するのがテストであり，構成概念を広く考えようとする得点の解釈には，応用できないということになる（さらに測定される構成概念は実際には最初の問題群の選択によって決まってしまい，この問題群が第1の属性から発生する第2番目の属性の測定に向けられているため，こちらの方が実際に測定している属性になることもある）．

　私たちがテストで測定しようとしている多様な属性や技能は一面的ではなく多面的であると主張して以来，テストを単一の側面に限定することは，不確かな単一次元性の仮定に基づいた不合理なものであることが明らかになってきている（ゴールドスタイン，1993）．ラッシュモデル[12]を含めて，問題分析に用いられる項目応答モデルはひとつの要因だけを

仮定した因子分析に基づいており，この点がこのモデルのへの批判の論拠となっている．

　1950年代になって，知能テスト（**イレブン・プラス試験**[13]を含めて）や適性検査などの，精神測定の方法を教育の世界に応用して作成されたテストの有効性に疑問が投げ掛けられはじめた．精神測定学の方法に対しての批判は主として2つの点に対して向けられている．まず第1に限定性の考えと，テストは個人の持つ変わらない特性を測定しているという信念に対してである．測定しているのは子供がどのくらい教育不可能かということであって，その原因は指導法やカリキュラムなどの問題ではなく，子供や家庭，両親の欠陥によるものとしている，という批判である（メレディス，1974，ウッドによって引用，1986，ウォーカーダイン，1984）．

　第2の批判点は，信頼性を重視するため，採点だけでなくテストの実施や課題の内容まで標準化を必要とすることに対してである．精神測定学に基づくテストは，統計的な処理が可能である特性を測定することを最も重視する．これが意味することは重大であり，評価される課題の形式を制約し，課題を生徒に説明する方法の制限や試験官に任意の説明を禁じることになる．このような要請に直面してしまうため，妥当性の問題や教師自身の問題意識は後退してしまうか無視されるのである．

　1950年代後半ブルームによる『教育目標の分類学』が出版され，教育学者たちは教育の目的そのものに沿った評価や，計画，指導，学習，評価の一連のサイクルにしたがって用いることのできる評価の必要性をはっきり語り始めたのである．そしてこれを教育測定と名付けたのである．

教育測定

　ウッド（1986）はクライテリオン準拠評価に関するグレイサーの1963年の論文を契機に，教育測定への展開が始まったとしている．つまり古

典的な精神測定学から教育評価が分離し始めたのである．グレイサーの論文は核心を突いたものであり，ノルム準拠評価の力点は適性検査，選抜，予測のためのテストの理論の重視からきていると述べた．グレイサーのクライテリオン準拠によるテストの提唱以来，すべての教育評価の開発の事例は，クライテリオン準拠のモデルを用いているとウッドは述べている．クライテリオン準拠評価についての章で後述するように，この方式の評価の開発には非常に多くの問題が横たわっており，クライテリオン準拠評価による結果はノルム準拠評価の目的にも用いることができる．また**ノルム**[14]はクライテリア（基準）を設定したり，解釈したりするのにしばしば用いられている．しかし，そうした事情にもかかわらず，要点は明白である．つまりノルム準拠評価から脱却するためには，評価の結果をクライテリオン準拠評価，**グレード別評価**[15]，**スタンダード準拠評価**[16]のどれで示そうと，代わりになる評価の拠り所はクライテリアやスタンダードしかない．これらの評価方法は異なった哲学や技術に基づいているが，評価の結果をノルムを用いて解釈しないことに共通点がある．

　教育測定は精神測定学と異なり，個人を他の人間との比較でなく個人としてとらえるためのテストを作り出し，各人の長所と短所を見い出し，教育上の発達を支援するために評価を用いようとするものなのである．

　数量化するのでなく，質的な違いを見い出そうとするためには，テストの作成においてまったく異なった方法を必要とする．そのためウッドの教育測定の定義は次のようなものである．

1．個人の達成状況を他の者とではなく，彼自身の以前の達成状況と比較する
2．知能をテストするのではなく，**実行能力**[17]をテストする
3．評価の手順はこれまでと異なり比較的に自在な状況で実施され，そのため厳密に統制された条件下でのデータではない

4．型にはまったパフォーマンスではなく，ベストを尽くした場合に注目する
5．標準テストの特徴である規則や規制が緩和された場合に効果的である
6．個人をおとしめるのではなく，支援のための，その場しのぎの評価ではないことを示そうとする

　そして，数量を問題とするのではなく，どのような事柄の起きる可能性があるかまたは起こるべきなのかを考えることを評価の主眼とする（ウッド，1986）．ウッドは（知能というのでなく）実行能力という言葉を使うことで，知能のような持って生まれた特徴ではなく，教育や訓練，その他の経験によって作り出された能力を言い表わそうとしているのである．この言葉の代わりに私たちは現在，達成とか到達という言葉のほうが適切と考えている．教育測定をなぜ精神測定学に基づいて考えるべきでないかの決定的な理由は，評価されるパフォーマンスや特性は異なった特徴を持っているからである．例えば「達成状況についてのデータは，指導の直接の結果であり，そのため教授法や教師の影響を決定的に受けるからである」とウッドは述べている．適性や知能はこれと違って，そのような要因によって影響されない特性であるとも言っている．それゆえに達成状況についてのデータは，適性検査のデータに比べれば「汚れた」データであり，ある種の指導の影響を考慮に入れない評価のモデルを用いて分析すべきでないし，できるわけでもない．

　型にはまったパフォーマンスではなく，ベストを尽くした場合に注目（ウッドの挙げた4番目の原則）するのは，ヴィゴツキーの発達の最近接領域の概念と関連している．教育評価では，テスト実施者と生徒が共同して最もすぐれたパフォーマンスを生み出そうとするのであり，型にはまったパフォーマンスをいながらにして見るのではなく，大人が生徒を支援することを可能にする．

このことは，実行能力とパフォーマンスの区別に関係がある．実行能力はその人が理想的な状況下で何ができるかを見ようとするのに対し，パフォーマンスは普通の状況下で何ができるかを見ようとするのである．そのため実行能力は，課題の達成度に影響する動機や好み，認知的な要因などに加えて，自分の持つ知識の体系を動員して用いる能力を含んだ概念である．「このように，個人的な要因や環境要因が絡み合うため，生徒の実行能力は教室内での行動やテストによってもわからないかもしれない」（メシック，1984）．そのため実行能力を調べるには入念な手続きが必要である．テストの手続きは，そうした入念とは言いかねるパフォーマンスとなりがちである．そのため，いわば生徒の最高の水準を見るのではなく，最低の水準をテストしているということになる（これはヴィゴツキー的な考えとは大きく異なる）．教育評価を考えるうえで，この実行能力とパフォーマンスの区別は重要である．しかし，だからといってパフォーマンスから実行能力を推定できるかという問題に短絡させてはいけない（見かけのパフォーマンスから本当の能力を推定する）．そうではなくベストを尽くした場合のパフォーマンスこそを考慮すべきである．ウッドは最後に，テストや試験の結果は，生徒についてというよりも指導の在り方そのものを示していると結論づけている．どうして教師がテストの結果をほとんど利用しないのかという理由として，彼らのテストに対する不信感をあげている（ギップスとゴールドスタイン，1983）．「どうやったら教師たちにテストを信頼してもらえるだろうか」とはウッドの結びの言葉である．

様々な反響を呼んだウッドの論文以来，最も興味深いのは，ここ10年間で評価についての論争点が大きく変わったことである．教育評価についての英国における主な進展は教室での教師の評価である．アメリカではパフォーマンス評価や**オーセンティック評価**[18]であり，どちらも（少なくとも後者）教師が中心的役割を担っている．言い換えれば，評価

においては，かつてウッド論文の書かれた頃には，外部で作られたテストの実施者にすぎなかった教師が，舞台の中心に躍り出たのである．このような変化の結果，今では教育測定にかわって，もっと教育評価をと一般的に言われてきている．しかし測定という言葉は厳密な数量化を連想させるが，教育評価の新しいパラダイムではそのような数量化を目指していない．さて次に，このような教育評価の考え方を発展させ定義した主要な人々を紹介していくことにする．

教育評価

　グレイサー（1990）は言っている．評価は現在や過去の達成状況を表示するためではなく，学習を支援するために使われるべきものであると．グレイサー自身の業績である初心者と専門家のパフォーマンスの研究は，広い分野にわたって初心者と専門家は異なる学習の特性があることを示している．「特定の領域での実行能力が増大すると，基盤となる知識が統一されたり，原理を踏まえたものになり，有効で目的に焦点を当てたものになっていく証拠が示されるようになる．評価はこのような証拠を捉えようとすることで可能となる」．「評価は参考とすべきパフォーマンスのモデルを学習者に示すべきであるとともに，より実行能力を持つために必要な支援の内容，経験，練習方法なども示すべきである」．
　グレイサーが考えている評価のメニューとは次のようなものである．**達成事項を記録したポートフォリオ**[19]，問題解決の行動が観察・分析できる課題，さまざまな指導に対する生徒の反応が評価できる動的なテスト，論理的思考の過程と結果を評価する手続き等．言い換えれば，いま必要なのは単に教科の知識を獲得したり，記憶したりするのではなく，もっと多面的な認知状況を査定する広範な評価の方法である（深い学習，高次の技能やメタ認知の戦略をとらえるための評価のあり方についての詳細な議論は第2章を参照）．

グレイサーの要点は，評価は生徒や教師にとって，実行可能な改善の方向を示すものでなければならないということにある．また，知識は実際の行動に生かされるような状況で評価されなければならない．「一度獲得されてしまえば，技能やある領域の知識は将来の実行能力の拡大につながると見られるべきである」．言い換えれば，評価はそれ自体で有効でなければならず，獲得した知識や技能を生徒が使えるかどうかに焦点を当てるべきなのである．

　これに対してラヴェンは，認知的要因，感情的要因，意志的要因（後の2つを評価できないことが多い）を分けるのではなく，価値ある目標を設定してそれに対するパフォーマンスを評価すべきであると主張している．彼はまた，人々は自分が価値あると認めない活動に対して実行能力を養おうとはしないから，これらの3つの要因をまとめて評価する方法を必要とすると述べている．私たちは認知能力に留まるべきでないというラヴェンの議論の大筋は，パフォーマンスのメタ認知過程を重視する認知科学や学習理論の考え方から歓迎され，共感されている．

　ゴールドスタイン（1992）は，テストが生徒に何の影響も与えないというようなスタティックな見方を改めるべきであるといっている．反対に，生徒はテストを受けている間でも学習の過程にあるのであって，テストの終わりには別の状態に変化している．例えば，テストの始めのほうの問題にうまく解答できると生徒は自信をつけ，そうでない場合に比べて全体の得点は高くなることがある．そのため，テストを受けている間，解答する生徒の能力が一定であると考えるべきではなく，もっと相互に影響しあう関係として評価を考えるべきである．評価がオーセンティックになるほど，評価の過程で生徒に何も起こらないという仮定に疑問をもっと持つべきだとゴールドスタインは述べている．

　オーセンティック評価は，アメリカで広く使われている用語である．その意図は，標準化された択一式のテストから，評価に用いる課題が目標とするパフォーマンスに適合し，オーセンティックな形式を用いたり，

普通の授業のなかで実施できる評価に変えていこうとするところにある．パフォーマンスに基づく評価，もっと一般的にはパフォーマンス評価と言われるものは，生徒に取り組むことを期待する実際の学習活動をモデルとして用いた評価をめざすものである．例えば，文章によるコミュニケーションをさせたり，問題解決活動をさせたりして，評価が学習指導を阻害しないように考えている．パフォーマンス評価については第6章で詳しく取り上げるが，簡単にパフォーマンス評価の意図をいえば，テストの内容を，基準となるパフォーマンスで示される批判的な思考や知識の総合を求めるものにしていこうとするところにある．英国のナショナル・カリキュラムの青写真で示された**標準評価課題**[20] (DES, 1988) は，パフォーマンス評価の典型的な事例である．パフォーマンス評価では，評価に用いる課題は実際に使う技能や学習の目標であることを求めるのであって，それに似せた別の課題を使うのではない．そのことによって，テストの準備のために教師が概念や高次の技能に関する詳しい研究活動の指導を放棄することのないようにして，望ましい指導を支援するのである．主眼点は，択一式のテストのように間違った解答の排除ではなく，解答を作るための思考にある．「……そのような課題をどう開発し評価するかについての洞察は，精神測定学によってもたらされるものではなく，教科の内容分野についての調査研究によってもたらされる」（シェパード，1991）．しかし，このような課題がアカウンタビリティーのために，精神測定が要求する信頼性や標準化を満たそうとしても，そもそもそのような目的のために作られたものでないから不可能である．

　一部の者が気がついているように，パフォーマンス評価の抱えている問題は，原因分析的な対話から発展した課題が，大規模な実施に適しているか，評価の統一に関して（アカウンタビリティーに用いることができる程度の）信用を得るかという点である．これと異なった見方としては，パフォーマンス評価を精神測定学の枠組みで考えるべきではなく，私たちが必要としているのは，さまざまな評価の方法であるとの意見もある．

つまり，教育活動のモニターやアカウンタビリティーのための精神測定学に基づく厳密な形式に則ったテストに対して，学習を支援するために用いられる教育評価の枠組みに基づく，教師主体の評価を考えるのである．とは言っても，資格認定や選抜のための評価が（GCSE試験のように）指導の在り方に好ましい影響を持ち，かつ一般の人々に十分信頼されるものでありえるかは，なお研究されなければならない課題である．

現在私たちの抱えている難題は，一方で評価の統一を提示しなければならない国全体のテストの実施が要求されていて，他方で認知や学習についての私たちの理解は，高次の技能を含めて，評価をもっと学習過程に即したものにする必要性を告げていることである．それは評価の統一を困難にしている．この難問を克服しようというのが，この本の目的のひとつである．私たちがパラダイムのクラッシュに直面していることは疑問の余地はない．問題は教育評価がさまざまな目的に対応した，質の高い方法を提供できるかにある．

「何のための評価か」という最初の問いに戻れば，スティギンズ(1992)はアカウンタビリティーのための評価と，教室内での評価は根本的に異なっているから，2つを混同すべきでないと述べている．例えば，標準テストをパフォーマンス評価的にしたり，教室での評価をもっと標準化したりすることである．テストの作成者は，全員に共通の属性を探りだそうとしたり，複雑な現実から単一の要素を抽出して部分を評価しようとする．一方，子供の普通と違ったところや，変わりやすい面に注目しながら，教師は個々の子供の複雑な現実を理解し，描きだそうとすると言っている．スティギンズは，これらをそれぞれ「上から下降する」，「下から上昇する」テストシステムと名付けた．最初のシステムは，データが地域や国レベルで収集されてふるいにかけられたのち，教師に与えられるのに対し，後者はまず教室内でデータが収集され，統合されて政策決定者のレベルまで上昇していくのである．

上から下降するテストは，何よりもまず標準化が先決であり，試験形

式はペーパーテストまたはパフォーマンス評価となる．この場合のすぐれたテストとは，信頼性や妥当性が高く，効率的に実施でき，評価者は中立的な観察者としてテストに臨むのである．テストの結果は主としてアカウンタビリティーに用いられる（英国では，資格認定にも用いられる）．効率的に採点するために，テストの結果が生徒の学習状況を正確に示しているかの確認はないがしろにされる．テストはせいぜい1年に1回であり，その内容は広い学習範囲についての表面的な評価にすぎない．テストの時間は短く限定され，結果が通知されて終わりであり，多くの場合ノルム準拠によって示され，かなり時間が経ってから通知される．（妥当性については第4章で詳しく取り上げるが，ここではテストが測定しようと意図したものをどれだけ実際に測定しているかの度合いのことであるとしておく．もし意図したものを測定していなければ，その結果の使用は誤りである．）

　下から上昇するテストとはそれとは逆に，本質的に標準化されておらず，広い範囲の学習活動を対象とするものであり，その実施の目的は教室での学習指導の方法を選択するための情報を得ることにある．この場合の適切な評価とは，該当の生徒にとっての指導と学習過程が適切であるかを示すものであり，教師は評価の実施者かつ使用者，結果を解釈する者でもある．すなわち，教師は両義的な役割を持つことになる．教師は評価の結果を生徒の学習の改善に必要な点の発見に用いたり，特定の学習グループに振り分けたり，自らの学習指導方法や学習コースの適切さを評価するのにも用いる．生徒は学業についての自尊感情や，学校そのものに対する態度を決定する情報として，評価の結果を用いることになる．一方保護者は子供の学習の進歩を確認したり，その潜在的な可能性を判断するために用いる．このような評価は，ほぼ継続的に行なわれるものである．テストの内容は狭い学習範囲における，多様な達成目標について詳しく評価することになる．このような評価をクラスのなかで標準化し，時間を限定して実施できるとしても，生徒が示す実行能力の

レベルをできるかぎり高めて,学習に対する動機づけを最大にするために,評価の統一の要請は二の次にされる.その評価結果は形成的に用いられたり,総括的に用いられたりするとしても,得点やグレードとして示されるとは限らない.しかし,評価結果はすみやかに伝えられることになる.

　スティギンズの論文は,形成的評価とか総括的評価と言う通常の区別[2]を超える内容を持っているし,他の論者と同様のことを言っている(例えば,ハーレン等,1992).形成的に用いられる評価は,アカウンタビリティーのための総括的な評価ときわめて異なった特徴や質を持っている.形成的な評価を総括的な目的に用いようとするどんな企ても,形成的評価の本来の役割を損なうことになる.すべての論者がこのような立場をとるわけではない.私もこの本書で,この問題の核心をなす争点について論じていくつもりである.例をあげておけば,形成的評価と総括的評価の関係,上から下降するテストと下から上昇するテストの関係,アカウンタビリティーのための評価と学習を支援するための評価の関係などである.

精神測定学の遺産

　精神測定学の影響は,テスト問題の形式の選択や作成などの実際の作業だけでなく,より広い分野にまで及んでいる.例えば実際に何ができるようになったかではなく,相対的な序列を強調したり,簡単に数量化できる技能や知識の表象を重視したり,他人との共同作業のなかでの認知活動より,個人的な活動での認知活動の方を教育上の進歩とみなしたり,教育上の進歩は科学的な測定の対象となると考えることなどである(ウルフ等,1991).このようにして私たちは,生徒の学習のレベルを具体的に述べるのではなく,生徒の学習活動を序列づけるためのテストを持つことになった.最も役に立つ情報は個人や集団を比較するようなも

のであるという考えである．そのため，テスト問題は生徒を区別できるものが選ばれるのであって，その問題が評価しようとする構成概念をよく反映しているためではない．そして標準分布曲線にしたがって生徒の学習活動を表示するやり方は，最下位に位置する生徒は平均からあまりにも離れているため，とても他の者と同じように学習できないと信じ込ませることになる．これらのすべては，知能の概念から発達した精神測定学に基づくテストのモデルの遺産である．

　アメリカの論者たちに言わせれば，もし私たちが標準分布の概念から逃れようとしたり，生徒を一生懸命勉強させるにはテストや試験が必要であるとの信念を変えようとするならば，教師の考え方を変えなければならない．しかし，英国の状況はこれとは違っている．私たちはアメリカほど標準テストに頼ってはいないし，私たちの公の試験はパフォーマンス評価のモデルに基礎を置いており，**達成事項の記録**[21]や生徒のポートフォリオの形でのオーセンティック評価は，すぐれた評価の方法であると多くの者から見なされている．加えて，英国のナショナル・カリキュラムに基づいて，7才と14才の子供に実施された標準評価課題や教師評価の初期の頃の経験によれば，わが国の教師はこれらの幅広い評価のモデルに通じており，この点で英国の評価に対する考え方はアメリカとは明らかに異なる．しかし，英国が抱える問題は，このような新しい評価方法の開発や評価に対する考え方が，評価に市場原理を持ち込んだり，アカウンタビリティーのために伝統的な試験のモデルを重視し，他の方法を蔑ろにする極端に保守的な政府によって侵食されつつあることである．

　アメリカ特有の問題は，新しく登場した評価の手段が教育システムの再構成や教育改革の手段として期待を集めていることである．これは別に新しいことではない．例えば「ここ数年のほとんどすべての教育改革の試みは，新しい形式のテストを一律に導入するか，既存のテストを拡張して用いるかしている」（ピホー，1985）と言われていたとおりである．

しかし，ハニーとマダウス (1989) が指摘しているように，教育評価の技術それ自身では，標準テストがかかわる教育システムの欠陥を是正することはできない（ミラーとセラフィン，1992．シェパード，1992）．同じような期待は，評価主導の授業改革でも見られる（メヘレンズ，1992）．さまざまな論者（例えば，メヘレンズ，1992．ウィギンズ，1998a．ミラーとセラフィン，1992）が指摘しているように，パフォーマンス評価を教育システムの再構成に用いようとする場合の問題は，既に述べたように広範なアカウンタビリティーの目的に用いるには不適当なところにある．アメリカにおけるパフォーマンス評価について，公平さの問題が指摘されている（ベーカーとオニール，1994）．さらに，教師が広い範囲の技能ではなく，評価される特定の技能に向けて指導することによって，テストに向けた指導と同じ問題が生じる．さらにまた，生徒に高次の思考能力を育成することを目標とした明確な指導計画なしに，評価だけでこのような高次の技能を発達させることはできない．

教育評価のこれからの課題

私たちがいま必要としているのは，教育評価についてもっと慎重に分析的に考えていくことである．特定の評価の方式が他の方式よりすぐれているというように単純に考えるべきではない．評価の目的を考慮することなく，単に評価の形式を議論することは無駄な努力である．私たちは評価が学習指導や学習活動に与える影響についてもっと理解を深め，それを多くの人に広げていかなければならない．というのは，評価は学習指導や学習活動の外にあるのではなく，それらとの緊密な相互関係にあるからである．さらに，多様な評価の手段を用いることのできるような評価システムを作り出すべきであり，同時に各手段が適切に用いられるようにしなければならない．

序列付けや統計的な得点分布を重視するために，評価対象の範囲を限

定する精神測定学の評価モデルから新しいモデルへの転換を図るには，生徒の達成事項に焦点を当てなければならない．このことは，ノルム準拠評価によらず，生徒が何ができ何ができないかを明らかにするような評価方法への転換を必要とする．そのためには，英国のナショナル・カリキュラムに見られるように，求められる達成事項を文章表現する必要がある．しかし，このこと自身問題をはらんでいる．というのは，そのような文章表現はヒエラルヒーを持ったり，発達段階を前提とするものになりがちであるが，学習や認知に関する研究の明らかにするところでは，個人の学習の発達順序は同じではなく，異なることが通例であり，それゆえブロック積みのような学習のモデルは不適切である．

　このことは，生徒の学習活動についてどうレポートするかにも関係する．テストの結果を合計点で示すようなやり方は，生徒が何ができるかを示そうとする現在の考え方や，評価される領域の複雑性に適合しない方法である．得点を合計したり，平均を求めたり，標準偏差を計算できるようなデータを私たちが求めるのは，すべて精神測定学の遺産である．評価を完全なものとするには，特定の学習領域，あるいは各領域をこえてた個人の学習活動のさまざまな側面についての資料を必要とする．そのことはアカウンタビリティーや組織の有効性を判断するために評価の結果を示すとき，グループとしての評価情報の示し方を再考する必要があることを意味する．私たちは学習の領域を逸脱することなく，表面的な判断をしないように，これまでと異なる評価の結果の示し方を工夫しなければならない．生徒が広い範囲の学習領域で達成したことの詳細は，その質的内容をのべた文章表現により，教科や評価対象の技能をその構成要素やテーマごとに区分して，それぞれについての達成状況のレベルやグレードを示すこともできる．この議論の根底には，多くの費用と労力がかけられている評価を，単に測定するだけでなく，教育課程の改善にも用いるべきであるとの考えがある．報告のためにこれらのレベルやグレードを合計したり，矮小化して単一の数値とすることは，詳細な情

報を失うことになる．もし報告のためにどうしても得点を合計しなければならない場合には，失われる情報が最小限となるようなモデルを用い，合計するルールを明示しなければならない．

　しかし，教育評価として求められる条件の中でもっとも困難なものは，技術的な問題である．これまでの高い信頼性を重視する評価のあり方は再考されるべきである．それは評価の性格が変わってきたからであり，また様々な学習の文脈の中でこれまでよりも複雑な課題を評価しつつあるからである．従来から用いられてきテストの実施から採点までを規格化することによって評価の一貫性を確保するための方法は，新しい評価の方法の多くに適用できないため，必要な場合には私たちはこれに代わる評価の一貫性と統一を確保する方法を開発しなければならない．過去5年間の間に，妥当性の再定義のための努力がかなり行なわれてきた（メシック，1989aと1989b，リン等，1991，シェパード，1993）．しかし，私たちはこれらの努力の結果について，これから評価しなければならないし，この再定義が問題の解決に役立つか見ていかなければならない．最後に，評価が生徒の一生にたいへん影響を与えることを考えて，これからの評価についての研究やその使用を規定する枠組みのなかに，倫理的な問題をも含ませておくべきである．

　次の章では，いくつかの学習理論とこれらが評価に対して意味することを思考に入れ，この課題に取り組み始めることにする．

　　〈原注〉
　　①しかし，この本はテストや評価についての基礎的知識を前提としてかかれている．この方面について初めての読者はギップスおよびストバート著 Assessment:A Teacher's Guide to the Issues（1993）をお読みいただきたい．
　　②形成的評価は指導の途中で実施され，基本的に指導と学習の過程にフィードバックするために用いられる．総括的評価は学期の終わりやコースの終わりに実施され，生徒がどれだけ学習したかや，学習コースの効果についての情報を提供するために用いられる．

第2章 評価と学習の関係

　現在ではテストが学習指導のあり方,特にカリキュラムに規定された内容をどの範囲まで学習させるかということに関しての(第3章参照)大きな影響は広く認められている.しかし,十分に理解されていないのは,評価のあり方と教科の内容の指導方法との相関関係である.これは次のような影響をともなっている.すなわち,生徒の取り組む課題を通して,生徒が何を学習するか,どう学習するかにまで及んでいる.

　この章では,伝統的なものと最近のものの双方から,いくつかの学習についてのモデルを考察し,これらが評価とどう関わっているかを見ていきたい.

　　伝統的な学習モデル

　伝統的なテスト,特に標準テストに対して指摘される批判は(例えば,レズニックとレズニック,1992),精神測定学のテストが型通りの基礎技能を教えたのちテストするという伝統的な教育モデルに由来していることにある.これは,今世紀はじめに確立された心理学の学習理論に起源している.このようなやり方の根底には,2つの仮定,すなわち分割可能性と非文脈化の仮定が存在している.

　「伝統的な学習指導の理論は,知識や技能は構成要素に分解され,この構成要素がどこに用いられても同じ機能をはたすと考えている」(レズニック,1989).1920年代の心理学理論では,刺激―反応の関係を個々に作り出すことによって,複雑な実行能力の学習を個別の技能に分けることで学習できるとした.これが**ブロック積み学習モデル**[1]である.この旧来の理論では,どのように発達していくのかを明らかにしないま

ま，複合的な技能は後になって獲得されるとしている．個別の技能が積み重なって複合的な活動にまで発展していくのはしばらく後であるという仮定にたって，個別の技能を指導しテストするモデルを支持するのである．しかし，分離された構成要素を評価することは，個別化された構成要素の学習指導や練習方法を奨励してしまう．したがってこのようなやり方では，問題解決能力や考える能力の育成はできない．諸々の能力の構成要素を分離し，個別にテストすることで，考える能力や問題解決能力を評価しようとすることは，このような能力の効果的な指導の妨げとなる（レズニックとレズニック，1992）．基礎的な計算技能の学習は次のように捉えることができる．つまり，個別の構成要素を練習しテストすればいい．しかし，定型化されていない数学の問題のように，複合的な思考プロセスを要する場合は，個別の構成要素をテストする方法は不適切である．複合的な技能というものは，単に関連する要素が多いために複合的なのではなく，構成要素どうしが関連しあっていること，この関連を発見することが難しいからである．

行動主義[2]の基本的な教義は，学習は直線的で連続しているとみなしている．そして，複合的なものの理解は，基礎となる前もって必要とされる学習を完了してからしかできないとしている．このブロック積みモデルが一定の段階を完了すること（繰り返し学習）の根拠となっているとシェパードは書いている（1992）．つまり，高次の水準に進むためには，前の水準を完全に習得しなければならない．そして十分に身についていない技能を獲得するためには，繰り返し学習することしかない．このような見方は，大いに疑問視されるようになってきた．それは，高次の技能を練習することで，かえって基礎的な技能を発達させたり強化できるとの意見や，学習過程でのモチベーションや自尊感情の重要性が認知されることによってである．このモデルの残した重要な問題は，階層構造の下位を占める前段階の技能が獲得されるまで，より高次な技能の指導を控えようとしたことである．

伝統的な学習理論の第2の仮定である非文脈化は分割可能性と切り離して考えることはできない．例えば「……複雑な技能の構成要素は固定しており，どのような場合であろうと同じ形をとる」（レズニックとレズニック，1992）．しかし，実際には，認知過程についての私たちの現在の理解によると，技能とそれが用いられる文脈には密接な関係がある．「このことは教育的に見ると，特定の状況で学習した技能が，他の状況でも同じように常に使えると考えてはならないということである．次に，ある文脈で練習したり使用した実行能力を，まったく異なった文脈で妥当性をもって評価できないことになる」．現在では，技能や知識は学習や練習した文脈によって左右されるということが分かっている．事実とされるものでも，文脈と切り離されて学習できるわけではなく，どの文脈にも応用可能ということにはならない．

　複合的な課題解決技能がどの程度転移するかについて，青少年職業訓練計画において若者たちを調査した結果によれば（ウルフ等，1990），転移可能性は実際には限られたものであった．被訓練者たちは問題解決的な課題の実践訓練を，自分たちの職業に関係した中だけと，意図的に様々な種類の職業の中とで受けた．統制群となるグループは，なんの訓練も受けていなかった．その結果，訓練を受けたグループはまったく訓練を受けなかったグループに比べてすぐれた活動をした．また，様々な種類の職業の中で訓練を受けた者たちは，自分たちの職業の中だけで訓練された者たちよりも，自分の職業分野以外の問題解決的な課題ですぐれた活動結果を示した．様々な文脈での訓練が，広い分野で応用できる学習をもたらしたとウルフたちは結論づけている（すなわち広い分野で使える技能は，特定の文脈だけの学習だけでは発達しないこと）．技能の転移可能性（と一般化可能性）に関する不確実性は，共通の基本的，一般的な実行能力を，各科目とは独立に評価しようとする英国での動きに，疑問を投げ掛けている（アトキンズ等，1992）．

　レズニックによる標準テストの内容の分析は，彼らの指摘を支持する

ものである——彼らの指摘する以前には明確にされていなかった——すなわち要求される課題は低次元のものであり，テストで文法的に正しくても，正解を選択できても，それだけで優れた散文を作ったり，自分の考えを明確に伝えることができるわけではない．このようなテストは，知識が細かな断片的な情報の集まりであるとするモデルを支持しているからである．それらは考えることを妨げる速答を求めている．択一式の問題形式が求めているのは，解釈したり考えたりすることではなく，(他の誰かが考えた) 正しい答えを見付けることである．

　　個別的で切り離された活動，実際の経験から離れた記号を操作すること，非文脈化された技能の学習などに伝統的な学校教育は力を入れてきたために，考えることや知識を構築する過程を教えることに，困難をきたすことになったという論議を裏付ける証拠が集まりつつある (レズニック, 1989).

　もちろんレズニックとシェパードは，標準テストが特に力を持っているアメリカでの論述であり，彼らの議論を英国にそのまま当てはめるのは適切ではない．しかし，彼らの議論は知識のあり方，どのようにしてテストが教授法を形づくるか，知識をどうやって生徒に示すかについて，これまで当然とされてきた前提を，私たちがもう一度吟味してみるように強く迫るものである．
　伝統的な行動主義のテストと学習のモデルの仮定は，私たちは重要な学習目標をすべて特定して測定でき，さらにテスト問題に解答できれば，意図した技能や概念を習得したと考えられるということである．このような考え方はテストを重視する社会で根強かったものであり，その原因はその当時，内容妥当性を構成妥当性よりも重視していたためであるとシェパードは見ている (つまり，テストの内容を直接吟味したのであり，外部の規準と比較して相関関係を求めたのではないこと)．そして，当時用

いられていた行動主義的な目的設定に基づいた評価のモデルに適合していたからである．

シェパード（1991）は地区のテスト実施責任者たちが，学習についてどのような基本的な考えを持っているかについて，サンプル調査を行った（地区とは英国での地方教育当局に相当する）．それはこれらの専門家がテストの実施内容について決定を下す場合に，彼らの依拠している指導や学習についての概念を理解しておくことが重要性であると考えたからである．言い換えれば，彼らの仕事を導く暗黙の理論を調べようとしたのである．調査の結果，サンプル調査対象者のほぼ半分が，行動主義的な学習理論にのっとったテストについての考えを持っていた．行動主義的な学習理論が要求しているのは，練習や繰り返しであり，高次の技能の指導の前に個別的な基礎的技能をテストすることである．このような指導／学習／テストの見方は，テストの実施計画を通じてアメリカの教師に受け継がれてきたものであり，いまだ修正されていない．なぜなら，学習についての新しい理論が，現職教師の研修や教員養成課程にまで浸透するには，時間を必要とするからである．

この章の目的は，テストがどの程度学習の目標を反映することができるかの問題である．要求されているすべての学習は，テストの内容によって明確化できるだろうか．アメリカで起こっているのは，まさにこの問題である．すなわち多くの初等教育は，定期的な標準テストに具現化される目標モデルに向かって行なわれている．このようなモデルの支配によって，教師の指導のあり方が個別的な技能や非文脈化されたテスト問題に向けて行なわれており，習得するまでが練習だらけになってしまっている（そうではないこともあるが）．

ところが，現在の学習理論はこのようなやり方を不適切であるとしている．切り離された事実は，学習されたとしても記憶から瞬く間に消えていくのであり，それは何らの意味をもたないし，学習者の概念地図に組み込まれない．このようにして学習された知識は応用できないし，他

のことに使えず，思い出されることもない.「意味をもつことは学習を容易にする．なぜなら，学習者はそれを精神の枠組みのどこに置いておくべきか分かるし，さらに意味をもつことは知識を役に立つものにする．というのは，知識の目的や応用範囲が，意味をもつことの理解の中にすでにめばえているからである」（シェパード，1992a）．

認知論的および構成主義的な学習モデル

　直線的で階層のある学習モデルに対する代行モデルは，認知心理学や構成主義の心理学の研究から生まれてきた．このモデルでは，学習を多方向から結びつける一種のネットワークと見るのである．つまり，学習とは生徒の頭の中に直接移し替えられる外部の地図としてではなく，生徒が学習するにしたがって再編成したり，再構成したりする有機的な過程なのである．

　認知理論は，学習を知識の構築過程であるとしている．そのため，学習は知識なしでは成立せず，学習が行なわれる状況によっても変わる．学習は単に情報を記憶することではなく，それを解釈することである．それゆえに学習指導は知識の移転ではなく，継続的な知識の構築過程への介入とみなされるべきである（レズニック，1989）．このように，構成主義の学習理論によれば，生徒が活発に新しい知識の意味を探ることによって最も効果的な学習となる．つまり，知識の意味を問い，自分の知識の地図や構成図の中に位置づけることである．（社会的構成主義学派は，このような学習を共有化された社会的文脈で生じるものだとする.）

　「現代の**認知心理学**[3]は，学習する内容が意味をもつものであれば，容易に学習できるという非常に古い考えに立脚している」（シェパード，1991）．どのような学習であろうと私たちが何をしようとしているかの意味づけを必要としている．学習することは積極的に精神の構成図を構築することであり，それは小さなこどもの基礎的な学習にさえもあては

まる.

　情報処理モデルでは，学習を3段階に分けており，そのうち2つは構成主義のモデルと重なりあっている．第1段階では状況に応じて特定の側面が注意深く選択され，濾過されて自覚的な方法に向かう．第2段階では以前の学習のうちで適切なものを選んで用いることで，新しい情報に個人的な意味づけをしようとする．最後に結果として得られた学習内容を構造化することで，長期の記憶として有効に保管することが可能となる（アトキンズ等，1992年）．このようにして，知識は相互に結びついて全体的なものとなり，後の学習をささえるものと見られている．

　こうした生徒の学習についての見方は，**構成主義**[4]とよばれ，1970年代から1980年代にかけて構築された．これは生徒が自分たちの世界観を自ら作り上げる能動的な建設者であるとみなし，新しい情報を有効に用いるためには，それらはすでに長期的な記憶の中にある知識構造や構成図に関連づけられなければならないと主張した．そしてもはや知識を原子化するような評価方法をとるべきではないとしている．私たちが必要としているのは，知識を記憶したり，思い出せるかということより，理解のレベルや複合性に対する評価なのである．**オーセンティックな評価**[5]を求める声が高まってきているのは，生徒の学習に対するこのような見方の影響を証明している（ウィルソン，1992）．

　精神測定学の背景となっている多くの測定理論の基盤には，学習者は教師が与える情報や事実を受動的に吸収する者であるという見方がある．標準化された達成度テストは，生徒が決まり切ったやり方で学習した事実に関して，思い出したり応用できるかをテストするものである．高次の技能を評価するために作られた問題であっても，せいぜい適切な公式を思い出したり，正しい答えを得るために代入すればよい程度のものがしばしばある．しかし，学習者は彼自身の解釈を作り出し，これを彼らがすでに持っている知識や理解したことに関係づけなければならない．知識を事実の集合であるとみなす生徒は，効果的な記憶に適した学習方

法を用いることになるであろう．このような学習方法は，知識や学習と直接取り組むのでなく，義務的な活動としての学校の勉強経験から培われたものである．伝統的に，学校の勉強では，生徒の役割は教師の質問に答えることであった．学習を義務として行なう仕事とみなしたために，それが目的を持った意図的な活動ではなく，散漫な出来事の集合となってしまったのである．このような学習ではなく，生徒と教師が共同して知識の構築にあたり，教師の役割を**メタ認知的な役割**[6]に変えていく．そして生徒が学習方法を学ぶことで，学習を意図的な過程とすることができる．しかし，それにはまず始めに，テストの開発者や教師，生徒の，学校で知識をどう学ぶかについての見方を変えなければならない．

　これらの学習に関する新しい概念は，生徒が何を知っているかを踏まえた上で，望ましい学習を促進する新しい評価の方法論を必要とする．「テストは個別に練習した細かな切り離された技能の習得を評価するものであってはならない．テストはもっと大胆なきっかけであり，生徒が大事にしている観念の精神的表象を探り，生徒がこれらの理解を応用して容易に問題解決を遂行することを狙いとすべきである」とシェパード (1991) は述べている．

　生徒は彼らが学習している題材について必ずしも理解していなくても，客観テストでは高得点をとってしまうことがある．学習と認知活動についての最近の調査によって，「浅い学習」と呼ばれる現象の存在が明らかになってきた（ホワイト，1992，イーントウィンステル，1992）．特に科学の分野で，多くの生徒が自然や科学的な現象に対して，まちがった概念化や誤解をしている．生徒が複雑な公式を操作したり，入り組んだ練習問題をこなしていける場合でも，根本的な原理を理解していないと浅い学習は起こるのである．構成主義の学習モデルは，生徒が自分自身の理論を持っているという前提で組み立てられている．例えばそれらは，いろいろなものがどう働くか，太陽はなぜ毎朝昇ってくるか，歴史の解釈などの理論である．本当の学習とは，当然のこととされていることに

満足することなく，理解し納得のいく新しい概念を発見していくことである．しかし，浅い学習では，教師や指導者の伝える原理を，自分で考えたり，深く考えないで受け入れるのである．よくあることだが，そのような原理はテストや試験の終了によって必要がなくなるとすぐに放棄される．相互に矛盾する見方を平気で持っていられるのは，学習者が何を学習したかをよく考えていないことを意味する．反対に，優れた学習者の深い学習は，学習したことの意味について考えるのである．目的をもった学習や深い学習の概念は，明らかにカリキュラムや教授法，そして評価のあり方に対しても影響することになる．

レズニックやシェパード，その他のアメリカの教育学者たちが，択一式の標準テストの要望にそった教室での指導により生み出されると論じている学習と，浅い学習は明らかに類似している．それらとは異なり，深い学習は次のような特徴を持っている．

＊題材を自分自身で理解しようとする
＊学習の内容と熱心かつ批判的に関わりあう
＊新しい考え方を既存の知識や経験に関係づけようとする
＊いくつかの考え方をまとめる際，体系づけるための原理を使う
＊証拠と結びついた結論をだす
＊議論の論理を検討する（イーントウィンステル，1992）

これは認知論的ならびに構成主義の学習モデルを反映したものであるが，指導や評価については，これまでとまったく異なった方法を必要とする．

高次の認知能力や思考する技能をうまく教えることのできる指導計画は，いくつかの共通の要素を持っている．例えば，社会的に共有化された知的な作業を含んでいるし，また課題の複合的達成を目標として編成され，技能の各要素は全体の文脈において意味を持つことになる．そし

てよく分からなかった過程を明らかにする手続き（例えばモデル化）を採用する．そうすることで技能が少しずつ向上していき，比較的技能の低いものでも参加できるものになる．こうした指導計画は一般的な技能ではなく，特定の教科の内容に関して編成されたものである（レズニック，1989）．

認知科学の研究の中から登場してきた概念の一つに，メタ認知の概念がある．メタ認知とは第2のレベルの思考の形式に言及した一般的な用語である．思考についての思考とも言うべきものである．それは自分の学習を計画し，記録し，組合せてまとめ，調整するというさまざまな自己認識活動を含んでいる．自分の知識や思考，そして学習を意識し，調整する過程である（1976年のフラベルの定義による）．学習の目的を明確にし，新しい知識と既にもっている知識を関連づけ，対立点を明らかにし，イメージを作り，課題に照らして資料の理解が万全かを判断したりするために，メタ認知能力をもった学習者は，自分自身に問いかけるといった特定の方法を用いることにより，自分の学習を調整できるのである．メタ認知の本質的な部分は，学習者が自分の学習活動を調整することにある．そして，学習していることの意味を考えようとするためには，生徒が学習活動に対して，積極的に参加しているという意識をもつ必要がある．

伝統的な学習指導のモデルでは，カリキュラムを詳しく規定された情報の集合体であり，学習者に伝達されるものと考えている．このモデルにたてば，評価は情報が受け入れられたかを確認する作業となる．しかし，学習を個人の知識の構築や意味形成の過程とみる新しい学習モデルは，学習をもっと複雑で広がりをもった過程とみている．そのため評価はもっと広い範囲を対象とし，生徒の学習や理解の構造や質をもっと深く見ていけるようなものにしなければならない．例えば，教師から得られた特定の知識を習得したかを調べるならば，択一式の標準テストや短答式のテストなどでかまわないが，深いレベルの学習を評価したり促進

するためには，作文式やパフォーマンス評価，小グループでの課題やプロジェクトなどによるもっと密度の濃い，相互交流に基づく評価方法を必要とする．認知科学の研究ではまた，学習者を初心者と専門家に分けている．両者は知識の量で区別されるだけでなく，自分で形成したモデルの種類や，問題に対して適用する概念や解釈の種類，用いる戦略やアプローチの違いによっても区別できる（グレイサー，1990）．他の研究によれば，現象に関しての学習者の概念化が，荒削りなものから，より専門的理解へと質的に変化していくような学習を重要であるとしている．

　すべての学習は思考を中心とし，私たちが必要としているのは，様々な分野にわたって学習できる知的な初心者＝生徒たちを作り出すことのできるような，カリキュラムや評価のモデルである．彼らは新しい分野についての背景となる知識はもっていないが，そのような知識を手にいれるための方法は知っているのである（ブラウン等，1993）．学習についての専門家として，新しい分野の研究に取り掛かる準備はできているのである．就業様式の変化や知識の内容の急増を考えれば，学校において私たちがすべきことは，生徒が柔軟な学習者であることによって，知的な初心者となるように教育することである．ブラウンとその同僚たちは学校の役割を，生徒が様々な分野で考えたり推論する方法を学習できるようにして，生徒を徒弟制度での弟子のように育てることである考えている．

　　学習のための評価

　「考えさせるカリキュラム」とは，思考したり，推論したり，学習の方法を学んだりする新しい基礎・基本に主眼を置いたカリキュラムを示すために作り出された用語である（レズニックとレズニック，1992）．全地球的規模での技術や通信手段の変革や，世界的な規模での経済活動の発展を前にして，このような新しい基礎・基本が重要になった．多くの

先進工業諸国で要請されていることは同じである．すべてのレベルの労働者が技術システムを理解して操作でき，柔軟であり適応性のある学習者であることを求められている．それというのも，私たちの両親や祖父母の時代のように，一生に1つの職業や職歴をもつのではなく，1つかそれ以上の仕事の変更や労働環境の変更を経験するような世代の生徒を，私たちは教育しているからである．学校に求められているのは，生徒が決まり切った作業をできるようにすることではなく，推論したり思考できるようになる学習プログラムを提供することである．エリートやできる生徒だけでなく，すべての生徒に思考したり問題解決活動を求めるこのような動きは新しいものである．初めての題材を解釈したり，人を納得させるような議論を展開したり，問題に対しての取り組み方を考えたりするような高次の技能は，アメリカや英国ではエリートに求められているものであった．

　これまでとは異なったカリキュラムの要請は，経済的，文化的な原因だけではなく，思考や推論に関する研究によって，これらの技能の教育は基礎・基本が習得されるまで待つ必要はないことが明らかになってきたから起きているのである．それどころか「……初歩的なレベルの読みや算数，その他の学校の教科の学習の成功には，思考や推論が深く関係している」．たとえ一覧表や事実の学習といった簡単なものでも，記憶に残すために，生徒はそれを組織化しなければならない．というのは，伝統的な学習理論への批判が明らかにしたところによると，構造化や理論的な説明なしに受け入れられた事実は，すぐに記憶から消えていくからである．

　そのため，私たちは学校教育の初期段階から知識の獲得と同時に，深い学習や高次の思考，学習の自己コントロールの能力の発達を奨励しなければならない．

　「よりよき学習のための評価」と題したニュージーランドの報告書では，評価は高次の技能の育成，すなわち，

原理の理解，新しい課題への知識や技能の応用，探求活動，分析，複雑な争点や問題の議論

などの能力の育成に向けられるべきであるとしている．その根拠は，

　そのような技能や理解力は，一般的により長期的な価値をもち，広く用いられ，将来の学習の基礎となり，事実に関する情報を適切に解釈するのに必要だからである．

　高次の技能の学習はより長く記憶されるだけでなく，内発的なモチベーションの発達を促し，学習を継続する積極的な態度を形成するのである（ウィリス，1992b）．
　もうひとつの核心的な部分は，評価における生徒の役割である．もし生徒が自分自身の学習について評価できるようになるべきならば，これはメタ認知の発達からしてそうなるべきであるが，生徒は自分の学習の質について自問し改善する方法を教師の支援を受けながら練習する経験を必要とする．すなわち，評価に用いるべき**クライテリア**[7]や期待される**スタンダード**[8]を理解するだけでなく，これを用いて教師の指導のもとに自分の学習を評価する経験も必要とする（サドラー，1989）．
　関連してはいるが，別個の問題が2つここで提起されることになる．

1．生徒の学習の状況を正確に反映するには，どのような評価手段を必要としているか
2．指導や学習に好ましい影響を与えるには，どのような評価手段を必要としているか

　ヴィゴツキーの研究は学習状況を反映し，支援するという双方からの

評価のモデルを概念化するために重要である．

　ヴィゴツキーは人間の学習において，道具と支援が重要であると指摘している．つまり，精神の機能の発達には外部からの支援が必要不可欠である．専門家の仕事や学校教育において，技術進歩の成果の利用が進んでおり，これはヴィゴツキーの考えの重要性を証明するものである．但し，この考えは技術革新の起こる前に述べられたものである（アイビック，1991）．伝統的な試験や精神測定学モデルによる評価では，生徒は補助的な道具の使用を禁じられているため，その有効性，言い換えれば**生態的妥当性** [9] が低くなる．ヴィゴツキーの考え方に従えば，評価の過程において補助的な道具の使用を許可するような評価方法を開発しなければならない．これによって記憶能力の偏重を改め，思考や問題解決能力を強調することができるのである．

　しかし，心理学理論に対するヴィゴツキーのもっとも重要な貢献は，**発達の最近接領域** [10] の概念の提唱である．これは子供が他者からの支援を受けないで実際に到達した発達水準と，大人の指導やすぐれた能力をもった仲間と共同して行なった場合に到達し得る発達水準の差異を表す概念である．子供をより上位の達成水準に到達させるために大人が支援や指導する過程は，足場組といわれている．大人の支援は子供が該当の水準の実行能力をもつに従って，徐々に減らされていく．

　足場組評価とは，この足場組の概念を評価に拡張した用語である．これはこれまでの評価が何を知っているかを評価する静的なものであったのに対して，評価者と子供の対話に基づいて子供の学習の可能性を見ようとする評価モデルである（ここでの可能性とはヴィゴツキー的な意味であって，知能のことではない）．このような評価の格好の事例は，英国のナショナル・カリキュラムで1991／1992年に実施された7歳児のための標準評価課題である．これは診断的な目的に用いることができ，教師の監督下で個人別ないし小集団単位で実施される，能動的なパフォーマンスを基本とした課題である．この課題は，教師が質問の過程を続けて，

子供に次のレベルを試してみるように手助けすることで，子供が次の高いレベルに近づいているかどうかを調べることができる [7]．このような評価が足場組評価といわれるものであり，教師にとってより多くの診断的な情報を提供できる課題である．

同様の方法は，フエーアステインによる**学習可能性評価手段** [11] として，文化的，知的に不利な条件に置かれた子供の学習の可能性を調べるために用いられている．さらに，**動的評価** [12] といわれる評価方法がいくつかある（ブラウン等，1992）．ヴィゴツキーの学習モデルに基づいた動的評価は，様々な研究の場面で用いられている（ブラウン等参照，1993）．発達の最近接領域の考えに基づいて，動的評価は子供の実行能力よりも一段上の課題を提示する．教師は評価者でもあり，子供が成功するための手助けもする．「新しい原理を学習し，適用できるようになるまでに必要な支援の程度が，注意深く定められ，測定される．必要とされた支援の程度は，静的な予備検査よりも，その生徒が該当の領域でどのように学習していけるかを示す指標となる」．足場組評価と同様に，このような形の評価は，大人は必要なときにだけ支援をあたえ，子供が自分でできるときは実行能力を発揮する機会を与えるものであるから，指導と伝統的な試験との中間点に位置する方法である．

ブラウンとその同僚たちは，ヴィゴツキーの発達の最近接領域の概念的枠組みのなかで，生徒と教師が評価においても，学習においても協力して実行していくような場合について分析している（ブラウン等，1992）．そして両者は重なり合う部分がかなりあることを示している．確かに，片方は評価のためであり，他方は学習のためである．しかし，主な違いは，評価の場合，支援の内容をあらかじめ定めているのに対し，指導の場合，支援の内容は時と場合によって様々であることだけである．

ヴィゴツキーはメタ認知を定義して，計画的に習得をめざす体系だった学校の学習過程のなかでの，自分の認知活動に関する知識とした．この定義に依拠して，アイビック（1991）は学校での学習評価にあたって，

私たちは学習内容に注目するばかりで，生徒が用いるメタ認知的戦略の評価を怠っていると指摘している．ビネーは知能をもつだけでは不十分であり，それを知的に使うことができなければならないと指摘した．このことは知能検査の限界と（知能を十分活用していないとか，知能以上のできであるとかの原因としての）メタ認知的な過程に焦点を当てるべきことを示している．学習者としてすぐれている者は，メタ認知能力の点で区別できるからである．メタ認知的な活動を生徒ができるようになるためには，教師の指導を受けたり，教師と話し合いながら行なう自己評価を必要とする．その中で生徒は自分の学習方法やその有効性について考えるようになるのである．

　アイビックはまた，ピアジェの考えにしたがって，子供の思考を評価するための課題の内容として「理解，概念の比較，獲得した概念を例示する新しい事例の発案，異なった主張を批判的に分析する，同じ知的な操作を異なった概念上の文脈で用いることなどの課題．言い換えれば，知識を獲得したかを調べる課題は，課題そのものの中で，生徒が独立した能動的な学習者であることを示す機会を提供するものでなければならない」と述べている．足場組評価，動的評価，ピアジェ的な評価は，教科内容の学習や学習そのものについての研究に広く用いられてきた．これらの方法は，明らかに教室で用いるのではなく，個々の生徒を調べるための研究用の道具や技術である．それらは本質的に対話に基づいており，診断的であるので，パフォーマンス評価を越えたものである．前の章で述べたように，問題はこのような種類の課題や評価方法が，もっと規格化された評価手続きに馴染むか，教師によって実施され採点されることができるかどうかである．

結　論

　生徒の学習（パフォーマンスというよりも）に関しての認知科学の研究

成果の示すところによれば，私たちは生徒自身が作り上げるモデルや深く理解したことに焦点を当てるべきである．またウィルソン(1992)によれば，私たちは生徒の理解したことを推し量るために，複数の観点を参考とすべきである．例えば，生徒が思い出すことのできる事実や手続きの数ではなくて，生徒自身，教師，専門家の意見等を用いるべきである．

　　そのため，克服すべき課題は，異なった理解の程度に応じて変化するパフォーマンスに表現される生徒の理解の内容について発見することであり，次にこの理解の違いを正確に反映する評価の方法を考えることである．

　評価の新しいパラダイムへ移行するためには，いくつかの新しい原理を採用する必要があると思われる．まず，知的な活動をするにあたって，生徒から支援や道具を引き上げるのではなく，反対のことが必要である．これによって問題解決活動，支援の活用，知識の転移や応用についての評価が可能になる．しかし，動的評価や足場組評価，その他の対話を用いた評価は，専門的な教師による個別的な評価の実施を自ずから必要とするため，実施にあたって困った問題が生じる．そのため，教室で使うことのできる評価用具を開発するよりも（そして確かにアカウンタビリティーの目的でもない），学習についての新しい考え方を教師に理解してもらう方が得策である．特に，足場組やメタ認知についての理解を促したり，教師の観察や質問，対話の技術を向上させる専門的な研修プログラムを推進し，このような方法を普通の教室での授業や評価にうまく組み込めるようにすることである．

　精神測定学に基づく評価は，狭く定義した達成事項の正規分布を前提とする静的評価である．このような評価方法は，生徒の選抜を大きな目標として，個人間や集団間の達成水準の相違を測定するイデオロギーに支えられている．これと別のモデルは，もっと動的なものである．この

モデルでは，生徒の潜在的な学習可能性に注目する．すなわち，前者のように潜在的な可能性を静的にとらえ，あらかじめ定まったものとし，正確に測定され変化しないものとみなすのではなく，大人の支援や指導に応じて大きく変わる柔軟なものとして，動的かつ肯定的にとらえる．現在の学習理論によれば，私たちが必要とする評価は，生徒が既に何を知っているか，どのような学習の戦略を用いているか，自分の学習について意識しコントロールする能力をもっているかなどを評価できるものでなければならない．加えて，対話をもとにした評価や足場組評価の示しているのは，生徒が何を知っているか，何ができるかを評価するだけでなく，何ができつつあるかを評価する必要があるということである．

　最後に，高次の技能や考えるプロセス，問題解決プロセスの学習指導を奨励したり，その発達を促したりするには，これらのプロセスを直接反映する評価方法を用いなければならない．新しい評価のモデルだけではこの章で述べてきた学習への転換をもたらすことはできないが，伝統的な狭い形式のテストに固執すれば，このようなプロセスの発達を阻害することは明らかである．

第3章　テストのもたらす弊害

　はじめに

　1984年という早い時期に，フレダーリクセンは「テストによる歪み」という論文を発表した．そこで彼は学校にとって，テストの結果がその活動成果を示すために重要なものであり，学習内容に与えるテストの影響力は非常に大きいとみられると指摘した．1987年になると，ポファムは彼の名づけた**測定主導の学習指導**[1]が公教育の質的改善のために，最も効率的な方法であると唱えた（ポファム，1988a）．1988年までには，テストの学習指導やカリキュラムに与える影響について，幾つかの代表的な研究が行なわれた（クルックス，1988とマダウス，1988）．その結果，（評価と対比される）テストの影響は強力であり，学習指導のあり方だけでなく，カリキュラムや生徒の動機にまで及んでいることが分かってきた．現在広く認められているテストに関する事実の1つは，特にテストが**ハイ・ステイクス**[2]な場合，テストによって教師の自分の職務内容についての認識がきわめて大きく影響されることである．
　フレダーリクセンの議論の要点は，テストは事前に内容が分かっていれば，教師や生徒の行動に間違いなく影響をもたらすということである．生徒はテストでよい結果をだそうとするし，教師も自分の生徒がよい結果をだすことを望むからである．そのため，使える時間には限界があるし，いきおいテストで測定される事項に，学習や指導の多くの時間と努力を割くことになり，テストで測定されない技能にあてる時間と努力を減らしていくことになる．その結果，テストで測定される能力だけが，それも簡単で安い費用で測定できるため，最も熱心に教えられるものとなる．フレダーリクセンの「歪み」の概念は，テストの与える影響にも

関係している．それはすなわち，測定されない重要な技能の指導の阻害という歪みをもたらすことにある．その一例として，フレダーリクセンは1981年のデブラ・P裁判[3]の後，アカウンタビリティーの目的で実施される標準テストの使用が急増したことをあげている．この裁判においてアメリカ控訴裁判所は，テストが学校で実際に教えられたことを測定しているという十分な証拠がないかぎり，フロリダ州では最低修得度テストを卒業要件として生徒に課してはならないと判決した．この裁判の後，多くの学校や教師は，授業内容と全てのアカウンタビリティーの目的で用いられているテストの内容とを，十分に整合させるように試みたのである．この時のアメリカでは，テストとは基礎的な技能を測定する択一式の標準テストを意味していた．10年以上にわたって，フレダーリクセンは論陣をはっていた．一方で，NAEP（教育進歩に関する全国調査）による調査によれば，基礎的な技能を測定するテストの項目での結果は，低下していなかった．しかし，より複合的な技能を反映するテスト項目についての成績は，低下していることをしめしていた．NAEPのテスト結果の変化について様々な原因が考えられ得る．フレダーリクセンは択一式の最低修得度テストの義務的使用が，このような方法では容易に測定できない能力の指導を妨げたのではないかと指摘している．これはもちろんこの10年間繰り返されてきた議論であり，特にアメリカにおいて顕著であった（第1章参照）．

　　効率的なテストはこれより効率の劣るテストを駆逐する．その結果多くの重要な能力がテストされず，教えられもしないことになる．教育者や心理学者の重要な使命は，教育の目標の全範囲を反映するような評価方法を開発し，それを用いて教育過程を改善する方法を見つけることである（フレダーリクセン，1984）．

測定主導の学習指導

　測定主導の学習指導とは，ハイ・ステイクスなテストが，その結果のもたらす影響の大きいために，生徒をこれに備えさせようとすることにより，学習指導計画を変えてしまうことになる場合と定義される（ポファム，1987a）．教師自身の自尊感情からであったり，生徒の幸福や将来のためだったりするが，いずれにしても教師は自分の生徒がハイ・ステイクスなテストで良い成績をとるよう指導する．テストは生徒にとって重要である場合と，教師にとって重要である場合，その両者である場合が生じる．教師はそのようなテストで評価される知識や技能の学習に，多くの時間を費やすようになる．「ハイ・ステイクスなテストはカリキュラムを誘導する強力な力をもっている」．ポファムによれば，測定主導の学習指導を取り入れた幾つかの州では，生徒の基礎的な技能が顕著に向上した証拠もあるという．それだけでなく測定主導の学習指導は，基礎的技能での学生の優劣の差を明らかに縮めたという．格差の縮まったのは低次の技能ではないかとの批判に対して，これら全て生徒に必要な基礎的技能であって，多くの生徒が以前は失敗していたものであるとポファムは反論している．「明らかに効果的な評価システムは，技能の習得についての学生の優劣の格差を，改善するのにおおいに効果がある」．ポパムの考えを真剣に受けとめるとすれば，測定主導の学習指導は教育の改善をもたらす可能性があるということになる．確かに，カリキュラムを歪める可能性のあるこの方法の否定的側面に，注意を払わなければならない．しかし，測定主導の学習指導は，公教育の質を改善する非常に効率的な方法となる可能性をもっている．ポファムは測定主導の学習指導が成功する条件として次のものをあげている．

1．測定される技能や知識を明確にし，教師の学習指導の課題を示す

ために，クライテリオン準拠テストが用いられなければならない
2．こまごまとした知識や技能を測定するものであってはならない
3．低次の技能は高次の技能に包括されるものとし，あまりに多くの技能や目標を測定しようとしないこと
4．目標と学習指導の方向が明確であるべきであり，それによって，教師が目標や目的から指導計画を作成できること
5．学習指導に対する支援，有益な指導教材，技能をどのように教えるべきかについての参考資料なども，全体計画のなかに含まれていること

アイラジアン（1988a）は測定主導の学習指導をさらに分析して，ハイ・ステイクスの概念は絶対的ではなく，相対的であり，テストが実施される状況によって異なってくると指摘した．その例として，教師の願いであり，多くの生徒もまず最初に合格したいと思う高校卒業テストをとりあげている．「もしテストの内容が5学年レベルであったり，テストに合格する標準レベルが非常に低かったら，テストが学習指導に与える影響は多くの生徒にとって僅かなものである」．アイラジアンは，テストの社会的重要性と標準レベルを問題にすべきだといっているのである．社会的重要性と標準レベルは，それぞれ高い場合と低い場合がある．そして最も学習指導に大きな影響を与えるのは，標準レベルと社会的重要性の両者が高い場合であるという．つまりテストの結果が社会的に重要であり，一方でテストの標準レベルは高いが，合格可能性を持っている場合である．これと対照的に，最も学習指導に影響の少ないのは，社会的重要性も標準レベルも低い場合である．学習指導に対する影響は，社会的重要性と標準レベルとも高い場合だが，この場合でも最も失敗する者の数が多いテストでは，社会的重要性は低くなる．アイラジアンは，社会的重要性，標準レベルとも高いテスト例として英国の公的試験をあげている．「……そのような試験が，カリキュラムを誘導する大きな影

響をもっていることを明らかに示している」と述べている．

テストのカリキュラムに対する影響についてさらに調査したマダウスによれば（1988），測定主導の学習指導の効果として認められるのは次の点である．もし技能が適切に選択され，テストがそれを実際に測定できるものであるならば，学習指導の目標は明確になる．教師も生徒も明確に定義された目標にむかって努力を集中できる．目標とする標準レベルは明確であり統一される．全てのレベルでのアカウンタビリティーの必要を容易に満たし，客観的でもある．一般の人々は，学校がどれだけ成果をあげているか具体的な情報を手にすることができる．このような形式のテストを提唱する者は，何を教えるか，どのように教えるか，何を学習するか，どのように学習するか等についてのテストの影響力を，有益な特質と主張していると彼は指摘している．マダウスはまた，ハイ・ステイクスなテストの定義を，その結果が正しかろうが間違っていようが，生徒や教師，行政担当者，父兄，一般の人々が重要な決定をなすときに使用すると見られているテストであるとしている．これと対照的に，ロー・ステイクスのテストは，その結果が重要な利益や不利益に影響しないテストであるとしている．このような形のテストであっても，その結果は教師の生徒についての認識や，生徒をどの学習集団に入れるかの決定に影響を与える．しかしここで重要な違いは，教師や生徒，父兄がこれらのテストの結果を利害に直接関係すると見ていないことである．

テストがカリキュラムや学習指導に与える影響

テストがカリキュラムに与える影響についての調査の結論として，マダウスは幾つかの原理を唱えている．

【原理1】テストや試験が，個人や組織，カリキュラム，学習指導に大きな影響力をもつかどうかは認知に関わる現象である．

もし生徒や教師，教育行政が試験の結果を重要なものと考えれば，それが真実かどうかは大して問題ではない．その影響力は，個人がそのように見るかどうかにかかっている．

そのため，問題はテストが実際にハイ・ステイクスかどうかではなくて，それに関わる者がハイ・ステイクスだと信じてしまうことにある．このことはテストが政策決定者や一般の人々の心に対して象徴的な影響力をもっていることを説明している．政策決定者はテストのもつ高い象徴的な価値に気がついている．テストの実施を求めることによって，政策決定者は重要な改革に取り組んでいると見られるのである．それゆえ，ハイ・ステイクスなテストの計画は，実際の教育問題に対しての象徴的な解決策となる．それは表面的な解決策であるのだが，テストに向けた学習指導によって実際にテストの点数が上がっていけば，政策決定者は彼らの行動の賢明さを証明できるということになる．もちろん実際には，このようなテストの計画は教育の抱える問題を解決するわけではない．

【原理2】社会的な決定のために数量的な社会指標を用いるほど，それがモニターしようとしている社会的なプロセスを歪めて堕落させる可能性は大きい．

マダウスはこの原理を，測定しようとするものに影響を与えずに測定することは不可能であるというハイゼンベルグの不確定性原理になぞらえている．つまり，歴史的にテストはシステムを適合させるための客観的な方法にあたると見られてきたが，その否定的な影響が結局のところその効能を上回ってしまうこと，さらにテストの結果を重要な社会的決定に用いると，そのような使用によって学習指導のシステムは内実ともに歪んでしまう．

【原理3】もし重要な決定がテストの結果によって左右されると，教
　　　　 師はテストに向けた学習指導をすることになる．

　ハイ・ステイクスなテストは，現実に学習指導をテストで測定されることに集中させることになる．しかし，上昇するのはテストの得点であって，技能それ自身ではないということは明らかである．すなわち，学習指導はテストの問題とその形式に向けて行なわれるのであって，測定しようとしている能力や技能に向かうわけではない．マダウス自身はハイ・ステイクスなテストがカリキュラムに与える影響について，19世紀と20世紀の幾つかの国々，例えばインドからアイルランド，日本から英国までの事例を引き合いに出している．英国では，イレブン・プラス試験の例を見ただけでも，このテストが初等学校の全ての子供たちの学習指導に大きく影響したことがわかる（ギップス，1990）．さらに，旧GCEのOレベル試験[4]が中等学校の学習指導のスタイルと内容に与えた影響を見てもよい（HMI, 1979）．教師は彼らの学習指導を狭くしようと望んだわけでも，生徒の教育上の経験を不当に限定しようとしたわけでもない．しかし，テストの得点が生徒の生涯に大きく影響すると仮定すれば，テストで生徒の成功する可能性を確実に最大にまでもっていくことを，教師は職業上の義務と見做すのである．しかし，忘れてならないのは，この効果は好ましいカリキュラムの変化をもたらすことにも応用可能性なのである．英国でこのような例としては，16才で実施されるGCSE試験の導入であり，これは旧Oレベル試験のもたらした弊害を防止し，狭い範囲のみを評価する紙と鉛筆を用いた試験形式から，もっと広い範囲の生徒の活動を対象とするために特に工夫された試験である．英国の視学官は，教師がこの新しいシステムに慣れたとき，実際にこのような効果を生じたことを確認している（HMI, 1988）．問題なのは，このような好ましい効果が何年かすると，失われてしまうかもしれないことである．

【原理4】ハイ・ステイクスなテストの実施されているところでは，過去のテスト伝統が勢力を伸ばして，結果として事実上カリキュラムを決定する．

このことは声を大にすることではないようであるが，現実に試験の結果で教師の専門職としての価値が判断されるわけだから，生徒にドリル学習をやらせることで，その指導技能を低下させることになるとマダウスは論じている．試験に基づく業績評価の長期的な影響は，ハイ・ステイクスな状況では深刻である．

【原理5】教師はハイ・ステイクスなテストの問題形式にとりわけ注意を払い（例えば，短答式の問題，択一式），学習指導をこれに合わせていく．

第1章と2章で述べたように，ここでの問題はテスト問題の形式（もちろんそれは問題自体の形で決まる）が，その他の技能を阻害する方向で指導と学習を狭めていくことである．

【原理6】テストの結果が，将来の教育の選択や人生の選択の唯一の規範，あるいは一定の規範ということになると，社会はテストの結果を学校教育の主要な目標と見做し，学校教育の成果の指標として，役に立つことも，誤ることもある指標の1つであるとは見ない．

これはテストがもたらす弊害のなかで最も深刻なものだとマダウスは考えている．19世紀に行なわれた「**成果に基づく支払い**」[5] の影響，イレブン・プラス試験の強烈なラベリング効果，公的試験の結果を待つ

生徒の不安感,そして現在ではナショナル・カリキュラムの評価の結果を,学校ごとに一覧表にして公表することに政府が力を入れていることなど,この原理を支持する事例には事欠かない.

【原理7】ハイ・ステイクスなテストによって,カリキュラムのコントロール機関が,試験を作成したり,監督する部門に移ることになる.

英国や他の国での公的試験の実施機関がこの原理7の場合にあてはまる.また全国統一テスト計画について,国家の統制が行なわれている場合も同様である.アメリカでは教育を統制するこの現実の権力を,売上至上主義で,教育は常にその下におかれている(テストを作成する)営利企業に委任していることを認識すべきであるとマダウスは言っている.

アメリカ(サーモン,コックス,1981),アイルランド(ケラガン,マダウス,アイラジアン,1982),英国(ギップス等,1983)等の標準テストについての研究によれば,ハイ・ステイクスな場合でなければ,教師は標準テストの結果を利用しようとしないことが分かっている.文化や教育制度が違っていても同様であるというこのような事実は,テストがハイ・ステイクスなものでなければ,教師は無視するという傾向を示している.簡単にいってしまえば,これらの研究が示しているのは,テストの結果と教師の見方が一致するとき,教師はその結果を受け入れるということである.もしテストの結果が予想外であったとしても,よい結果であれば,教師はこれも受け入れる.テストの結果が教師の評価と異なっており,結果が生徒の達成状況を低く見ているならば,教師はその結果を受け入れない.生徒の達成状況から見て合致していず,納得のいかないテストの結果に関して,生徒の調子が悪かったとか,テストがよくないというふうに教師は説明するのである.

測定主導の学習指導の一環としての最低修得度テストの導入により,

テストの得点が明らかに上昇した場合は，成果に基づく支払いの場合と同様に，単にテストに向けた学習指導の結果として上昇した可能性があるとマダウスは警告している．このようなテストの点数の上昇は，同じ構成概念を測定する他の方法の結果と一致すると言えず，実際それは元々の構成概念を，テストの測定しようとするものに変えてしまっている可能性がある．マダウスは，テストのもつ社会的重要性を低減するように働き掛ける必要があると結論した．そのかわりに，一般の人々や教育関係者に対して，テストの結果は一つの情報にすぎず，生徒や教師，学区についての結論をだす場合には，他の指標と並行して用いるべきことを，説得しなければならないと述べている．

評価の与える影響についての2つめの詳しい調査は，クルックス(1988)によって行なわれ，彼は教室での生徒に関する評価に焦点を当てた．クルックスは標準テストだけを調べたわけではない．標準テストについては十分調査されていることをふまえ，どのような場合でも，生徒は標準テストよりも教室内での評価活動と呼ぶものに，多くの時間を費やしているという見解を示している．彼が評価活動としたものは，正式な教師作成テスト，カリキュラムに付随するテスト，口頭試問，その他の様々な学習活動の評価，動機や態度の変化についての評価，学習技能に関する評価などである．これは注目すべき広範な分野にわたる調査であった．それゆえ彼の調査論文は必読とも言えるし，この調査を広く紹介したい．

まず，教師作成テストは 教師自身が目標としているよりも，実際には低い水準の認知技能に比重を置いているようである．しかし，単なる記憶や事実についての知識や認識をテストすることに力点をおくべきでなく，転移を学習の質として重視すべきだとの主張がある．すなわち，生徒が概念や原理を理解しているかを示す決定的な指標は，彼がそれを別の状況で応用できるかどうかにかかっている．もしテストが理解を目的にするならば，テストは幾つかの状況で行なわれるべきであり，生徒

に事実に関する知識を思い出させるのではなく，用いるように求めるものでなければならない．この調査は本書の第2章で論じたことを確認するものであり，評価のあり方が生徒の取り組む学習のあり方に影響するということである．幾つかの研究が示すところでは，表面的な学習方法をとる生徒は，深い学習方法を評価する方法に適応するのに困難である．反対に，深い学習方法を上手にできる生徒は，表面的な方法でうまくいくような評価の場合，この方法にたやすく適応することができる．学校教育の早い段階から，深い学習を促す強力な根拠があるとクルックスは結論づけている．このような学習は，高い水準の技能を問う評価を強調することによって促進されるのである．

テストの頻度については，ほどほどの回数の場合に，生徒の学習の向上に望ましい効果をもつという証拠がある．前の学習内容を繰り返し振り返らせるような累積的なテストの使用は，一定のコースの最後に行なわれる総合的なテストの点数をあげる効果がある．定期的に行なうテストの効果は，次の3つのことで説明できるようである．第1に，テストによって生徒は学習内容にもう一度取り組むことになり，これはもう一度練習することであり，内容の記憶を強化する．第2に，テストは生徒に学習内容を能動的に処理するように促し，これにより学習や記憶が向上する．第3に，テストされる題材や技能に注意が向けられ，これによって生徒は次のテストにたいして，もっと焦点をあわせた準備ができるようになる．

クルックスは結論として，私たちは単に生徒を等級づけするのでなく，生徒の学習を助ける評価の役割をもっと強調するべきであるとしている．評価は指導－学習の過程と表裏一体である．彼はとりわけ生徒の達成状況を，標準分布させて等級づけするような評価の役割に批判的である．彼の調査から明らかなのは，標準分布させる等級づけが，それによって行なわれる生徒間の社会的な比較や競争によって，ほとんどの生徒に望ましくない結果をもたらすことである．最後の学年になる前とか，高等

学校のように，序列づけする目的で教室内評価の使用を強調することには，正当な説明はつけがたいというのが彼の見解である．彼の言う望ましくない影響とは次のようなことである．学習過程を阻害する内発的な動機の低下，不安感の高まり，生得的な能力を強調することで生徒の努力を損なうこと，できない生徒の学習に対する自己効力感を低下させること，生徒間の社会的関係を稀薄化させることなどである．教師による生徒の学習の評価を，生徒に対する有益なフィードバックとして機能するようにすべきである（第5章で述べるように）．そして，総括的な評価は頻繁に行なわれるべきでないし，クライテリオン準拠評価により，生徒が何ができ何ができないかを示さなければならないとしている．「総括的な評価として行われる評価の回数の減少による信頼性の僅かな低下は，前に示した有益性に比べればたいしたものではないし，判断を誤る可能性が高くなることについても，最終的な実行能力を強調することで，妥当性が高まることにより十分埋め合わされる」．

最も効果的なフィードバックの形は，求められた課題をどこまでやれたかについての進歩に，生徒の注意を向けさせるものである．ここで重要なのは生徒の自己効力感を高め，努力を重視させ，仲間との比較にとらわれないようにしていくことにある．そのようなフィードバックは適切に実施されなければならない．すなわち，課題を完了したときすぐに行なうこと，具体的で生徒の必要に対応したものであること，結果についての簡単な情報は継続的に提供されるべきであり，もっと細かいフィードバックは必要なときだけに限り，生徒の概念上の誤りを正したり，学習上の弱い点を改善するのを支援するのである．譽めるときは控えめに，課題に沿った内容とすべきである．一方的に批判することはえてして逆効果である．

評価で求める達成基準は生徒に明確に説明されていること，さらに達成基準は高度であるが達成可能であること．このことを前提として，異なる能力の生徒が集まっているクラスで全員に実施する場合の問題を，

クルックスは論じている．もし全ての生徒が同じ課題に取り組み，同じ達成基準を目指しているとすれば，生徒の何人はこれが達成不可能であり，別の生徒はやさしすぎることになる．この場合幾つかの方法が提起される．まず達成基準を生徒によって異なったものにするか，学習の経路に柔軟性をもたせることなどである．すなわち，個別指導を取り入れたり，グループの中で**協同学習**⑹を取り入れて，個人にかかる圧力を減らしたり，生徒の得意な部分と不得意な部分の相殺をはかることである．しかし，学習を組織するにしても，重要な学習課題を始める前に力を入れるべき方向を誤らないためにも，評価についての不安の増大を防ぐためにも，望ましい学習活動の達成基準とそのための必要条件をはっきりさせておく必要がある（これらの論点は，第7章で述べるサドラーのスタンダード準拠評価と形成的評価の議論と呼応している）．結論としてクルックスは次のように言っている．

> この調査から見えてきた教訓の中で最も重要なものは，教育者として，私たちが最も大切だと見做している技能や知識，態度について，評価でもそれ相応の重点を置くべきだということである．これらのもたらす重要な結果は，評価の困難なものであるが，それらを評価する方法を見つけることが重要である．……教室内での評価は様々なやり方で生徒に影響する．例えば，何が学習上重要かについての生徒の判断を導くものであり，生徒のモチベーションや実行能力の自己認識に影響し，個人研究でのアプローチのしかたや時間のとり方を形づくり，……学習を定着させ，永続的な学習戦略や技能の発達に影響する．それは教育のあり方に，最も影響する可能性のある力の1つとみられる．

評価の学習に与える影響についての詳しい情報とともに，クルックスの調査のもたらした重要な教訓は，テストが否定的な側面を持つと同時

に，肯定的な側面も持っているということである．つまり，私たちは学校システムや教師，学習などに対する評価の影響を論じるとき，否定的に扱いがちである．評価が望ましく，肯定的な影響をもつ場合もあることを念頭に置くだけでなく，このような影響をもつように評価を計画することが必要である．それがクルックスのもたらした教えである．

評価がモチベーションに与える影響

モチベーションの水準の高いことは十分条件ではないにしても，学習のための必要条件ではある．研究が繰り返し明らかにしていることによると（クルックス，1988年），個々の生徒の教育や学習課題に対する反応は，彼らの能力，個性，過去の教育経験，現在の態度，自己認識，モチベーションの有様と現在の課題の性質などの絡み合う複雑な働きである．達成動機についての理論（第5章参照）が強調するのは，教育上の課題や評価に対する生徒の反応を決定するうえで，自己認識のはたす重要性である．生徒が説明する自分の成功や失敗の原因や理由，成功するのに必要な自分の能力についての自己認識（自己効力感）は，彼らの行動を左右するきわめて重要な要因である．教室での評価の生徒に与える影響に関するクルックスの調査は，モチベーションと教室内での評価の関係を詳しく述べたものである．結局彼が本当に主張したいのは，自己効力感の高い生徒はその他の生徒に比べて深い学習のための学習戦略をとる傾向があるということであろう．そればかりでなく，彼らは失敗や困難な課題に直面しても粘り強くやり続ける傾向がある．そして最も自己効力感の高まる場合として，長期的な目標を教師の支援のもとで，生徒が達成可能と感じる程度の小目標を明確な基準で示し，うまく連続させて学習する場合であるとしている．ここで重要な点は，目標が達成可能であることである．さらに，達成基準が明確に示されていることである．この両方の要因は，個々の生徒の目標とすべき学習のレベルやその継続

評価の形式などについての教師の指導方針に大きく影響している．内発的な動機（外部からの報酬の提供によるものではなく，自分自身から生じるモチベーション）と自己制御学習は関連している．**自己制御学習**[7]の経験は，内発的な動機づけを促し，反対に内発的な動機づけは，生徒が学習者として独立することを促進する．

　モチベーションに関する競争の影響もまた重要である．一種の社会的な比較であるノルム準拠評価では，競争が中心となる．友達との競争において，ほとんど学習上の成功を経験していない生徒にとっては，やる気を失わせるものである．さらに，学業上のことで生徒どうしが助け合うことを阻害し，間違いを隠しておこうとするようになる．生徒の仲間関係を危うくし，できる生徒とできない生徒というグループ分けにつながっていく．このどちらであろうと，内発的動機づけは困難になる．さらにそれは，成功や失敗の原因を努力ではなく能力に帰する傾向を助長し，特に達成水準の低い生徒にとって有害である．私たちは能力別のグループ分けを減らし，協同学習の使用を促進すべきであるとクルックスは主張している．後者は最も可能性を秘めた学習の1つであるため，詳細な説明がなされてもいる．このような学習は，協同的な学習を必要とする状況を設定することにより実現していくものであるが，そのことはまた個々の生徒が負う失敗の責任を軽くする．また，学習活動の結果についてのフィードバックは，他の生徒との比較ではなく，修得したことや進歩を強調すべきである．さらに，総括的な等級づけをできるだけ強調しないでおくべきである．そしてクルックスは次のように結論づけている．「もしこれらの条件が生み出されれば，しばしば見られる能力による階層分けは減少し，10才程度から既に生じている自尊感情の目立った変化を結果的に減らすことができる」．

　クルックスはクライテリオン準拠評価の重要性を強調している（第6章で論じることであるが，クルックスはクライテリオン準拠評価を厳格な形式のクライテリオン準拠評価の意味で言っているのではなく，スタンダード

や学習内容に準拠した評価として述べている)．クライテリオン準拠評価では，生徒は同じ課題で，かつ同じスタンダードに照らして評価される．これはこれでまた違った競争状況となる可能性もあるが，少なくとも全ての生徒が同じ特定の達成レベルに到達する可能性をもっている．加えて，スタンダードに到達する機会を繰り返し与えることで，このような評価システムでの競争を減らす要因となる．しかし，評価とモチベーションの関係からして，全ての評価システムの中で最も望ましいのは，生徒の学習プログラムが個別化され，評価の重点を各生徒の進歩と学習に置いたものである（このような評価を，イプサティブ評価という)．このような状況では，競争は最小限のものとなり，生徒はもっと助け合い，課題での成功や失敗は能力ではなく努力によるものとされる．このようにして，内発的な動機づけを高める条件が整ってくるのである．

　中等教育レベルの試験は，伝統的にモチベーションを大いに高める可能性があるといわれてきた．生徒が父兄や教師の指導に反発するようになり，外部の世界によりひかれるようになる年ごろに，試験は彼らの学習意欲を強力に刺激するものとなる（ギップスとストバート，1993)．しかし，若者の失業が英国で問題となりはじめ，新卒者の就職難が発生すると，若者たちは多少の資格を持ったとしても，それはもはや雇用を保障するものでないことに気づきはじめ，試験の脅しによって，彼らに努力させることができなくなった．生徒たちにすれば，何らの見返りも期待できない，ほとんど興味のないことになぜ励み続けなければいけないかということになる．もちろんここで，私たちは外的なモチベーションのことを言っているのである．すなわち学習活動の外側からのモチベーション，何らかの報酬を期待してのことであり，学習活動自体を楽しんだり関心を持っていることからくるモチベーションのことではない．学校で一生懸命勉強しなければならない理由として，職業上の成功を使えないことがわかったからには，教師や父兄は他の方法や目的を求めざるを得なくなった．これはかなりの速さで進行した．それは若年層の失

業と生徒の行動に示された脅威を政治家も大衆も感じたからである（ハーグリーブス，1988）．例えば，**初期の達成事項の記録**[8]の計画では，その主な効果の1つとしてモチベーションを高めることをあげ，特に一生懸命勉強して試験を受ければ就職できるという物語が破綻してしまい，最も被害を被ったできない生徒たちに効果的であると言われていた．達成事項の記録が生徒のモチベーションを高めるといわれる要因として，次のことが含まれている．学業以外の経験や達成したことを記録することで，生徒の成功経験を増やしていくこと，これは特に学業でうまくいかない生徒にあてはまる．自分の達成したことの記録に生徒自身を巻き込むことで，生徒の独立や自己認識を促す．自分についての評価や学習目標を教師と話し合うことで，自分の成し遂げることやその記録に生徒自身もなんらかの関与ができると感じさせる．カリキュラムを短い単位やモジュールに分解し，その最後に評価を実施すること．そして，短期間での達成可能な目標に向かわせたほうが，長期の学習を対象とする試験に比べ，生徒の学習意欲を持続させられること．このように外発的なモチベーションと内発的なモチベーションの双方が唱えられている．しかし，このようなやり方で，生徒のモチベーションを高めるために達成事項の記録を使うことについて批判もある．これらは全て，雇い主の求めるものに従って生徒の個人的な資質を形成することを教育の役割と見ていて，監視とコントロールのための手段として機能する可能性を示唆している（ハーグリーブス，1986年）．

　等級別評価[9]もまたモチベーションを高める可能性を持っている．第1に生徒は特定の等級を得るのに，他の生徒の学習結果と自分のそれとを比較されることなく，その等級で要求されていることを示せばよいだけである．第2に，評価と結びついた短い学習単位は，**2年間を対象とした公的試験**[10]よりも，多くの生徒に対してモチベーションを高める効果がある．第3に，合格するであろう段階で評価を受けるのは，失敗を回避する意味から，モチベーションを高める．一方このようなやり

方は重大な実施上の困難を抱えている.特に,教師があらかじめ細かく決まったスケジュールに従った指導や評価に慣れている場合である.

　GCSE試験もまた肯定的な達成事項を強調することによって,モチベーションを高めようとする願いを反映している.肯定的な達成事項とは,試験自体が生徒の失敗しそうな課題であるよりも(試験を障害物と見るモデル),全ての生徒にできることを示す機会を提供すべきであるとの考えにたつ.肯定的な達成事項はGCSE試験の初期には目玉であった.全ての生徒が何を知り,何を理解し,何をできるかを表現でき,試験は全ての生徒にとって肯定的な経験であり,例外とされる生徒はないとその目的を説明していた.そのために,受験者はあまりに難しすぎる課題を示されてはならないとされていた(SEC, 1985).さらに,もし試験が肯定的経験であれば,モチベーションは高まることになると主張された.しかし,全ての受験者に彼らのできる課題を与えるということになると,全ての能力分布に適合した課題を必要とし,結局は能力別のテスト問題を出題することになる.生徒を能力別のテスト問題に割り振る結果,各テスト問題で認められる等級は制限され,能力別のテストはモチベーションに対して影響を持つことになる.(GCSE試験における能力別テストの問題についてはギップスとストバート,1993,第7章参照)モチベーションを高めるためにGCSE試験が取り入れたのは,コースワークの評価[11]である.調査の示すところでは,確かにコースワークによって多くの生徒はモチベーションを高め,熱心に学習に取り組むようになったという.問題はむしろ生徒がコースワークの課題に熱心になりすぎて,通常の教室での学習や宿題に障害となることである(NEEDプロジェクト,1990).GCSE試験の導入にともなう学習内容と指導スタイルの変化も,内発的なモチベーションの向上に寄与しているという(HMI, 1988).特に言語学習において,旧来のOレベル試験からの大きな変革が,多くの生徒のモチベーションを高めたことは間違いない.このような効果は,GCSE試験を受けたのち,**Aレベル試験**[11]を受験する人数が劇的に増加した

ことに表れている．

　評価とモチベーションの関係についてはあまりに単純な見方をしないほうがよい．それというのも，私たちが考えている評価の形式と，私たちが関心を持っているモチベーションの種類を区別すべきだからである．どんな評価の形式であろうと，それに適合した生徒はモチベーションを高める．しかし，そうでない生徒にとって伝統的なノルム準拠評価は学校の学習からいっそう疎外される結果となっていく．自己評価はモチベーションを高めると信じられているが，その理由についてほとんど明確に説明されていない．第2章で示したのは，自己評価を自分の学習をモニターすることに関係づけ，独立した学習者となること，そのようにして学習のメタ認知的な過程が形成されるということである．しかし，生徒の自己評価がどのようにしてモチベーションを高めるかについて納得がいき，適用できること，否定的に生徒を序列付けるのではなく，肯定的，建設的に応用されることなどの条件が満たされなければ，それがモチベーションを大いに高めることにはならない．

　政策担当者は評価のモチベーションに与える影響についてきちんと考えていないとケラガンとマダウスは指摘し，次のような事例を何も考えていない一例としてあげている．「全国統一試験や資格認定システムは学校に自己改善を迫り，生徒にはもっと努力を促すことになるので，生徒の達成水準を引き上げる．このような変化は，次により技能の高く生産的で競争力のある労働力の形成につながる．そして最終的には私たちや将来の世代の生活の質を保障することになる」（オークス，1991，ケラガンとマダウスにより引用，1993）．

　モチベーションは複雑な概念であり，50年代と60年代に心理学の分野で多くの批判を受けた．それに対する関心が再び起こったのは最近になってからのことである．しかし，その定義や操作可能性，測定については問題が残っている．モチベーション概念の複雑さや，心理学の歴史での紆余曲折した役割を考えれば，評価の影響についてこの分野で多く

の議論がなされることは異例である．しかしこの章で述べたように，生徒のテストの結果がハイ・ステイクスなものになれば，少なくとも幾つかの学校や生徒が試験に備えた学習をしようとすることは疑いない．このようなことができるのは，試験そのものが学習指導の目標を明確にし，生徒も教師もはっきり定められた目標をもつことができるからである．試験が求められている達成水準のスタンダードを与えることもある（サドラーのいう形成的評価での明確なスタンダードや目標）．ハイ・ステイクスな外部テストで良い成績をとれそうもない生徒に対して，その影響は深刻な問題である．卒業や留年が公式の外部評価で決定される国々では，評価についての政策が落後者の割合の増加に関係しているという研究結果がでている．ケラガンとマダウスの指摘しているのは，公的な試験の実施される国々の多くの生徒が，彼らのいう社会文化的な理由，自分たちの現在の達成状況や能力の基盤からみて，これらの試験で良い成績を残そうという意欲を持たないということである．このようにして彼らは試験から遠ざかるだけでなく，全教育の課程から遠ざかっていく．ヨーロッパのいくつかの国では，10％程度の生徒が，そのほとんどが不利な境遇におかれているのだが，学校を終了するまでに公的な試験を受けようとしないことを重大な問題だとしている．ハイ・ステイクスなテストに合格しそうもない一群の生徒は，彼らの不安をやわらげ，自尊感情を守ろうとして，努力することをさけ試験に関わろうとしない．自分たちは失敗すると思っているため，自己防衛しているのである．

　ハイ・ステイクスな外部テストが，生徒のモチベーションに与える影響は複雑ではっきりしない．ひとつだけはっきりしているのは，全ての生徒のモチベーションが高まるわけではないことである．低い得点しかあげられないおそれのある一群の生徒は，モチベーションの低くなることが実際に多い．逆に，生徒のモチベーションに好ましい影響を与えるのは，低いステイクスの評価プログラムであって，明確なスタンダードの示された場合であり，かつ**学校内評価**[12]が組み込まれ，肯定的で建

設的なフィードバック，個人内の比較を中心とした評価である．

テストに向けた学習指導

　テストに向けた学習指導はアメリカで盛んに報告されてきた活動である．しかし，英国でも，比較的よく知られた活動であり，試験に向けた準備という言い方がなされている．テストされるものと似たような問題を練習することは，場合によってはそれなりに有効な指導方法である（リン，1981）．しかし，このように教えられ，練習した技能が他の状況にまで転移し，汎用性を持つかという大きな疑問が生ずる．私たちはその結果が一般化可能性を備えているのか証明を必要としている．一連の問題に対する答えを学習しても，その問題が評価しようとしている技能や概念と同じものを理解していることにはならない．もし授業に用いた教材とテスト問題がほとんど同じものであれば，大事な構成概念や理解すべきことが評価されているかどうか判断できない．リンの言うのは次のようなことである．テストで用いられる問題の練習に力をいれ，学習指導とテストがあまりに近接してしまうと，テストの測定価値を損なってしまう．その理由は，テスト問題はできても，生徒が実際に理解し，テストされた技能や概念を応用できるかは分からない．生徒が知識や技能を応用できるかをテストするには，彼らに解決すべき新しい問題をあたえたり，異なった文脈における概念の理解を問わなければならない．私たちが知らなければならないのは，生徒がテストに用いられる問題について教えられているかではなく，テストで測定しようとしている技能や知識を教えられているかどうかなのである．つまり，生徒が問題の答えを教えられているかではなく，構成概念を教えられているかということである．

テストの点数の汚染

　テストの得点をあげようとしてテストに向けた指導をすることは，アメリカでは通常，テストの点数の汚染といわれている．ここでいう汚染とは，測定しようとする構成概念と何の関係もなく，テストの点数が上がることである．つまり構成概念に不適切なテストの点数のバラツキを生み出すことである（第4章参照）．これはリン（1981）のいう評価しようとする技能や構成概念を実際に修得することなく，テストの点数が上がることを意味している．ハラダイナたち（1991）は，テストの得点の汚染はアメリカ教育全体に広がっているとし，3つの汚染源があるという．

1．学校や職員が生徒をテストに備えさせるためにとる方法
2．テストの実施方法や実施条件
3．学校や教師をこえた外部要因

　外部要因の例としては，背景をなす要因を明らかにしないままテストの点数を報告することがあげられる．それは，家族の社会経済的な地位，生徒の母国語，その他一般の人や父兄が間違った推測をする要因となるものである．実際の汚染として，次のようなことが含まれている．テスト向けの技能を教えること，テストに向けた生徒のモチベーションを高めること，テストにあったカリキュラムを組むこと，特にテストに準拠した市販の教材を用いること，テストに用いられる問題を事前に見せること．最後の例は除いて，その他の行為は英国でも良い成績を上げている学校でよく見られることである．最後の例はカンニング扱いされるだろうが，その他の行為は試験の準備としていいことだとみなされる．ハラダイナたち（1991）によれば，汚染行為は実際の試験の実施の前後で

も起こるという．これらの中には，間違った記号をゴムで消して答案用紙を不正に修正したり，できない生徒がテストの日に休むのを容認したり，休むように促したりすること，ヒントや答えを与えたりして実際に解答に干渉することが含まれる．ハラダイナたちは，これらのテストの汚染行為を倫理的な行為と非倫理的行為に分けて，分析し続けている．私はこの問題を倫理に関する章で詳しく扱うつもりだが，テストに向けた学習指導がどう行なわれるかを示すためにここで言及したのである．

　　レイク・ウォベゴン効果

　レイク・ウォベゴンの話は，テストに向けた学習指導とテストの点数の汚染にまつわるものである．1987年ジョン・カネルというアメリカの医師は，50州全てがテストを受けた全学年で，全国平均を上回るというテスト結果を公表しているとの報告を発表した（カネル，1987）．この報告の与えた衝撃は大きかった．公式の調査の結果として，この報告の依拠した調査にはいくつかの批判のあるものの，初等教育の各学年で全ての州が，全国平均よりも高く，基本的に報告は正しいとされた（フィリップ，1990）．ジョン・カネルが調査を始めた理由は，全米で最も大学教育を受けていない成人の比率が高く，1人あたりの所得では下から2番目，大学入学の点数では下から3番目のウエスト・バージニア州において，初等教育の全学年で，55の学区の全生徒の基礎的技能についてのテストの結果が，全国平均を上回っていたからである．カネルはウエスト・バージニア州が全国標準のテストで，どうしてそのようなよい結果を残せるのか疑問であった．もしウエスト・バージニア州が平均より高いとしたら，平均より低い州というのはいったいどこがありえるのか．そこでカネルと「教育の友」という組織は調査に着手した．そして初等教育段階では，50州全ての点数が明らかに全国平均より高いことを発見した．

これがレイク・ウォベゴン効果と言われるものである．この名前はガリソン・カイラーの小説『レイク・ウォベゴンの日々』から由来し，レイク・ウォベゴン（アメリカ中西部の神秘的な町の名前）では，全ての子供が平均以上なのである．しかし，全ての州で平均以上の得点をどうやってあげられるのだろうか．カネルはその理由として，全国標準の間違いと，テストに向けた学習指導をあげている．そのため，どの州も平均より高いということになんの説得力もないと彼は結論づけた．アメリカ教育省の報告によると（フィリップ，1990），高い得点の原因として5つあげられている．

1．テストを受けた生徒は，自分たちの地域のカリキュラムに最も適合しているテストを選択している．これが標準として用いられた生徒に比べて有利に作用した
2．標準とされた生徒はテストの結果に特別の関心がないのにたいして，テストを受けた生徒はよい結果をだすことに意欲的であった．
3．テストへの慣れ．テストは繰り返して用いられたので，学校はその内容と形式に次第に慣れてきた．このことはさらにテストを受けた生徒にプラスの効果をもたらし，標準になった生徒にはこれがなかった
4．標準化の過程で，地域の反応が偏っていた可能性がある．テストの標準化のなかでの学区どうしの協力は不可能であるから，標準化に使われた学校とテストされた学校が重複したかもしれない．もしそうであれば，テストを受けた学校では，テストに慣れてくるため，時間が経つに従って得点が上昇してくる
5．テストされた学校と標準とされた学校の母集団が異なっているのではないか．テストされた学校では，できの悪い生徒をテストから外したのに対し，標準とされた方ではそれが含まれていたかもしれ

ない

　その他の説明としては，古くて時代遅れの標準を用いたことがあげられる．古い標準に準拠すれば，学校のテスト慣れを含めて，いくつかの要因が点数の上昇をもたらすからである．テストの結果が報告される場合には必ず，テストの標準を定めた期日を示すべきであるとリンたち (1990) は述べている．さらに，テスト問題が公表される場合は，練習できない教育進歩についての全国テストに比べて得点の増加が大きいと指摘している．このように，点数は上がっていても，実際の達成状況は向上していない可能性を指摘した．つまりテストの得点の上昇は偽物であるか，汚染されているということになる．レイク・ウォベゴン効果の原因がなんであれ，この研究とそれに基づく批判の重要な帰結は，テストに向けた学習指導や，それが学習内容や学習指導の方法にもたらす影響へ注目させることになったことである．すなわち，テスト結果が間違っているということよりも，テストに向けた学習指導によって教育を狭めることが問題なのである．

　全米50州のうち40州がハイ・ステイクスなテスト計画をもっており，このことで校長は点数を上げなければいけないという圧力を受けているとシェパード (1990) は結論づけている．テストに向けた学習指導が程度の差こそあれどの州にでも存在している．教師や校長がテストの結果に神経を尖らせる原因は，多くの場合メディアとそれによるテスト結果の公表である．よい結果を出さなければならないという圧力を受けるだけでなく，テストが慣れたものであればよい結果を出すということも分かっている．それというのも，多くの州で，教師は毎年同じようなテストを教室で生徒に課しており，ハイ・ステイクスな状況でこれが何を意味するかは明らかである．テストを編集する出版社が新しいテストをより定期的に作成し，標準を更新していっても，完全とはいえないテストの目標が指導の唯一の焦点であれば，テストとカリキュラムの一体化と

いう根本的問題を解決できない．そのかわりとして，高いレベルのアカウンタビリティーが要求されれば，すべてのテストは汚染されるものであるから，テストに向けた指導を教師がするにあたって，授業やカリキュラムに悪影響のないテストを目指すべきである．このことからオーセンティック評価やパフォーマンス評価が求められるのであり，これらの評価に向けた指導をしても悪影響は少ない．「ハイ・ステイクスなアカウンタビリティーの求められる状況であっても，文章を書かせたり，音読させたり，……面談したり，……生徒のポートフォリオ等を用いた評価は，もし教師が日々の指導でこれらの方法を用いれば，生徒の学習活動についてのより信頼できるデータを提供するだけでなく，指導の質を損なう恐れも少ない」．間違いなく，出版されているノルム準拠評価は，州のカリキュラムにできるかぎりぴったり一致するようなものが選択されるとシェパードは述べている．

　コレッツたち（1991）は，都市部の大きな学区で数年にわたって用いられてきたハイ・ステイクスなテストの結果と，その学区でここ数年用いられてこなかった同様のテストの実施結果と比べてみた．判明したのは，いつも実施しているテストでよい結果をとっても，生徒がとくに用意をしていなかった別のテストでよい結果を残すことにならないということである．これはテストの測定しようとしていた領域で生徒の学習成果があったのではなく，テストに向けた準備によって点数の上昇がみられただけであることを示している．この調査や他の研究の示す結論は，特定のテストに向けた学習指導が，一般的な学習の成果の指標としてのテスト結果の妥当性を無効にしていることである．同じようなテストを毎年用いれば，広い領域での学習成果は向上しないで，テストの点数だけが上がるようになる．このことは，テストの点数からより広い領域の学習成果を，妥当性をもって推測する根拠に疑いをもたらす．

教師はなぜテストに向けた指導をするのか，またその方法は

　スミス（1991a）はアメリカの2つの小学校で外部テストの役割について，詳細で充実した研究を行った．研究は小規模ではあるが，得られたデータはとても詳細であり，15ヵ月にわたる学校生活のすべての側面を捉えている．さらに，スミスの結論は他の研究の結果と一致するのみならず（スミスの研究は発見したことだけでなく，その解釈にも及ぶが），**初等学校全国評価** [13] ①に関する私たちの検討結果とも一致する．教師の経験しているのは不安，恥ずかしい思い，尊敬を失うこと，テストの結果の公表や使用による疎外感であるとスミスは論じている．これらの感情は教師のアイデンティティーに組み込まれ，それによって彼らの学習指導についての定義をも形づくる．テストが教師に与える影響を，いくつかのカテゴリーに分類できるとスミスは結論づけた．

1．テスト結果の公表は，恥ずかしい思いや困惑，自責の念，怒りの感情を教師に引き起こす．そして，そのような感情を将来抱かずに済むように必要な手を打とうと決心させる

　彼らはこのような感情にたいして，テストに向けた学習指導によって応えるのである．しかし，これは教師にとって両刃の剣であって，あまりにもテストに向けた学習指導によってテストの点が上がりすぎて，不正の疑いをもたれることもある．スミスは，社会的経済的地位の低い家庭の多い地区にもかかわらず，高い点をとったため不正の疑いをもたれ，査察を受けた教師の例を挙げている．

2．テストの妥当性にたいする疑いと，一方でテストの点をあげる必要性により，教師は矛盾や疎外感を感じている

教育的に価値あると教師の信じているものと，テストの内容が一致していないため，「なぜ価値のないテストの得点を，そんなに気にしなければならないか」という疎外感を感じることになる．

3．テストが子供の感情に与える影響を考えて，教師は心配したり自責の念をもったりする

教師は子供に与える影響を心配する．そこで彼らは，生徒が過度の心配をしないように様々な工夫をしようとする．しかし，スミスの指摘しているように，すべての教師がこのように感じるわけではなく，行政官は生徒の感情に与える影響を否定し，生徒の感情的な反発を，教師の過度の反応のせいであるとする．それでも，この考えは多くの教師に顕著なことであり，無視できないものである．

4．テストに要する時間が，学習指導の時間を削減する．テストされる内容に指導の焦点を合わせることで，そうでなければ可能であったカリキュラムの内容を狭めることになる．さらに，教師の融通性や創造性，多角的な能力を狭めることにもなる．テストで規定されたカリキュラムは，批判や改訂を許さないものとみなされることとなる

カリキュラムの矮小化やテストされない科目の放置がおこり，スミスはこれを「目の当たりで起きた」と書いている．しかし，教師はこの事態に2つの異なった方法で対処した．まず1つは過密なカリキュラムへの適応である．すなわちどのような教師であろうと能力的，時間的にやりきれないことを求められた場合におきる．実際に幾人かの教師は，テストに関連することだけを教え，その他のものを除外した．もう1つは

このような事態に対する抵抗である．カリキュラムの矮小化に抵抗する教師たちは，実生活に結びつく数学の授業や，毎日読み聞かせの時間を放棄しなかったため，アメリカのようなハイ・ステイクスなテストの実施される場合には，抵抗の代償を支払うことになったとスミスは述べている．アメリカのようなハイ・ステイクスなテストの実施される所では，そのような教師は常に自分たちの学習指導をテスト以外の根拠を示して正当化する必要に迫られるし，低いテスト結果による制裁を心配しなければならない．抵抗の2つめの方法は，政治的な訴えかけである．スミスの研究したいくつかの州では，第1学年の生徒のテストを中止する法令の制定に成功した教師たちもいる．

スミスの発見したことは英国のナショナル・カリキュラムでの評価ついて，7歳児を担当する教師に対する私たちの調査の結果[1]といくつかの点で符合する．それは次の点である．

* 公表された結果に対する怒りと自責の念，そして将来そのようなことのないようにしようという意志
* テストの内容の妥当性についての疑問が分かっているだけに，矛盾や疎外感を感じている
* テストが子供に与える影響についての危惧の念

結果的に，彼らの抵抗は14歳児を担当する仲間の協力を得て，7才でのテスト結果を学校ごとに一覧表にして公表することを断念させた．

最後にスミスは2つの正当な発言をしている．1つはノルム準拠であろうとクライテリオン準拠であろうと，テストの形式が教師や学習指導へ影響を与えるわけではない．テストの点数を政治的または社会的にどう使うかにある．2つめは，教師が何を教えるか，どのように教えるかに関して，ハイ・ステイクスな，限られた範囲を調べるテストに完全に従属するようになると，テストされない題材を教えたり，その他の指導

第3章　テストのもたらす弊害

方法を実行する力を失ってしまう．「学校当局で決定されたものだけを教える教師や，ワークシートでしか教えられない教師は，教師と呼ぶに値しない．思慮深い実践家とか，権限を与えられた教師などといった1980年代の楽観的なイメージと程遠く，私たちが明らかにできる教師とは，交換可能な技術者であり，上から標準的なカリキュラムを受け取り，それを所与のものとして伝達するだけ……」．この観察は，エドモンド・ホルムズが1911年に英国の成果に基づく支払いの制度に対して加えた批判と似通っていることにくれぐれも注意されたい．

　教育当局が教師にしたことを，子供にもするように教師に強制した．他者の意志に従属する教師は，教師自身の意志に子供を従属させる以外のやり方で授業をできないのである．教育当局に自分の自由や創意，責任を奪われた教師は，自分の生徒から同じ重要な資質を奪うことなしに授業をできないのである……．

　……特定のシラバスの奴隷であることは，教師にとって不幸であり，彼の教える学校にとっての不幸でもある．すべての学校を同じように拘束するシラバスの奴隷であることは，より大きな不幸である．すべての学校を同じように拘束する有害なシラバスの奴隷であることは，もっとも大きな不幸である．

　成長を止め，活気をそぎ，高次の能力を麻痺させ，内的なものを外的なものにし，精神的なものを物質化し，教育に非現実的かつ自己欺瞞の空気を持ち込む傾向といった試験制度に固有の害悪について，すでにある程度語ってきた．成果に基づく支払いの時代には種々の環境が同時に作用して，この害悪をもたらす傾向に考えられうる最大の力を与えた．視学官が監察（その最も厳密な意味で）をやめたとき，彼らは計りしれない不幸を毎年の試験によってもたら

していたことを認識した……．

　……ごく僅かの学校を除いて，子どもを真に勉強させたり，精神的に（他の面でも）成長させることは一顧だにしない．何としてでも，子供を毎年の試験にパスさせることが教師の唯一の関心であった．教師に対する根深い不信が教育当局の政策の基になっていたように，子供に対する根深い不信が教師の政策の基になっていた．子供に自分で何でも発見させようとしたり，自分でやり遂げさせようとすることは，狂気の沙汰とは言わないまでも，教師の側の無能のしるしであるとみなされ，その結果として，（確率上は）悲惨なものとなってしまったのである．

　学校システムへの影響

　多くの教育上の技術革新が，不確実性が高いにもかかわらず採用される．教育の本質からして，このような技術革新を採用することが賢明であるかどうか，それらがどのような影響をもたらすのかどうかは，事前にほとんどわからない（アイラジアン，1988b）．テストの実施によって全体のレベルを上げようということは，まさにこれに該当するものである（ギップスとストバート，1983）．それにもかかわらず，実際にここ15年にわたって全体のレベルを上げ，カリキュラムを操作するために，ハイ・ステイクスなテストが急速に増加している．このようなテストの実施方法の技術革新の正当性は，その見込まれる効果についての実証的な証明に基づくものではなく，それが人々に与える印象，秩序とコントロールの象徴，伝統的な意味での資格や試験合格等の望ましい教育成果や古い道徳価値によっている．こうした象徴化ゆえに，多くの人々にたやすく受け入れられるのであり，技術革新が広くかつ急速に採用される理由なのである．テストの実施によって支持されている伝統的な価値は，

現在の文化によって支持される価値と同一であり，これがその幅広い採用を正当化する．しかし「現存する異なった文化を考えた場合には，国の命ずるハイ・ステイクスなテストの実施は，それほど積極的な支持を得られないこともある」（アイラジアン，1988b）．特定のテスト形式の道徳的な要素についてのアイラジアンの論議は，英国での現在の展開に照らしてみると非常に興味深い．つまり，伝統的な学習指導や試験への回帰は，保守派からみれば，伝統的な価値観を再び主張することと関係しているからである．テストは社会における広範囲な行政，学問，道徳の美徳であり，社会的に正当かつ尊敬される象徴であるとアイラジアンは結論している．良くない結果に対する制裁と同時に，中央からの統制という特徴が加われば，象徴の重要性は高まる．そのようなハイ・ステイクスなテストが生徒や教師，カリキュラムに現実にどのような影響を与えるかに関係なく，一般大衆全体の認識に大きな影響を及ぼすであろうと彼の議論は続いている．「この認識の影響が，実効的で望ましい改革方法としてテストは妥当であるとする社会的合意や正当性の基礎をなしている」．もちろん，そのようなテストが全体のレベルを引き上げる力をもっているという一般の人々の見方を裏付けることも可能である．つまり，前述のような状況において，教師はテストに向けた学習指導をするので，結果として生徒の得点が上昇する．これはまさに1993年英国の政府がナショナル・カリキュラムの導入の恩恵であると主張した内容である．もちろんこれは既にこの章の前半で指摘したように，評価の課題をうまくやる能力がのびただけであって，課題の根底にある構成概念や技能の向上によるものではない．しかし，この議論を並べても法令でテストの実施を要求する人々には説得力はないかもしれない．

　実際に，アメリカの州全体で実施されるテストを綿密に研究したところ，学校改革のためのそのようなテストの導入は，現実には反対の効果を生んでいるし，活動の焦点は学校の改革ではなく，テストの得点水準を上げることに向けられている．さらに，テストの社会的重要性が高い

ほど，テストの実施に対する反応は，学習の向上ではなく，得点の上昇に向けられる．教師は自分にかかる圧力を減らすため，テストの点数のレベルを上げようとするからである．学区のレベルでみていくと，テストの実施は学校を再構築したり，組織改革に向かわせるのではなく，代わりに時間や資金，労力をテストの点数を容易に上げることのできるシステムの部分に振り向け，これまで良い点をとってきたシステムの部分はそのままにしておいたのである．教師は教科の内容をどう教えるとか，学校をどう運営したら良いかを考えるように促されるのではなく，テストに直接関連すると思われるシステムの部分に力を入れる（コルベットとウィルソン，1990）．コルベットとウィルソンの見るところ，教師がテストに向けた学習指導をすることは間違ったことではなく，ダブルバインドの状況にあるというべきである．点数の低いことが咎められる場合には，特にそうである．しかし，教師の見方は政策担当者が学校を変えたり，システムの改善をするために間違った方法を取っているというものである．求められているものが学校教育の目的や構造，その過程の再検討であるならば，テストの実施をそのための手段とするのは次の点で間違っている．

＊生徒の学習の結果を測定することは，学校システムが別の結果を出すために何をすべきかについての方向を示すものではない
＊結果の点でも行動への意味合いでも，テストは結果の重要度や特定の反応の適切さを左右する地域事情の相違を無視する
＊州全体のテストを実施することは，実際の改革のために必要とする条件と反対のものを作り出す

コルベットとウィルソン（1988）は，次のように説明している．読書指導が劣っているといわれた学区は，点数を上げるようとすると読書指導をさらに劣悪化し，どのような読書指導がよいかという当たり前の問

題として考えていない．もし学校が生徒の学習の向上のために為すべき正しい行動を知っておれば，言われなくても実行するだろう．テストを実施することは個人の弱点を発見するだけになりがちである．このような方法では学校システムの弱点を診断することにならず，システムについての診断なしに，現在の目的や構造，過程のどこを変更すべきかについての指針を得られない．同様に，よい点数をとっている学校や地区は，すぐれた教育方法をとっているのではなく，たんに恵まれた生徒が集まっているだけかもしれないと指摘している．これは，英国のナショナル・カリキュラムにおける学校の番付表の公表を批判する者たちと同じ意見である．調査のなかでコルベットとウィルソンは，多くの教師や校長がハイ・ステイクスなテストに対して，満足しているわけではないことを発見した．しかし，実際に生じているのは，彼らがしばしばローカル新聞を通しての地域社会の圧力を感じていることである．地域の学校のテスト結果を知ることは，さまざまな地域の有権者に権力を与える手段となっている．これはスミス（1992）の発見した，テスト結果の公表が小学校の教師に不安を与えていることとあい通じるものである．

　コルベットとウィルソン，そしてアイラジアンは**最低修得度テスト**[14]の導入を関連させて論じているが，同じ議論はアメリカで高次な思考や技能の指導を促進するためのパフォーマンス評価の使用に関連して再び発生している．第1章で私が明らかにしたように，ただ特定の方式の評価を実施するだけでは，そのことだけでは教師の実際の活動を変えることにはならない．パフォーマンス評価の導入が，教師の学習指導の実践に大きく影響するためには，情報不足であり，中途半端に教えられている技能や指導過程についての説明や訓練をともなわなければならない．

　シェパード（1992b）はこれを「テストを梃子にした改革」と呼んでいる．ハイ・ステイクスな最低修得度テストの導入の結果，アメリカで基礎的な技能のテストの点数が上昇したが，その代わり，高次の思考力や問題解決の技能を犠牲にした．そのため1990年代はじめには，再び

生徒の学習がもっと意欲をかきたてる内容に確実に向かうように，オーセンティック評価やパフォーマンス評価の導入を求める声が出てきたのである．テストは以前と同じく改革のための役割を期待されているが，評価の性質が違うのでその影響も異なるはずだと考えられている．シェパードは調査結果を再検討して，ハイ・ステイクスなテストの影響について次のようなことを発見した．

1．テストの結果が政治的な圧力やマスメディアの注目によってハイ・ステイクスなものになると，得点のインフレーションを生じるため，生徒の達成状況についての誤った印象を与える
2．ハイ・ステイクスなテストはカリキュラムの内容を狭める．テストされる内容はテストされない内容を排除しながら教えられる．
3．ハイ・ステイクスなテストは，学習指導の方向を誤らせる．たとえそれが基礎的な技能に関するものであろうと
4．テストが強化するドリルの繰り返しによる学習指導は，時代遅れの学習理論に基づく．学習の改善につながるのではなく，それは生徒の思考力や問題解決技能の発達の機会を実際に奪うことになる
5．テストの点を上げる圧力のため，学習指導の難しい生徒は学校システムから排除される
6．外部から命令されるテストの専制は，教師の専門的知識や地位を低めることになる

レズニックとレズニック（1992）は，アカウンタビリティーのための評価とその影響について，3つの原理を指針として導きだしている．

＊評価するものを手に入れることになる
＊評価しないものは手に入らない
＊教師に指導してほしいものを評価すること

それまでのアカウンタビリティーのためのテスト計画から得られた教訓として，学習指導の方向を変えるためにパフォーマンス評価を導入しようとすれば，次の要因を考慮しなければならないとシェパードは論じている．第1に，パフォーマンスを求める課題は矮小化されないものでなければならない．なぜならば択一式のテストと同様にパフォーマンス評価に対しても，課題の学習指導が可能となるからである．私たちが求めているのは，教師による評価の課題の学習指導ではなく，構成概念や広い領域に向けた学習指導を促すような評価方法の開発である．言い換えれば，課題に向けて練習は，そのパフォーマンスが他の似たような課題に対しても適用できなければ価値はない．第2に，高次の思考や技能に向けた学習指導を振興するための重要な要素は，カリキュラムや学習指導に関する教師の研修である．またそれは次のようにも言える．テストそのものは私たちが求めている変化をもたらすことはできない．

　多くの能力別集団編成が実施され，生徒に学年を再履修させることのあるアメリカの状況では，生徒の学習成績を上げるために評価で高いスタンダードを求めなければないし（スタンダードを低く設定する最低修得度テストではなく），一方ではこの高いスタンダードに届かない生徒が，落ちこぼれないようにしなければならないとシェパードは述べている．しかし，能力別集団編成や学年の再履修は，このように区別された生徒の学習成績を向上させないことが分かっている．シェパードの指摘するところでは，公平性の視点から見ると，問題は試験が公正に測定しているかどうかではなく，試験が教育的機会にどのような影響を与えているかであり，つまり結果妥当性の問題である．テストの使用によって重大な結果が生じるほど，テストの妥当性とテストの使用の公正の問題に関心を払うことが大切である．

　ウィギンズ（1989b）は，オーセンティックなテストに向けての学習指導が指導のあり方や学習に対してどのようなことをなしうるかについ

ての熱意に満ちた説明をしている.

　　　テストに向けた学習指導を見下すことは，私たちがどのようにして学習するかについて誤った理解をしていることになる．テストは学習や改革のための梃子の支点に相当する．問題はテストの完全性の問題である．すなわち，課題が本物であること，効果的であること，適切であること，……正当で効果的な評価はきわめて簡単（！）である．それはテストや等級，資格要件，構造，政策に関して，私たちがきわめて重要だとすることを実践することである．もし私たちが信念と確固とした目的を持っていれば，標準テストにまつわる問題は自然に解消していくであろう．

　公表されたテスト結果が教師の学習指導に及ぼす力や，様々な場面でのアカウンタビリティーの要求に対する教師の抵抗力の弱さについてのこれまでの議論を見れば（研修が教師の実践力の開発に十分配慮されていないことを合わせれば），ウィギンズの見方はたぶんあまりに単純であり，楽観的すぎる．
　テストがカリキュラムや学習指導，学校システム，生徒のモチベーション，教師の実践活動に与える影響に関するこの詳しい検討をふまえれば，テストのもつ力について私たちは疑うことはないであろう．特にハイ・ステイクスなテストの学習指導や学習に対する影響についてはそうである．それでは，どうすればこの強力な手段を利用して，評価が最も広い意味で，前の章で論じたような種類の学習，高次の技能や過程を発達させるのを促進できるのであろうか．教育評価のパラダイムの中で評価をより広く概念化することが，これからの課題の一部であることは確かである．狭く定義された標準テストや試験を乗り越えて，ハイ・ステイクスな評価に左右されるシステムの中でも，そのような技能が指導され得るのである．しかし，教育の本質ともいうべき評価の種類を論じる

前に，私たちはまず信頼性と妥当性という技術的な問題を取りあげなければならない．

〈原注〉
①National Assessment in Primary Schools : An Evaluation, ESRC project No Roo232192

第4章　妥当性と信頼性

妥当性

　妥当性についての伝統的な定義は，テストによる測定が，どの程度正確であるかというものであった．もしテストが意図したものを測定していないとすれば，その活用は間違ったものとなる．

　妥当性に関する初期の研究書は4つの種類の妥当性を強調していた．それらは，予測妥当性，内容妥当性，構成妥当性，併存的妥当性である．予測妥当性とは，テストが将来の学習の状況を正確に予想できるかに関係している．例えば，Aレベル試験の結果は，高等教育での学習状況を正しく予測しているのだろうか．予測妥当性の算出の困難な点は，Aレベル試験の例のように，試験に受かった者たちだけが（一般的にいって）大学へ行く．しかし，試験に受からなかった者たちがもし大学へいったらどうなるかを知りえないことにある（ウッド，1991）．また，人口の僅かの部分しかAレベル試験を受けないため，もし18才の全員がAレベル試験を受けていたら，Aレベルの結果と大学での成績の相関性はもっと高くなるであろう．

　併存的妥当性は，テストが同じような技能を測定する別のテストと相関しているか，または実質的に同じ結果をもたらすかに関係している．もちろん，別のテスト自身の妥当性が怪しければ（内容妥当性と構成妥当性の点で），単に相関関係のある2つのテストが存在するだけで，意図した目的に関しては妥当性がないことになる．そのような例として，現在では構成妥当性の低いと見られている単語読みテストと高い相関関係のあるとされている読みのテストをあげることができる．

　構成妥当性それ自身は，テストが構成概念，すなわち評価されるもの

の基礎にある（説明となる）技能を適切に測定しているかに関係している．そのため，評価の開発にあたって重要なことは，明確で詳細な構成概念の定義である．第1章で説明したように，構成概念としての読みの全体の定義は，大きな声を出して読むだけではなく，読みながら内容を理解すること，読みの正確さ，読むことを楽しむこと等も含まれる．

　内容妥当性はもっと直接的であり，構成概念から由来している．それは適切に必要な内容を把握しているかに関係している．例えば，テストは優れた実践に必要な技能や，教えられた課題の全体像を把握しているだろうか．内容妥当性は，数学における測定のように，特定の領域の内容に対するテストの適切性について，専門家の判断にたよりがちである．

　併存的妥当性と予測妥当性は，しばしば両者合わせて基準妥当性といわれる．なぜならば，どちらも同じ時点か将来の時点でのある基準と比較したパフォーマンスを予想することと関係しているからである．この他にも妥当性に関する定義はあるが（ウッド，1987，ウィリアム，1992），これまで示したものが主要なものである．

　これらの異なった妥当性を強調するのは，テストの開発にあたって，妥当性に関する証明が，これらの1つか2つしか提供しないという状況が現状でもまだ続いているからである．ようやく最近になって妥当性の研究書は，妥当性が実際には構成妥当性を統一的なテーマとする統合概念であることを強調している（メシック，1989a，クロンバック，1988）．また，妥当性を有するテストの使用の責任は，テストの開発者ではなくて，使用者にあるとされてきている（構成妥当性のあることを前提とする）．さらに，パフォーマンス評価の広まるにつれて，技術的な信頼性よりも，妥当性を強調するようになったこと．しかし，標準テストは逆の立場に立つものである．

統合概念としての妥当性

メシック (1989a) は妥当性に関する有名な章において，テストの専門家の認識の変化を次のように述べている

> 妥当性は統合概念であり，その意味は，構成妥当性に体現される得点の意味が，得点に基づく全ての推測の基礎となっていることを意味する．しかし，妥当性について十全で統合された見方をするためには，得点に基く推測の適切性や有意味性，有効性がテストのもたらす社会的な結果にも大きく依存することを認識しなければならない．そのため，妥当性の考察において社会的な価値を無視することはできない．

メシックはテストの得点からの推測という意味で妥当性を考えている．「妥当性とは，テストの得点や他の評価の方法であろうと，それをもとにした推測や意見が適切であり正しいものであることを示す，実証的または理論的な根拠の総合的な判断である」．それゆえここでは，テストの解釈やテストの使用を支持する証拠がどれだけあるかに結びつけて妥当性を考えている．ナタル (1987) の指摘するように，これは明らかに，テストによる測定がどの程度正確に測定しているかという妥当性の定義とは異なった，より厳しい定義である．

メシックは「構成妥当性は，テストの得点の解釈や意味を左右する証拠に基礎を置いている」と論じ，どのような評価の開発にあたっても，考慮しなければならない問題の一覧表を示している．

＊私たちは正しいものを正しい比重でみているか
＊何か重要なものが見過ごされていないか

* 私たちの見方は，妥当性を損なうものとなっていないか，または得点や判断を歪める不適切な変化を引き起こしていないか
* 私たちの採点方法は，学習領域の指導過程全体の効果をあげるやり方を反映しているか，また，私たちの得点配分は推測や予想の行われる学習領域の構造と一致しているか．私たちの得た得点は，私たちの得点の解釈と同じことを意味している証拠があるか，特に，個人やグループのスタンダードの向上を課題とする教育活動の目標とする知識や技能を反映するものであるか
* 得点の意味として異なった解釈がないか，または教育活動に対して別のやりかたを示唆しているのではないか，そしてもしそうであるならば，どんな証拠や論点を見落としているのか
* 判断や得点は信頼できるのか，それらの本質や関係は対象となる母集団全体にわたって適用できるだけでなく，学習内容や使用する学習活動全体にも当てはまるのかどうか
* 得点は，当初の目的に有効か，応用場面での提起される目的にも有効であるか
* 得点がこれらの目的に公正に適用されたか
* 得点の解釈とその使用は，短期的および長期的にテストの一般的な目的にかなっているか，そして逆にまずい結果を生んでいないか

これらの質問の目的は，妥当性に対する2つの脅迫観念を軽減する証拠や議論を集めるためである．2つの強迫観念とは，構成概念非代表性 (construct underrepresentation) と構成概念不適合性 (construct irrelevent variance) である．

構成概念不適合性 (construct irrelevent variance) とは，教科の知識について，テストで，文章を読ませて理解することに重点を置くことである．このような場合，読みの能力を要求されるため，読むことの不得意な生徒にとっては，妥当性の数値は低くなる．構成概念の非代表性はまさに

これであり，メシックはテストの内容を具体化する場合，対象となるすべての構成概念を具体的に示すことを提唱している．妥当性の検証の過程で，検討の対象となるそれぞれの構成概念について，多種多様な手段を用いるべきであるとしている．

「構成妥当性を問う根本的な目的は，テストの得点が要約している行動を説明することにより，テストの得点を特定のやり方で解釈することを正当化するためである」(モス，1992)．構成妥当性を調べるためには，明確な概念的枠組み，さらにこれから導かれる検証可能な仮説，仮説を確かめる多様な証拠を必要とする．最初に構成概念を規定し具体化したのちに必要となるプロセスは，テストの得点について，もっともらしい対抗仮説や説明を調べることにある．構成妥当性の証拠は，テストの問題相互の関係のパターン，他の方法とテストの得点の関係のパターン等から得られる．その他に，パフォーマンスの相違を時間をおいて調べたり，グループや設定状況を変えたり，実験的な場面や学習指導の中での反応を調べる方法もある．さらに，テストへの反応の基礎になるプロセスのモデル化，内容の適切性と代表性，基準との関連性によっても行なわれる．このように，メシックは結論として，ほとんどすべての妥当性に関する証拠の形は，構成妥当性のもとに包括できるとしている．

そのため，メシック (1989a, 1992) とクロンバック (1980, 1988) は，妥当性に関する議論をテストの機能的な価値を超えた問題と見ているのである．つまり，構成妥当性はテストの解釈を正当化するだけではなく，テストの使用をも正当化するために必要であるとする．このことは特に英国やアメリカでのテストの開発において問題となるところである．というのは，それらがカリキュラムや学習指導にたいして影響力を行使するために開発されているからである．

妥当性とテストの使用の帰結

　テストの使用とその解釈によってもたらされる結果の考察（結果妥当性とよばれている）は，比較的最近の成果であり，これは科学に関する哲学の成果と軌を一にしている．すなわち，科学はもはや価値自由な活動ではなく，ウェーバーの言ったような価値自由な社会科学の時代はすでに過去のものである．メシックはカプラン（1964）の「すべての命題は……それらの示唆することを基礎として判断されるのであり，それらの含意することのみならずそれが引き起こすであろうことにより判断される」という言葉を引用している（メシック，1989a）．メシックによれば，これは評価でも同様である．価値について私たちは明確に定義すべきであり，それはテストの得点の解釈の内容を決定し，歪めもする．

　メシックは2つの問題が論議されるべきであるとした最初の人物である．まず，テストは私たちが評価しようとしている特徴を測定する手段として適切であるか，次にテストの結果を提案された目的に使うべきであるかどうかである．このように考察の対象になったのは（前に示したように），テストそのものだけではなく，テストのそれぞれの使用法の妥当性である．メシックによって採用された印象的な事例は，学業上の困難を推定させるテストの使用がどのような結果をもたらすか明確化しないまま，子供を特別な教育課程に振り分けてよいかというものである．

　前章で述べたように，テストの結果の影響としては，テストが繰り返されたり，定期的に行なわれた場合に，学校やカリキュラムに与える体系的な影響が含まれる．そのため，私たちはテストの解釈や使用によって起こりうる結果や，実際に生じた結果が意図した目的に役立つかどうかだけでなく，他の社会的価値と両立するかどうかについても問わなければならない．

　テストの社会的な結果の例として，正解した数を問題とするテストで

の女子の点数が低い例をあげている．これは女子に対して有害な影響をもたらすであろうし，これはテストが妥当性を欠如しているか，または評価される構成概念を正しく反映していることによるのかもしれない（たぶん両方）．もし前者であるならば，これはテストの点数の意味に影響するであろうし，後者であれば，構成概念の意味に影響する．このようにして，社会的な結果，構成妥当性，テストの点数の意味は相互に関係する．

　メシックは次の表にあるように妥当性の統一概念の側面を示している．

妥当性の側面

	テストの解釈	テストの使用
証拠の基準	構成妥当性	構成妥当性＋関連性／有用性
結果の基準	価値的な意味	社会的な結果

　この表では，テストの解釈の正しさを示す基準は構成妥当性であり，テストの使用の正しさを示す根拠は構成妥当性に，関連性（特定の目的へのテストの関連）と有用性（適用された場面でのテストの有用性）を合わせたものである．テストの解釈の結果の基準は，構成概念の示す価値的な意味への支持である．そしてテストの使用の結果の基準については，構成妥当性，関連性と有用性，価値的な含意と合わせたテストの潜在的または実際の社会的結果である．メシックの主張は，構成妥当性がテストの使用とテストの解釈を結合させている．例えば前にあげた事例で，テストのいくつかの側面が性別による相違をもたらしたとしたら，ここでの有害な影響はテストの妥当性の欠如を問題とすることになる．もしこれらの差異がテストが導きだした構成概念の正しさを反映しているならば，それらはテストの得点に意味を与えることになり，テストの妥当

性を損なうものとはならない．そのため，もし妥当性の欠如の原因がテストそのものによるのでなければ，テストの有害な影響を考えたうえで，テストを用いるかどうかの決定は政治的，社会的な政策の問題となるとメシックは結論している．そのような決定を下す場合には，構成妥当性と結果についての証拠を比較考量しなければならない．

　メシックは社会的な結果の議論を展開することで，テストが求められている働きをしているかを判断するにあたって，意図したものと意図しなかった社会的結果を評価しなければならないという重要な点をついている．「目的が方法を正当化してはならないと言うわけではない．もし目的が支持できないものであるとしたならば，何によって手段を正当化できるのかというのである」．

　このような議論は，後の章でふれる評価における倫理に関わる．結果妥当性から分かってきたのは，倫理的な問題において主要な論点となるということである．妥当性におけるこのような倫理の強調への変化の理由の1つに，アメリカでのテストについての立法の役割がある．教育測定の専門家が様々な環境でのテストの使用を擁護するために動員されており，このことで妥当性に関する研究の範囲が拡大していったのである．

　社会的な結果を考える妥当性の概念の拡張によって，妥当性の検討の焦点が「個人的，組織的，社会的な目標」にあてられることになった（クロンバック，1980）．しかし，メシックとクロンバックはテストの結果とテストの妥当性の関係について異なった見方をしている．メシックは構成妥当性が確認されるならば，有害な影響それ自身がテストを妥当性のないものとするとは見ていない．しかし，クロンバックは有害な社会的な結果それ自身が，テストの使用の妥当性に対して疑問を投げ掛けるものであるとしている．

　彼らはまた，意図した結果や意図せざる結果を評価することについて，異なった意見を持っている．メシックは提案された評価の形式を，これと別のもの，例えば同じ目的に用いられる他の形式の評価や方法，また

はまったく評価しない場合と対比して価値判断すべきであるとしている．一方クロンバックは，利害関係者を入念に調べ，行なわれるであろう決定が彼の利害にどう影響するか検討し，政策決定過程でのこれらの利害に注意すべきであるとしている（モス，1992）．

モスの指摘するようにアメリカの学会の論文では，ここ10年から15年にわたって，構成妥当性とテストの使用の社会的な結果が主要なテーマとなっている．しかし，最近の教育および**心理テストの標準**[1]（AERA, APA, NCME 1985）や大半の測定関係の本では，妥当性を構成概念，基準，内容についての証拠の有無の点から論じており，妥当性の考察にあたって社会的な結果を強調していない．このような状況になっているのは，概念の変化があまりにも激しくて，テストの実務家が新しい枠組への対応に時間を要しているのではないかと考えられる．

結果妥当性はどちらかといえば得点の解釈よりも，その使用のほうに直接的に関係している．学習指導やカリキュラムに対する評価の反作用は長い時間をかけてできあがったものであり，特にハイ・ステイクスな場合に顕著である．このような結果は，広い範囲の技能の育成に向けた学習指導を促すならば，教育的に望ましいものであるが，逆にテストに向かえば学習指導の内容を狭めるようになってしまう．アメリカで現在パフォーマンス評価が強調されているのは，学習指導に特定の結果をもたらそうとの願いからである．つまり，実際的な活動や問題解決学習，高次の技能の育成を目指した学習指導を促進しようとしているのである．「もしパフォーマンス評価がその運動の提唱者の望むような可能性を実現するには，評価を形づくる上での基準となる妥当性の結果基準は，もっと高い重要度を与えられなければならない」（リン等，1991）．言い換えれば，パフォーマンス評価の開発にあたって，指導や学習に対する意図した結果や，意図せざる結果についての証拠を収集する必要があるだけでなく，指導や学習に対してどのような影響を与えようとしているのかをもっと明確にしておかなければならない[1]．

体系的妥当性は結果妥当性の特別な形式である（フレダーリクセンとコリンズ，1989）．「体系的に妥当なテストとは，テストが測定しようとしている認知技能の発達を引き起こすようなカリキュラムや学習指導の変化を，教育システムに引き起こすものである」．フレダーリクセンとコリンズの指摘しているように，教育システムはハイ・ステイクスなテストの特徴に合わせようとするため，システムのなかにテストを導入することで，新しく特定の妥当性の問題を持ち込むことになる．

　個々の生徒の結果を合計して，クラスや学校，地区レベルでの結果が示されるようになると，もうひとつの妥当性の問題を生じることになるとリンは指摘している．私たちはテストの点数の解釈や使用を個々の生徒について適切だと結論づけても，それらを合計したレベルではその妥当性を再考しなければならない．これは非常に重要な問題であり，特に英国のナショナル・カリキュラムに関連している．仮にテストの計画が生徒の個人のレベルでの形成的な目的であったとしても，学校やクラスレベルでのアカウンタビリティーの目的や地区レベルでの政策目的については，非常に複雑な妥当性の検証作業を必要とする．生徒個人の段階で構成妥当性や望ましい影響を持つとされたテストであっても，もし保護者が良い成績を上げている学校を選択できるように，番付表の作成にその結果を用いるならば，学校レベルでは有害な結果をもたらす（これは貧しい地域で困難を抱えた生徒を受け入れている学校を不利にする）．テストを使う目的がレベルの異なる使用者によって大きく違うため，同じテストをすべてのレベルで妥当性のあるもの考えることはほとんど不可能である．これはすべての目的において妥当性のあるテストというものはないと言っていることになる．これを証明するのは，英国のナショナル・カリキュラムでの評価に関しての研究であり，それによると，同じ評価方法を一連の目的にぴったりあてはめることはできない（ハーレン等，1992，ギップス，1992a）．

　このような状況下において，妥当性に関する諸課題は非常に大きく，

そのためリンやメシックたちによって提起された概念に疑問が出されることになる．テストの結果の使用をコントロールするのは不可能であるし，現実的でもない．その解釈についてコントロールすることは，もっと具体的に述べることが困難である．ティトル（1989）の指摘しているように，教師の解釈や評価の使用方法を示した証拠を集めることは，妥当性の検証過程で必要なことの1つである．しかし，そのような解釈は途方もなく複雑である．評価の結果自体は，教師が推測したりテストの使用方法を決めるのに用いる情報の一つにすぎない．その他の情報として，生徒個人にまつわること，学習の経過がある．クラスやグループの現実の状況やそれによる制約，評価情報の種類（詳しい情報かそれとも1つの数値だけか，クライテリオン準拠か標準化された数値か）もこれらに含まれる．テストの得点についての教師の解釈は，子供について彼のもつ他の知識によって変わってくる．例えば，生徒が評価の課題にどのように取り組んだか，次の課題や活動にどう取り組むだろうかといった予想も含まれる．ティトルの主張は，テストの得点の意味や，それらが教師や学習者にとって活用されているかの妥当性の確認にあたって，専門家の見方に加えて，教師や生徒の見方も含めることで妥当性の検証の範囲を広げるべきだということである．複雑性を増すのは，教師がテストの開発者と同じような準拠の枠をもっていると仮定できないことにあり，さらにテストの使用を地域の事情と関係なく考えることができないことによっている（メシックによる，1989a・b）．

「このように妥当性は2方向へ相反する理論である．一方では普遍性に基盤を置こうとする．また一方で，私たちが妥当であってほしいと願うテストの得点は，普遍性を持ち得ないのである」（ティトル，1989）．このパラドックスは，論理・科学的なパラダイムによれば普遍性を目指せというのに対し，現在の妥当性の理論では，テストの推測や使用の妥当性が，地域の状況に応じて解釈されてこそ確保されるということにある．「妥当性をもった推測というものは教師にしかできない．そして，

妥当性のある使用は，教師がテストの得点から考える意味の正確性と適切さ，テストに組み込まれている情報システムによってもたらされるのである」．

　教師がテストの結果を使用しない場合（これについては多くの証拠がある，例えばギップス等，1989），そのような状況下でのテストやテストのシステムは妥当性を持たないとティトルは結論した上で，ティトルは議論をさらに進めている．テストの結果が使用されない理由は，教師の準拠の枠組みに適合しないからであろうか．時間的な制約が原因であろうか．情報が多すぎるのかそれとも少なすぎるのか．ティトルによれば，これらのすべてがテストの妥当性の欠如の原因であり，そのため使用されないという結果をもたらす（もしテストが構成妥当性をもつ場合，メシックはこれに同意しないであろう）．

　妥当性に関する研究をさらに進めるには，指導や学習のための教育評価において，評価する構成概念の選択基準と同様に，クラスのモデルや教師の教育目標が具体的に示されていなければならないとティトルは論じている．クラスのモデル，構成概念と評価の関係は，妥当性の検証過程の一部である．理想的には，妥当性の研究として，評価をクラス内で用いた事例の研究を含むべきである．これによって，学校やクラスで評価の情報を教師（と生徒）がどう使用したかの代表例を提供できる．ティトルは数学の評価計画を紹介しているが，それは彼女と同僚が教師と共同して，前に説明したような妥当性の要請に見合った評価方法として開発したものである．こうして，彼女は計画-指導-学習のサイクルに組み込むことのできる評価の方法を開発できた．もちろんそのようなテストの妥当性の研究は可能であり，指導／学習過程での評価の役割を広げるものであるが，このような妥当性の詳細な検証は，テスト開発のコストをかなり増大させることになる．政治的，商業的なレベルで，アカウンタビリティーのための評価としてこのようなことが可能であるとは考えにくい．そして，テストの開発者は妥当性の技術的な側面のみを検

証するのみで，テストの解釈，使用，社会的な結果の検証は他のものに委ねてしまうことになる（シェパード，1993）．逆にこのことが，妥当性に関する関心を高め，統合概念として妥当性を再定義しようという現在の状況をもたらしたのである．

　結論を言えば，メシックは妥当性に関する第一人者であり，アメリカにおいて妥当性の理論の再定義を主導している．精神測定に対する私たちの批判に関連して重要なことは，私たちの必要としていることが，測定に基盤をおくことではなく，社会的な背景からする問題の解決であり，統計的な分析の精緻化ではないとして，メシックが明らかに主張を転換したことである．メシックは評価の教育的，あるいは社会的な意味を検討する方向へ私たちをたしかに導いており，この点で私たちは彼の研究を歓迎している．しかしその妥当性の概念は解釈と使用に関して精緻すぎるという危険が潜んでいる．もしシステムのレベルが異なれば評価の結果の解釈の妥当性も違うことになるとすれば，評価の結果は各レベル内でのみ妥当性をもって解釈される．そのため，リンやティトルの言うように，メシックの妥当性の検証過程は，それ自身の精緻化に耐え切れず崩壊しかねない．実際メシックは構成妥当性を際限のない過程であるとしたことで，この問題が発生したのであり，妥当性の要請をあまりにも詳細なものとして描いたといえる．私たちは，いくつかの深刻な課題を抱えることとなった．

＊どれだけの労力を妥当性の研究に費やすことが適切といえるのか
＊政策担当者に彼らの政策の必要性と対立する場合でも，テストの社会的な結果に基く行動を期待することは楽観的であろうか
＊どうやってテストの使用方法を具体的に規定し，コントロールできるか

信頼性

　GCSE試験でのコースワークのような学校内評価やナショナル・カリキュラムでの教師の評価は，評価全体の妥当性を高めるために導入された．妥当性の高まるとされた理由は，これによって評価できるようになった技能の範囲や課題の種類が増え，構成妥当性を高めたからである．パフォーマンス評価やオーセンティック評価は構成妥当性を高めるために特に考案されたものであり，指導や学習のあり方によい影響をあたえつつある（第1章参照）．しかしこれらは，しばしば妥当性と対立するものであり，精神測定にもとづく評価の第2の主要な特徴とされる信頼性に関して，特に問題を引き起こす．

　信頼性とは，テストが測定しようとしている技能や達成事項をどの程度正確に測定しているかを問うことである．信頼性に関わる基本的な問いは次のようなものである．評価が2回行なわれるか，2名の評価者によって実施された場合，同じかまたは似たような結果を示すかというものである．そのため信頼性とは，生徒のパフォーマンスの一貫性とその評価の一貫性に関係する．私たちはこれを，再現可能性と統一性という．

　テストの信頼性を調べる方法として，普通次のような方法が用いられる．同じテストを数日おいて再び実施する（テスト—再テスト法），同じテストを異なった形式にして同じ母集団に実施して比較する（並立テスト法），もしテストが1つしかなかったり，1回しか実施できない場合は，テストを無作為に2つに分割し，半分どうしの得点が一致する程度を調べる（テスト折半法），この方法を拡張してすべての可能な相関関係の平均を求める統計的手法（すなわちテストの可能なすべての分割を考える）を用いて，内的一貫性の係数を求める方法などがある．その他に，テストの採点の一貫性も考えなければならない．これには，同じ評価課題について評価者間の評価の一致を問題とする評価者間信頼性，同じ評価者

の異なった評価場面での評価の一致を問題とする評価者内信頼性がある．

　あるテストの並立的な形を作成することはかなり難しい．例えば，英語の解釈に関する2つのテストが，実際に並立だということをどうやって知ることができるであろうか（ウィリアム，1992）．また，テスト—再テスト法において短い期間に同じテストを生徒に取り組ませるのは難しいこともある．そのため，テスト折半法や内的一貫性を求める方法が開発されたのである．

　テストの信頼性（採点の一貫性と対照的なものとしての）を計算する4つの方法のうち，後者の2つは両方とも内的な一貫性を求めるもので，一貫性のある反応を求めるだけであるため，最も手のかからない方法である（ウッド，1991，AERA等，1985）．これらは時間をおいた場合やテストの形式を変えた場合の反応の安定性について何も語らないのである．同質の問題から構成されるテストは，多くの異なった能力や達成事項を評価する（すなわち異質な）テストに比べて確かに内的一貫性の係数は高くなる．単一次元性の仮定は精神測定学において，建築ブロックに相当する．テストの誤差の原因は主として4つある．それらは，測定手続きに内在する変動，特定の課題の選択にともなう変化，日によって異なる各人の状態，課題をやり遂げる各人の速度の違い（ほとんどのテストや試験は時間制限がある）である．同一個人が数日おいて並立形式のテストを受ける並立テスト法による分析は，すべての変動の原因を考慮した唯一の方法である．内的一貫性の測定法の論理の難点の1つは，もし評価がいろいろな形式や文脈の混合であったりすると，すべての生徒に高得点を取るうってつけの機会を与えることとなり（第8章を参照），内的一貫性を求めることが成立しなくなることである．

　クライテリオン準拠評価においては，伝統的な信頼性の概念が不適当であると見られてきた．「相関関係のテクニックに基づく伝統的な信頼性の測定法は，誤りをおかしがちである．それというのもこれは，生徒間の違いが明確であり，得点の分布幅が広いことを仮定しているからで

ある」(ショーロック等, 1992). クライテリオン準拠評価は個人間の差異を際立たせるために作られていないため, どのグループ内でも得点の開きは小さい. 実際, すべての生徒が基準を達成できるし, 得点分布は集中する. 加えて, 通常, 基礎となる採点尺度がなく, それぞれの得点は一定の組合せを用いて合計される. そのため問題毎に, テスト毎に, あるいは分類の決定の安定性のために測定の一貫性を評価する異なった方法を必要とする. クライテリオン準拠評価の技術的な問題に関して, 詳しい議論は第5章を参照されたい.

パフォーマンス評価では, 採点のスタンダードの一貫性とともに, 評価の課題に対する取り組み方の一貫性を考慮する必要がある. 取り組み方の一貫性とは, 課題の実施に関係している. すなわち, 課題がどのように示されるかは, 子供の課題の進め方にきわめて大きく影響する (ジェイムズとコナー, 1993, ギップス, 1993a). スタンダードの一貫性とは, 異なった採点者の評価基準の解釈を同じくすることに関連する. このようなことは, 内容を重視して判断をしなければならない場合, 特に評価基準が多くの解釈の余地を残している場合には常にそうである.

採点の信頼性

採点の信頼性を調べる通常の方法は, 採点―再採点法による. これには異なった採点者が同じ課題の解答を採点する場合 (採点者間信頼性) と, 同じ採点者が同じ課題の解答を異なった時に採点する場合 (採点者内信頼性) とがある. もし択一式や単語を書けば済む他の標準テストのように採点が単純ならば, 評価者間, 評価者内の採点の一致の程度は高い. 作文方式やその他のパフォーマンスに基づく評価の課題では, 採点計画の複合性と判断の主観性のために, 採点の違いが大きくなる.

試験から導きだされた研究では, 構造的, 分析的に採点された問題よりも, 作文方式の問題は, 採点の信頼性が劣っており (マーフィー,

1982)，これは本質をついている思われる．問題や採点計画が構造化されるほど，2人の採点結果の一致する可能性は大きくなる．たとえパフォーマンス評価であっても，観察者や採点者の訓練をしたり，採点方法の説明を十分に行なえば，採点者間信頼性の高くなることを研究結果が実際に確認している（ブラウン，1992，シャベルソン等，1992）．

採点者は生徒の特徴や作品の特徴によって影響されるという多くの証明がなされている．表現の仕方が整然としていたり，きれいな文字を見ると，採点者は得点を上げる傾向をもっている（ウッド，1991）．生徒と採点者の性別も大きく影響する．同じ科学の文章を，男の採点者も女の採点者も，女子生徒のものであるとすると男子生徒の場合よりも低く採点する（ゴッダートースピア，1983）．同じことはその他の学術的論文にもいえる．男の大学教官も女の大学教官も，同じ論文であってもジョン・T・マッケイとした場合は，ジョーン・T・マッケイとした場合よりも高く評価するのである（パルディとボウワー，リンの引用による，1992）．いっぽうAPU[2]の「テザインと技術」の調査によると，女の採点者は女子生徒の作品を男子生徒よりも高く評価し，男の採点者は男子生徒の作品を高く評価するというデータもある．APUの作成者たちはこのことについて，採点にあたった者たちの学習指導の経験が，同性の生徒たちの解答内容のほうに慣れていたためと見ている．女の教師たちの担当は，ほとんどAPUの研修を受けた家庭科，男の教師たちは技術家庭科であった（ギップスとマーフィー，1994）．

採点者の信頼性に関する懸念は，採点者がテストの構成概念や目的と無関係な受験者の集団的特徴に影響されるときの偏見である．状況によって，採点者が個人的に受験者を知ることになったり，受験者の特定のグループへの帰属関係を，学校の名前，書体などの解答の特徴，特徴的な表面上の誤りなどから推測できることがある．このような場合の危険は，教師の予測と同じように，採点者の持っている受験者の性別，民族的な由来，能力レベル，社会階級に対する予測によって，与える得点が

影響されることである．偏見の生ずる他の場合として，採点者に評価された解答が，評価の対象とする構成概念と関係のない技能，知識，価値を反映してしまうこともある．知識の内容（テストが書く技能を測定しようとしている場合），書く技能や綴り方（テストが知識内容を測定しようとしている場合）を例にとろう．これらはテストの得点に不適切な影響を与える可能性がある．これらの場合に心配されるグループは，字が下手だったり，問題として選ばれた題材について不案内であったり，標準的な英語の書き方をよく知らない受験者たちである．受験者と採点者が共通の文化的遺産をもたず，そのため優れたパフォーマンスについて共通の価値観を持たない場合，主観的判断はきわめて困難である．採点者の訓練と監視によって，不適切な要因よる偏った採点のなされる危険を減らすことはできるが，採点者と受験者の文化的な価値観の違いが存在する場合，これに対する対策を立てること，さらに評価される構成概念をふまえた採点基準を作成することがとりわけ重要である．自由な記述形式の解答は，偏った採点の生じる余地や，採点者の自由に委ねられる部分が大きいため，最も公正でないものと見られている．しかし，択一式のテストのことを思い出してほしい．採点者の自由のない択一式の場合でも，評価を担当する者が問題作成者となり，彼らの偏見が選択肢に組み込まれる可能性もある．

　要約すれば，採点者が生徒の名前からジェンダーや人種を推測できるとき，カリキュラムの内容と絡み合いながら固定観念が入ってくる．たとえ解答用紙に名前の記されていない場合でも，書き方が整然としているといった表面的なことで採点は影響される．そのため，採点やグレード分けの信頼性の確保の作業は，バラツキを減少させ，公正を確保するために，これらの問題を考慮しなければならない．

　結論として，教育評価の観点から，伝統的な信頼性を考えなければならない．主だった批判は3つある．まず第1に，達成したことを正確に測定することが可能であるという仮定をしていることである．生徒のパ

フォーマンスに対してのコンテクストや個人の状態の影響，そしてこれらが評価の方法と絡み合うことを考慮すれば，達成事項を，それも特に複合的な技能を正確に評価できると言うのは，まったくの誤りである．

　第2に，再現可能性を確保するために，精神測定のテストに固有の条件として，テストを非常に標準化された条件で実施する必要がある．ひとたび私たちが紙と鉛筆のテストや試験を離れれば，そのような標準化は困難になる．実際，生徒の最もすぐれたパフォーマンスを引き出そうとする教育評価のモデルにおいて，そのような標準化は困難である．

　第3に，内的な一貫性を高めるために，テストの問題は同質であることを必要とし，そのため単一の技能や属性を評価することになる．そのような単一性は多くの構成概念について絵空事であり，いずれにしても多くの生徒に生き生きと活動する機会を与えるために，評価は様々な方法やコンテクストを用いるべきである．これにより，評価の公正さは増すが，内的な一貫性は低くなる．

　信頼性の概念の再定義については最後の章でとりあげるが，信頼性についての議論を終える前に，教育評価のパラダイムの枠内で評価の一貫性を高めるために，精神測定とは違った信頼性の検証方法を見ておかなければならない．教育評価の方法はクラス内で用いられるだけでなく，教育活動のモニターやアカウンタビリティーの目的に用いられる場合もあるため，平等と公正の見地から，実施方法と等級づけに関する一貫性を確保する必要がある．ハーレンたち（ハーレン，1994）はこの問題を評価の統一を確保するものとして概念化し，評価過程の統一と評価結果の統一の2つの方法として分類した．それぞれ，評価の実施過程の一貫性と，評価基準の一貫性と同じ意味である．

評価の一貫性の確保

　評価過程の統一とは，評価の実施過程の標準化や一貫性を確保する方

法である．このような方法によって評価の過程に焦点を当てる．一方で評価結果の統一とは，評価した結果が統一されるよう比較調整し，評価の一貫性を確保することに焦点を当てている．一般的にこれら2つの方法や，その他の方法を含めて，評価の一貫性を確保するための方法を英国ではモデレーションという．モデレーションは，生徒の学習活動に対しての教師の評価に用いられる評価計画において，とりわけ重要なものである．

　モデレーションの方法として用いられるものとしては，得点の分布を調整するための厳密な統計的な手法（例えば，各学校での成績評価を統一するために）――評価結果の統一――から，グループ・モデレーション (DES, 1988) とよばれる研修会や反省会，社会的モデレーション（リン，1992）――評価過程の統一――などの方法もある．後者は，評価の結果や，結果がどのように採点されているかを見るばかりではなく，評価の過程に関しての討議をも含んでいる．実際に論理的に言えば，評価の一貫性をめざしたモデレーションは，統計的な手法のような「評価の過程で一貫性に欠ける評価システムを事後的に調整する（評価結果の統一）」(NISEAC, 1991, パラグラフ10.1) よりも評価過程の統一を主体としたほうが効果的である．

　どのような方法を用いようと，モデレーションの目的は同じである．すなわち評価の質を高めるため，評価の一貫性を実現することにある．

　　モデレーションの方法

　モデレーションの方法について，ここで要約紹介しておくのが一番よいと思われる．この説明はハーレンのものを主として用いている．

　〈参照テストやスケーリングの方法を用いた統計的なモデレーション〉
この方法は，ある評価によって得られた生徒の得点を，他の評価の方

法で得られた得点をもとにして調整する統計的な手続きを用いたものである．この手続きには教師の関与を必要としない．**参照テスト**[3] が用いられると，この共通テストでの生徒の得点で，教師の評価の結果をモデレーションすることになる．このような場合，ある教師または学校によって評価された生徒の順位は変わらないで，そのグループ全員の得点が上下することになる．重要な点は，共通の参照テストの得点を用いることで，教師の判断の全体的な偏りを是正しようとするところにある．この方法はオーストラリアで広く用いられている．その例が**オーストラリア学習適性テスト**[4] であり，これをクイーンズランド州では，高等教育に進学を希望している生徒の学校内評価をモデレーションするために用いている．

スケーリング[5] とは，科目間の評価の統一性を調べるために用いられる統計的な方法である．これは例えば，数学とか科学のようないくつかの科目では，能力の高い生徒がこれらの科目のテストを受けるため，ノルム準拠評価の仕組みの中で，高いグレードを得にくくなっている．スケーリングの手続きを通じて，難しい科目を選択し，高い**グレード**[6] をとるのが困難（理論的に）な生徒対して，埋合わせをすることになる．

特定の科目で，ある生徒がとったグレードは，その生徒の全体的な学習状況やその科目の難しさについてほとんど何も語らない．対象とする生徒についての多くのグレードを知ることで，その生徒の全体的な様子を知りはじめるのである．さらに，より多くの生徒のすべてのグレードを知ることで，各科目の標準的なレベルの統一の程度を知ることになる（ナタル等，1974）．

本質的に，スケーリングの仕組みの中では，化学や物理のような難しい科目をとることで生徒は特典を受け，英語のようなやさしい科目を受けると逆になる．共通に認められている問題として，順位が変わり，男の生徒たちはいわゆる難しい科目をとる傾向にあるため，恩恵を受ける

ことになる．

統計的なモデレーションには2つの問題点がある．

1. スケーリングの過程で調整が行なわれると，一定の選択パターンが男の生徒に有利に働く．彼らは数学や物理をとる傾向にあるためである．（オーストラリアの大学進学希望者は，大学での選考科目に関係なく数学と科学のコースに専念する．それは，これらの科目は，スケーリングの過程で高等教育への入学試験の点数を最も有利にする可能性をもっているからである）
2. 参照テスト自体が一定のグループに対して有利で偏っている可能性をもつ．もし参照テストが偏っていたり，信頼性が低いと，スケーリングを経た点数も偏っており，信頼性も低くなる．オーストラリアでの統計的手法によるスケーリングの方法一般についてかなりの批判がある．クイーンズランドでの実際のテストの結果についてのサドラー（1992a）の研究によると，小グループの場合のスケーリングの誤りは深刻であり，100人かそれ以上のグループでも，高い能力を持った生徒の調整された得点が実質的に誤っていたのではないかという．「調整された得点の小さな違いや，そのような生徒の得点の合計は，用心深く解釈しなければならない」

要約すると，統計的なモデレーションの目的は，選択した科目（但し，前記の問題点1に注意）や，採点での教師の一貫性の欠如，学校の違いなどによって影響されない得点を導き出すことにある．そのためこれはモデレーションのうちでも厳しい方法である．

〈査察に基づくモデレーション〉

この方法では，グレードや資格認定の付与に責任を持つ機関が，試験の答案や評価されたレポートをサンプリング調査する．これによって課

題の内容が求められた条件を満たしているか，また指示されたとおりに採点され，グレードを与えられているかを確かめるためである．これは郵送によって（イングランドとウェールズのGCSE試験のコースワーク）書かれたものだけを調べる場合と，学校訪問によってもっと広い範囲の課題の出来具合を調べる（つまり評価することになる）ものがある．後者の場合は教師とモデレーションの担当者が評価の過程と結果について話し合うことができる（例えば，スコットランド試験委員会の訪問によるモデレーション）．学校訪問による査察は，当然のことながら費用が掛かり，毎年，一部の学校だけがサンプルとして抽出されて行なわれる．しかし，各学校を集めたグループ・モデレーションでは，出席したモデレーション担当者が，評価の実施過程を観察したり，教師たちと議論したりするため，信頼性の向上とともに教師の専門的技能の進歩をもたらす効果を期待できる．このような例として，1991年と1992年のナショナル・カリキュラムの **Key Stage 1** [7] のモデレーション担当者による学校訪問がある（ジェイムズとコナー，1993）。また，**全国職業資格** [8] の評価が行なわれた職場やカレッジへの査察官の訪問の例もある．訪問によるモデレーションの特別な形として，高等教育で広く行なわれている外部点検がある．この場合は，ある機関が試験と継続評価の部分を設定し採点する．そして各機関の学位を付与する．このため，機関によって学位付与の標準にはかなりの違いが生ずる．外部試験委員（同じ学校システム中の他の組織）は，学生の課題の結果やグレード付与の基準の適切さについて意見をのべ，評価の過程にも意見を述べることがある．例えば，試験問題や課題について．グレードや得点は，そのコースのすべての解答を審査したのでなければ変更されない．しかし，外部試験委員は単位不認定について同意するように求められたり，各レベルの境界線についての裁定を求められることがある．

〈再調査委員会〉

　ここではグレードの一致の程度や，特定の課題の等級付けに焦点をあてて再調査が行なわれる．その目的はあくまで付与されたグレードが適正であることの確認であり，グレードづけの過程に影響を与えるものではないため，評価過程の統一ではなく，評価結果の統一を狙っている．

〈コンセンサス・モデレーション〉

　これは教師の評価に対して，教師や専門家，モデレーション担当者などのグループや委員会のコンセンサスによるモデレーションである（SSABSA, 1988）．これはグループ・モデレーションの一種であり，承認委員会を含むことがある．

〈グループ・モデレーション〉

　ここでは教師や指導者が生徒の課題の事例を使って討議することになる．その目的は，用いる評価基準について共通の理解に達するためである．そのため，評価の過程と評価結果の両方を検討することになる．グループのメンバーは，1つの学校や機関からの場合もあるし，複数の学校や機関から集まる場合もある．複数の学校の参加する会議（英国のナショナル・カリキュラムの評価の方法としてTGAT[9]によって提案されたもの．DES, 1988）は，システムレベルでの判断の一貫性を高めるためのものである．それらは当然，学校内または機関内での会議に比べ費用のかかるものである．しかし，教師の専門的な技能の発達，特に，何が達成事項であるか，どうすればそのような達成事項を生み出せるのかなどの評価の過程に関連した技能の発達を促す点で評価されるべきである（ギップス，1993a）．このことは第7章の教師の評価のところで詳しく論じられる．

〈機関レベルの承認〉

　評価の質を確保するもう1つの方法は，機関レベルの承認である．この方法は，特定の資格などの付与の責任を有する組織が，ある機関や学校に適切な教育課程を提供し，かつ関連する評価を実施しているとして承認するものである．当該機関に対して，担当者が訪問し，指導の内容や教材，評価の過程などについて調査される．その目的は，評価過程と評価結果の統一に関わる多くの面を調べることであり，評価の信頼性を確保する責任は機関や学校に委ねられることになる．

〈本質的モデレーション〉

　南オーストラリア後期中等教育試験委員会（SSABSA）は，本質的モデレーションを，外部で作成された試験に関連させて説明している．その中で，経験を積んだ教師が試験官として，シラバスの共通目標を用いて，試験を作成し，チーム方式で生徒の答案を採点する．このようにしてモデレーションは試験の作成，採点を包含することになる．そして同じコースをとった生徒は，同じ試験に臨むことになる．「それゆえ，外部試験の結果は科目ごとのモデレーションを必要とせず，おのずからモデレーションをしていることになる」（SSABSA, 1988）．この本質的モデレーションの概念は，根本的に評価過程の統一の方法であり（やや尊大であるが），評価結果の統一の必要を否定するものである．

　　結　論

　妥当性は伝統的に信頼性よりも重要だと考えられている．高い信頼性をもったテストであっても，妥当性がなければ役に立たない．「どのような洗練された方法を用いて分析して得られたデータであろうと，それが適用される測定方法が不適切であり，過剰なものであるなら，ほとんど価値はない」（フェルドとブレナン, 1989, ウッドによる引用, 1991）．し

かし，古典的なテストの理論によれば，基礎的なレベルの信頼性がなければ，テストの妥当性もありえない．にもかかわらず，教育測定に関する教科書では，依然として信頼性よりも妥当性を重視する傾向であるが，実際のテスト（心理テストや標準テスト）の開発の場面では，信頼性を強調しがちである．高い正確性と再現可能性をもったテストを作るために，妥当性はしばしばないがしろにされてきた（第1章参照）．パフォーマンス評価や学校内での教師の評価への動きは，信頼性と妥当性の均衡を回復する試みのひとつである．いま必要なことは，もちろん，両者の適切なバランスである．なぜなら両者は相反するものだからである．ハーレン（1994）は，この相反する関係に対処する方法として，高い水準の妥当性（内容，構成妥当性）を確保しながら，テストの目的に応じた最大限の信頼性をもつことがテストの質であると考えるべきであるとしている．

　一般化可能性（generalizability）とは，妥当性と信頼性を結合させる概念である．伝統的なテストの理論では，評価とは行動の一部として取り出したサンプルをもとに，行動の全体を一般化して推測することとしている（ナタル，1987）．このようにして，読みのテストの結果は，テストの問題を超えてもっと一般的に読みの能力を示すものであると見られている．すべての領域にわたって個人を評価できないため一般化可能性は必要であり，私たちはパフォーマンスのサンプルに基づいて評価せざるを得ない．自信を持って一般化するためにはいくつかの条件が必要である．すなわち，行動の全体が注意深く規定されていること（構成妥当性），評価そのものが信頼性を有することである．もし評価の信頼性がなければ，個々の評価者の判断や評価の課題などから一般化することは危険である．

　　　一般化可能性の異なった側面はときおり緊張関係にたつ．個々の評価者や評価の機会にわたる一般化可能性の必要性から，標準化や

画一化の圧力のため，評価しようとする行動を正確に抽出しようとする作業が妨げられることになりかねない．

妥当性についての前記の議論の示すとおり，問題なのはテストの得点というよりも，そこから行なわれる推測であり，そのため得点からの推測が合理的なものであるという確信を持つ必要がある．一般化可能性に対する主要な難問のひとつは，コンテクストである．私たちは得点が特定のコンテクストに限定されるものか，特定のコンテクストに限定されず一般化可能であるかを問わなければならない．評価が現実的なもの，パフォーマンスに基づくようになると，特定のコンテクストから他のコンテクストへの一般化可能性を正当化できなくなる．モス（1992）が指摘したように，アナスタシ，クロンバック，メシックなどたちの最近の忠告は，コンテクストの問題について注意深い対応を求めている．すなわち，テストの適用可能なコンテクストの範囲を特定しておくこと，そしてテストの使用や得点の解釈をこの範囲に限定すべきことである．

リン（1993a）は結論として，パフォーマンス評価においては課題の数を増やすことが一般化可能性を高める最も効果的な方法であるとしている．「課題間の一般化可能性が低いということは，特定の領域についてのパフォーマンスの推測の妥当性に限界があることになり，わずかな数の課題を用いて，これらをパフォーマンスの基準に照らして判断される個人に対する公正さや評価の統一性の点で，重大な問題を生ずる」．評価の形式に関するもうひとつの見方によれば，抽出の概念や一般化可能性そのものを放棄し，意味のあり，よく説明されたコンテクストでの最もすぐれたパフォーマンスを引き出すべきであるとする．この問題についての十分な議論は第6章を参照されたい．

リンたち（1991）は，信頼性の概念そのものも拡張されるべきであるといっている．彼らは，内的一貫性や，並立的な形での信頼性を問うだけでは不十分であり，特定の課題からより広い範囲の達成事項に一般化

できるかも調べるべきであるとする．標準化された択一式テストはパフォーマンス課題よりも信頼性が高いけれど，それらのテストの課題をこえて一般化が可能であるとみるには重大な疑念を持つという．択一式の課題において成功した技能や知識が，他の課題に転移するかどうかを問わなければならず，このことは従来問題にされてこなかった．

この章では，妥当性，信頼性，そして信頼性を高める方法について議論を展開してきた．次章から，この点を様々な評価方法別に論じていく．評価の統一性を高めることは，手続きを標準化できない教師の評価，学校内評価，パフォーマンス評価においてとりわけ重大な課題である．教育評価におけるこれらの方法の重要性，これらに対する一般の人々の信頼感を高めるために，ひとつの節を教師の評価についての評価の質を確保する方法やモデレーションによる評価の統一，パフォーマンス評価での信頼性や妥当性の問題にあてることにする．

〈原注〉
①モス（1992）は，妥当性に関する研究について詳しい分析をしている．それらは，メシック，クロンバック，パフォーマンス評価に関連して論じたフレダーリクセンとコリンズ（1989），ハーテル（1991），リンとベイカーとダンバー（1991）などについて，証拠の出所，研究の側面，結論を導いた基準を含むものである．私はここでその分析を繰り返さないが，興味を持った読者はモスを参照されたい．

第5章　クライテリオン準拠評価

1963年，グレイサーは後々まで大きな影響を与えることになったクライテリオン準拠評価についての論文を発表した．この論文は教育評価が，精神測定や心理学から独立した分野として登場する先駆けとなるものであった．ここで初めて，グレイサーはクライテリオン準拠評価をノルム準拠評価によるテストと異なるものであると定義した．

> 私がクライテリオン準拠測定と呼ぶのは，質についての絶対的な水準に依拠するものであり，一方ノルム準拠測定と呼ぶものは，相対的な水準に依拠するものである．

そして，

> このように，学生の達成事項をクライテリオン準拠によって評価する測定方法は，特定の生徒の達成した能力の度合について，他の生徒のパフォーマンスを参照することなく，情報を提供するものである．

グレイサーの論点は，古典的なテストの理論が，ハイ・レベルな予測可能性と相関関係によって測定される特殊な要請に立脚して作られているところにある．しかし一方で，達成事項の測定は，異なった基礎的な原理を必要としている．すなわち，予測ではなく，現在のパフォーマンスの水準に関心を持っていること，知識の獲得についても，まったく習得していない場合から完全に習得したパフォーマンスまで，変化の連続の概念を必要としている．そして，テストでの学生の達成事項は，この

変化の連続性を示す基準に関連づけて，生徒のパフォーマンスの状況を示すものである．

第1章で説明したように，教育評価が心理学的な測定と異なっているところは，個人の成長（個人間の違いではなく）に関心を持っていることであり，テストは学習した内容に関連しているのである．そのため，クライテリオン準拠のテストの発する問いは「XはZでYよりも高い得点をあげたか」ではなく「XとYはZができるか」なのである．

しかし，ノルム準拠評価とクライテリオン準拠評価は密接に関係しているとの議論もある．例えば「まったくの初心者よりもよくできる」というふうにクライテリオンの設定にノルムが使われることもある（スケハン，1984，ウッドの引用による，1991）．また，クライテリオン準拠測定にノルム準拠による解釈をほどこすこともできる．例えば，大半の7歳児がレベル2となるというふうに．

比較をすることは人間の持つ当たり前の行為であり，幾人かの評価の専門家はクライテリオン準拠評価のノルム準拠的な目的での使用を避けがたいことであるとしている．マダウスは（1992），意図していなくてもクライテリオン準拠評価の言説が，ノルム準拠的な場面に用いられているアメリカの事例をあげている．

> ……わがマサチューセッツ州において，民主党の政権は，改革への強力な弁論に突き動かされて，『教育の向上と責任法』のなかにパフォーマンスに立脚した新しい学習評価を提案した．それは，アメリカ，ヨーロッパ，アジアの最も進んだ地域の学生のもつ知識や技能に基準を置いたものである．3つのグレードで示される主たるテストは，世界中の最も進んだ経済的な競争者と私たちの学生の進歩を比較するために用いられる（マサチュセッツ州合同教育評議会，1992）．これ以上ノルム的なものがあるでしょうか．

ノルム準拠評価とクライテリオン準拠評価の相互作用の明確な事例は，ドイツのグレード分けの仕組みである**ノーテンスカラ**[1]である．このグレード分けの仕組みは，クライテリオン準拠であり，例えば　1＝非常によい，求められている水準よりかなり高い，2＝よい，求められている水準を完全に満たす，などとなっている．教育課程の各段階で指導され習得しなければならない知識や技能は国によって定められている．求められる水準はあらかじめ定められ，そのためクライテリオン準拠であるといえる．しかし，特定のクラスで何がすぐれたパフォーマンスかということは，ノルム準拠的な手続きでのみ評価される（フィリップ，1991）．教師はどのような中等学校かを考慮するように求められるのであり（職業学校かアカデミックな学校か），そのため所属する学校の種類によって「よい」という評価の基準が違っているのである．このことは，学校の種類によって違いがあり，州ごとの一貫性はさらに疑わしいが，卒業試験まではドイツのシステムのなかでさほど問題視されていない（DES, 1991）．たぶんこれは，ノーテンスカラがかなりの期間実施されてきており，多くの人々に理解されているだけでなく，どのように緩やかに解釈されていても，クライテリオン準拠の要素のあるためであろう．英国で評価について，各学校や地方教育当局間に渡ってハイ・レベルな一貫性を保つために，外部試験が注目されるのは，基本的にノルム準拠評価システムであり，クライテリオン準拠の要素がないことにもよる．

　1970年代にクライテリオン準拠テストの開発を後押しした理由の1つは，教育上の革新や教育計画の評価に用いられているノルム準拠テストは，さしたる違いを発見できなかったからである（ポファム，1987b）．これはテストの開発方法に部分的に原因がある．ほとんどの生徒ができるような問題は削除されるからである．なぜなら，削除されてしまった問題は，テストが求める生徒間の違いを見つけることに役だたないからである（第1章参照）．しかし，当然であるがこれらの削除されてしまった問題こそ教師にとって重要なものであり，生徒はそれまで学習してき

たことであるから，できて当たり前ということになる．これらのテストの測定しているものが，非常に表面的にしか把握されていないため，教育計画の効果が実際にはなんであるのか具体的に表現することを困難にしている．

　教育評価に携わる者から見れば，何よりもまずうまく作成されたクライテリオン準拠テストの恩恵は，何が測定されているかについて，明確な表現を得られるところにある．このことは次の段階で，テストの得点の意味が大切にされるため，より正確な推測を可能とすることになる．そして，最終的に明確さの増すにつれて，教育評価に携わるものは，政策決定者に対してより説得力のある解釈可能なデータを提供できる．

　ポファムの論点に加えて，うまく作成されたクライテリオン準拠テストでの明確な表現は，教師が生徒の十分にできなかった分野の指導を可能にする．一方，ノルム準拠テストでは，指導すべき分野を知るには，問題の一つ一つの出来具合を見ていかなければならない．クライテリオン準拠テストへの関心の高まりとともに，アメリカのテストを編集している出版社は，ノルム準拠テストにクライテリオン準拠の解釈を付け加えるようになった（ポファム，1992）．

　クライテリオン準拠テストはアメリカで広く採用されているが，多くの場合，最低修得度テストや完全習得学習の教育計画の枠内においてである．修正された形式として，英国では等級別評価があり，さらに，1980年代中ごろにはGCSE試験とナショナル・カリキュラムの評価をクライテリオン準拠で行なうことが決定された．

　現在ではクライテリオン準拠テストの際立った特徴は，グレイサーが言っているように得点を基準となるパフォーマンスと比較することではなく，評価される内容やドメイン（領域）を詳しく規定することである

と考えられている（シェパード，1991）．（ここでドメインというのは，教科の知識の分野の意味であり，例えば数学のドメインの測定というように）ドメイン準拠テストとは，クライテリオン準拠テストの一種である．このモデルでは，領域が明確に定義され，このドメインでテストされる可能性のあるすべての内容（全内容領域という）が規定されることになる．テストの問題は，この全内容領域から定められたサンプリングの規則に則って選び出されることになる．このテストでの受験者の得点は，そのドメイン全体について受験者が修得したかの指標となる．

　ドメイン準拠テストは，いくつかの点でクライテリオン準拠テストと異なっている．この違いはかなり難解に思われるかもしれないが，この違いを理解しておかなければならない．それを踏まえないで，この2つのモデルを同一視すると，ドメイン準拠テストに対する批判が，クライテリオン準拠テストにも向けられてしまうことになりかねない（リン，1993b）．どちらの評価も，学習内容に焦点を当てるところは同じである．しかし純粋な形のドメイン準拠テストでは，ドメインに含まれる内容を規定する明確な規則と，テストの対象とする項目を選び出す抽出手続きを規定することにより，テストとして選ばれた項目の問題の得点から，領域全体を推定できるようにしている．そのような詳細な規定（「見せかけの正確性」とリンは言っている）は，きわめて狭い領域でのみ可能とされる．よく使われる事例は，0から9までの数字を2つたす100通りの計算である．このテストで生徒が正解した割合が，この分野で生徒の修得したとされる目安となる．このようなきわめて細かな規定の仕方は，必然的に矮小化につながり，内容が条件付のものとなり，ますます詳細になることで，広範な学習の達成事項について目が届かなくなってしまう．リンも指摘しているように，これはクライテリオン準拠テストに対する批判のひとつであるが，クライテリオン準拠テストは詳細で限定された課題に焦点を当てるというわけではない．クライテリオン準拠テストの実施される多くの領域で，すべての要素を特定することは不可能で

あり，もっと広い規定の仕方に注目すべきである．

実際に，GCSE試験のための，各グレード毎の評価基準の作成は，領域の全体を規定し，グレードの決定の際に，試験官が前提とされる基準にしたがって判断するという試みであった（但しこれは，明確なサンプリングの規定を欠くため，**ドメイン準拠テスト**[2]とは言い難い）．各グレードの基準の規定全体を読み，生徒のグレードを見れば，彼が何ができ何ができないかを知ることができるはずであった．しかし現実には，グレード毎に基準を規定するのはきわめて困難であり，**グレード記述**[3]のほうが，特定のグレードに達した大半の受験者の修得した技能や知識について，簡便で分かりやすいとされている（オールとナタル，1983）．

技術的な問題

ノルム準拠テストとクライテリオン準拠テストを規定する概念の相違は，テストの作成に対しても影響を及ぼす．ノルム準拠テストの問題は，正規分布曲線に沿って得点を分散させるために，問題を点差の開くものとしなければならない．前に述べたように，明確な点差の指標とならない問題はふるい落とされるのである．クライテリオン準拠テストの場合は，同じように点差が開くために作成されるのではない．生徒ができる課題と，そうでないものを見つけることを目的としている．したがって，余りにも易しかったり，難しかったりして受験者の点差が開かないような問題であっても，もしそれが学習分野で重要な要素であれば，テストの問題として採用されることになる．クライテリオン準拠テストで重要な点は，明確な点差の開きではなく，関連する課題の全領域を表象することにある．

クライテリオン準拠評価の信頼性

　信頼性を判断するための古典的なテスト理論の方法は，もともと一定の得点分布（例えば1～100点）を前提とし，これを基礎に相関関係の手法を用いるため，クライテリオン準拠評価へ適用できないものである．時によっては，クライテリオ準拠評価の開発者たちは，信頼性を判断するのに精神測定の手法を用いるか，信頼性の問題そのものを無視してしまおうとしている．さらに問題を複雑にしているのは，合計点の計算（サブテストの結果の合計や評価の各構成部分の合計）を論理的な意味づけを基に行ない，平均を計算するといった算術的な方法で行なわないことである．
　クライテリオン準拠評価では，一般的に修得したかどうかを判断して採点される．これはドメイン準拠評価の採点に比べて正確性に欠けるものである．（それゆえ，クライテリオン準拠評価は，ドメイン準拠評価よりも正確性の劣る形である）．ドメイン準拠評価での得点は，ドメインから抽出された問題に対しての生徒が正解した割合であり，これからドメイン全体での得点を推定することになる．クライテリオン準拠評価では，評価の課題について特定の割合以上にできたり，基準となるパフォーマンスを示した生徒は修得したと分類され，そうでない生徒は未修得とされるのである．
　このような状況では，信頼性は分類の正確性について考えることになる（ウィリアム，1992）．この場合，次の4つのケースが考えられる．

1．正しい修得判定――受験者が修得したと正しく分類された場合
2．誤った修得判定――受験者が誤って修得したと分類された場合
3．正しい未修得判定――受験者が未修得であると正しく分類された場合

4．誤った未修得判定——受験者が未修得であると誤って分類された場合

　この4つのケースの場合，信頼性係数は決定の一貫性を示す指標であり，これを求める過程は，誤った決定のもたらす弊害を推定することになる．
　アメリカ心理学会テスト基準の勧告では，成功－失敗の決定の場合について，受験者の何パーセントが一貫性を以て分類されるべきかを示している（APA, 1985, 基準2, 12）．ショーガンとハッチソン（1991）は，英国のナショナル・カリキュラムの評価と関連する，クライテリオン準拠評価の開発に用いられた信頼性の測定方法を詳しく説明をしている．ナショナル・カリキュラムに用いられた信頼性の検証手続きを試行するにあたって，彼らは有効な統計数値として，「例えばレベル2に正しく分類される可能性，つまり全体のなかで正しく分類された」パーセントとしている．しかし，さらに改善案を言うならば，個々の達成目標について分類された割合を，階層化した図で示すべきであった．
　相関関係から求められた伝統的な信頼性の測定方法は，修得／未修得の分類を行なうクライテリオン準拠評価に用いることは不適当であるため，Key Stage 1のナショナル・カリキュラムの評価の検証をした研究チームは，**信任性**[4]という用語を使った．彼らも同じように，評価の目的が生徒を達成目標のレベルに照らして修得しているか，未修得であるかの分類にあるため，この分類が安定性したものであるかに注目した．この研究チームは，このことについて3つの異なった評価方法による生徒の分類を検討した．3つの評価方法とは，教師の評価，**SATs**[5]，このために開発された**ENCA評価**[6]である．しかし，評価方法も評価対象も異なっているため，満足のいく方法ではないと彼らも認めている（ショーロックス等，1992）．この短絡がちな議論の示すように，クライテリオン準拠評価の信頼性を検証する適切な方法がどのようなものであるか

について，コンセンサスを得るにいたっていないのである．また，ナショナル・カリキュラムの評価の信頼性を検証する方法も，荒っぽいものであることがわかる．特に2つの種類の誤りの分類判定が同列に扱われていることは問題であり（誤った未修得判定よりも，誤った修得判定のほうが重大である），**各レベルでの差は非常に大きく**（平均2年間の発達の差となる）[7]，理論的には，評価が特別に分類の誤判定の可能性の低い正確なものである必要はない．

　成功／失敗を分ける点数という概念をもたず，一定の広がりをもった得点を導きだす（それによって生徒を区別して，グレードを割り振ることになる）GCSE試験のようなクライテリオン準拠評価では，伝統的な信頼性の検証手段が適切なものとなっている．ウッドによれば，信頼性の向上はテストをより個別的，具体的なものに限定し，グレード記述に合わせた採点を心がけることによって可能になるという．

　一般化可能性は，ノルム準拠テストとクライテリオン準拠テストの違いを示すもうひとつの分野である．ノルム準拠テストでは，テストの結果を学習内容の全体についての推定に用いることはできない．そのかわり，標準となる集団に対しての位置を推定できるのである．

　ノルム準拠テストは限定された価値しか持たず，生徒の得点が学習内容全体にもあてはまると一般化して考えるのはほとんど不可能である．これはノルム準拠テストの問題を選択する方法自体からして不可能である（ハンブルトンとロジャース，1991）．

　対照的に，クライテリオン準拠テストの提唱者によると，上手に作成されたクライテリオン準拠テストのテスト問題は，学習内容の領域に見合ったものになるため，テスト問題からより広い領域の学習内容にまで一般化できるという．このように，クライテリオン準拠テストの質を決める決定的な要因は，内容領域の規定が十分に行なわれ，テストに含ま

れる問題が内容領域を分析して得られた適切な課題となっていることである（ピィリナー，1979）．そのため，課題の遂行状況から，内容領域全体への一般化が可能になる．（しかし，次の部分で述べられていること注意されたい）．

　まとめること

　クライテリオン準拠評価の大きな問題は，まとめの問題である．すなわち，個々人の詳細な学習状況を示す情報を，単一の数字やグレードで報告して台無しにすることである．詳細な情報をまとめて，荒っぽいひとつのグレードにしてしまうことは，評価によって得られた情報を損なうことになる．最後にまとめられたグレードは，生徒にとっても雇用者にとっても役に立たない．それは明確にするのでなく，ぼかしてしまうのである．もし試験が5つの領域や要素，構成部分を評価するとすれば全体的なグレードの高い受験者は，3つか4つの部分がよくできても，他の部分が駄目だという場合もある．そのため，高いグレードを得たとしても，生徒が何をできるかということについてほとんど何も語っていないのである（ギップスとストバート，1993）．

　もちろん単純なグロス形式で報告する必要がなければ，まとめてひとつのレベルやグレードにする必要はない．うまくできた課題や到達できた一連の段階をリストにして，明確な形で記録しておくことは，クライテリオン準拠評価の教育評価としての機能を維持すること以上の意義がある．

　　生徒たちひとりひとりが何を学習したかを簡潔な言葉で記述し，提供すること，それが究極の目標である（ドレバー，1988）．

　それは子供に安直なレッテル張りをすべきでないということであり，

結局のところ,「レベル2」の子供などというものがあるはずもないのである.(ショーロックス等, 1992)

　また,点数配分やまとめのための複雑なシステムによって最終的な点数が歪められ,修得状況が見えなくなってしまう.例えば,(達成目標として)数学のカリキュラムで規定された様々な側面の各々の評価基準を達成しなくても,数学でレベル3と判定されるならば,生徒がどの要素を,またどの部分を未修得であるのかも分からない.複雑なまとめ方の規則のために,グレードやレベルから意味を引き出すことのできなくなった事例として,各レベルの評価基準の数が異なる英国のナショナル・カリキュラムの評価システムがあげられる.ここではまとめて修得したと判定する規則が n－1（特定のレベルを得るには,1つを除いたすべての課題に成功しなければならない）であるため,評価基準の数が増えるほどそのレベルを得ることは困難になる.これは学習内容の増加するにつれ,生徒の達成しなければならない課題が増えていくためである.このようにして,評価基準の数が一定していないと,カリキュラムのいくつかの側面を修得したことを示すのが難しくなる.さらに,まとめる過程では,評価基準の異なった難易度を考慮できないし,評価に用いる課題の難易度の違いを無視して,同じものと仮定している.

　まとめは,グレードやレベルを与える過程の一部であり,修得の分類化の過程の一部である.ハンブルトンとロジャースによれば,カット・スコアーの設定（どの程度の得点をとれば,修得したと分類するか）は,テストの内容や基準の設定過程を知り,得点のデータを入手でき,テストの使用される社会的,政治的な状況を理解している個人によって最も適切に行なわれる判断事項であるという.英国のナショナル・カリキュラムでの行き当たりばったりのまとめの手続きを見ると示唆するものが多いと考えざるを得ない.

妥当性

　クライテリオン準拠評価での妥当性は，主に内容妥当性の観点から考えられ（リン，1980），その妥当性の3つの要素がクライテリオン準拠評価に関連している．領域は適切に規定されているか，内容（抽出された問題）は領域や求める構成概念を適切に代表しているか，評価の課題は構成概念を適切に反映しているか（すなわち，課題が私たちの評価しようとしているものをきちんと捉えているか，例えばセンチメートル単位で測定する能力）の3つの要素である．評価基準の不正確な場合には，妥当性は怪しくなる．

　ウッド（1991）の指摘するように，領域または構成概念を注意深く規定し，そこから課題を抽出することにより，クライテリオン準拠評価は推定手続きを低く見積もっている．推定する部分が少ないということは，評価しようとする技能や目的を厳格に規定しなければならない．これがクライテリオン準拠評価での抜き差しならない不合理な状況を作り出している．すなわち，あまりにも狭く厳格に規定された評価基準は，断片化と分離した評価課題へ過度に依存しがちになる．一方で，あまりにも一般的で緩やかに規定された評価基準は評価の妥当性と信任性を低くする．1980年代初めにその内容妥当性を柱としてクライテリオン準拠評価を推進したとき，関係者たちは時として領域を適切に規定しなかったり，構成概念を明らかにしなかった．例えば，基礎的なリテラシーとは何を意味するのか（メシック，1981）．それは同じ分野での後の学習を促進する基礎的な技能のことなのか，幅広い状況での活動を可能にするものなのであろうか．

　リン（1980）の指摘するところでは，他の評価方法と同様に，クライテリオン準拠評価でも，

従来の様々な型通りに妥当性を考えることは，妥当性の分断化であり，他のやり方や「精神測定の考え方」（ギオン，1980）もあるということになり，それらのどれかを選択すればよいということに陥りがちである．（リンによる引用，1980）

　妥当性の新しい概念化においては，クライテリオン準拠評価での得点の使用や解釈を考慮しなければならない．ハンブルトンやロジャースによれば（1991），専門家の判定がクライテリオン準拠テストの内容妥当性を検証する主な形式であり，彼らは内容妥当性をテストの使用がどうであれ重要だとみなしている．クライテリオン準拠評価の妥当性の検証方法についての詳しい議論は，ハンブルトンとロジャースを参照してほしい．彼らはクライテリオン準拠評価に関連した方法の最近の動向について再検討している．クライテリオン準拠評価の妥当性についての問題は，1980年代に適切な枠組みによって研究されて，優れた研究が登場したと彼らは見ている．そうしたことを振り返りながら，ハンブルトンとロジャースは，クライテリオン準拠評価に適合した一連の方法や技術を概説しているが，気をつけるべきであることとして，

　妥当性の証拠を集めるのは，際限のない過程である．テストの点数や修得の分類の妥当性の検証に費やされる時間と労力の総計は，テストの使用の重要性に直接関連させて用いられるべきである．

　クライテリオン準拠評価に関するその他の技術的な問題は，コンテキストが結果に与える影響である．領域を規定し問題がそこから抽出されたとし，そして両方が厳密かつ詳細に行なわれたならば，作られたテストの問題は「機能的に同質であり，すなわち本質的に交換可能」（ポファム，1984）でなければならないことになる．しかし実際には，研究によれば，コンテキストの要因が生徒の結果に大きく影響する．2ケタの

数字の足し算のような簡単なテストであっても，問題を数字を縦に並べた場合より，横に並べた場合のほうが難しくなる．また，11＋11のほうが99＋99よりもやさしい．

それゆえに，テストの問題に対してのコンテクストの影響を除くことは不可能であり，非常に精密な規定をして同質の問題を作ることも不可能である．代わりの方法は，評価の規定を特定のグループを念頭において作り，その中での共通理解を基礎として評価を作っていこうとするものである．「一般の人たちにはよく分からない規定であっても，専門家の間では同じような評価を生み出すこととなり，結果として受験者のパフォーマンスについて明確で意味のある表現を可能とする」（ウルフ，1993, p.13）．

修得したかどうかを判断する英国の全国職業資格の場合には，受験者は一つ一つの要素ごと，ユニットごと，または判定ごとに修得認定を受ける（この分野を全般的に再調査したジョンソンとブリンクホーンを見よ，1992）．全国職業資格の範囲規定は，評価される要素の適用の範囲を示すものである．適用範囲の一覧表は，指導と評価の両方の目的に用いられ，技能が一定の範囲で学習され，かつ技能の修得がこの範囲の活動のなかで示されるようにするためである．そのため範囲規定は，修得を認められる活動の範囲を広げたり，または限定する両方に用いることができる（ジャセップ，1991）．

クライテリオン準拠評価を開発する場合に生じる問題の事例として，GCSE試験での場合についてやや詳しく述べてみよう．

GCSE[①]

GCSE試験でのクライテリオン準拠評価の開発に対して，教育科学省や中等教育試験委員会（SEC）が関心を持っていた理由の一つは，各試験委員会のGCSEのグレードの統一性に対する懸念，さらに言えばその

欠如であった．単一で，一貫性をもち，明確に定義されたグレードを目的として，すべての試験委員会がグレードの付与にあたって，同じ基準を用いようとしたのである（オアとナタル，1983）．

　GCSE試験の導入のもうひとつの目的は，全体の水準を引き上げようとしたことである．ケイス・ジョセフ卿の目標は，80〜90％の16才の生徒を以前には平均といわれた水準まで引き上げようというものであった．ノルム準拠テストでは，どの生徒も平均水準やそれ以上に到達させるといっても意味を持たない．そもそもこのようなテストでは，定義によって，母集団の半分を平均以上，半分を平均以下とするように作られているからである．クライテリオン準拠テストでは，理論的にはすべての生徒が最高のグレードを得ることができる．

　しかし，クライテリオン準拠評価を設計することがいかに難しいかを述べておかなければならない．とりわけ複雑な科目の分野での高いレベルの評価ではそうである．大きな問題は，要求されることが抽象的で難しいものになっていくと，求められるパフォーマンスを規定する作業が，より複雑で信頼性が乏しくなってくる．クライテリオン準拠評価は簡単に規定できるような実行能力（50メートル泳ぐことができる）には理想的なものであるが，課題がより複雑なものになると，そうではなくなってくる．つまり，評価がより複雑にならざるをえないか（例えば，車の免許のテストでは，1対1の徹底的な評価を必要とする），評価基準をより一般的なものにせざるをえない．もし基準がより一般的なものになっていくと，解釈の相違が起こりがちになるため，信頼性は低くなっていく．この事例として，ナショナル・カリキュラムの達成事項の記述がある．「話すことと聞くこと」（En1）でのレベル9の最初の達成基準 [8] は次のようになっている．

　　複合的な主題について，自分の意見を表現し提示すること．しかもそれは，書くことや他の適切な方法で，人を納得させ，説得力が

あり，明確で総合的に語ることであり，他の人々の発言にも応答できる．

このような達成基準が，どの教師も同じように解釈可能になるには，明らかに多くの事例を示す必要がある．

評価基準を具体的に示すことが困難な問題であることは，GCSE試験で確認されている．1984年のケイス・ジョセフ卿による新しいGCSE試験の導入宣言は，グレード別評価基準をも含んだものであった．グレード別評価基準とは，特定のグレードを得るために，生徒が達成しなければならない基準である．

 試験のグレードは明確な意味を示すべきであり，それによって生徒も教師も，もっと明確な目標を持つべきである．そのため私たちはグレード別評価基準を必要とし，これによって，特定のグレードを得るのに必要な知識や理解，技能を具体的に規定することになる．
(DES, 1987b)

GCSE試験にはすでに各教科の基準としてグレード記述があったのであり，これは特定のグレードを得た受験者が示すと思われるパフォーマンスについて大まかな見通しを与えるものである．しかし，求められていたのはパフォーマンスについてのもっと具体的な表現である．そこで，グレード別評価基準を作成するために，各主要科目ごとの作成委員会が作られた．各作成委員会はまず領域を定めた．つまり，各科目の知識や理解，技能の範囲に関する首尾一貫した規定である．次に作成委員会は領域を横断して，能力規定を作り，特定のレベルに達するためのパフォーマンスの定義や基準を作成した．これらのグレード基準の原案は，1985年に審議にかけられた．この審議で2つの重要な問題が検討されることになった．

第1に，グレード基準の複雑さが「特に雇用者にとって」どのように役立てればよいのか分からなくなった．現実に起こったことは，作成委員会が数多く，かつ複雑な評価基準を作ったため，それらを使った評価を実施不可能にしたのである．例えば歴史の学習では，3つの領域が設定され，この3領域の中を10個の要素に分割し，この各要素のなかを4つのパフォーマンスのレベルに分けた．合計すると40のパフォーマンスの記述となり，評価の担当者も，生徒のパフォーマンスを解釈する者もこれを使うこととなった．英語では，かなり広がりのある評価基準が作られたところが問題となった．このため，異なったグレードのパフォーマンスの違いを正確に見分けることが非常に困難になった．「書く」という領域を例にすれば，これがよく分かる．グレードのAまたはBになるには，受験者は「実際のことであろうと，想像上の経験であろうと，首尾一貫し鋭敏な記述ができる」であり，FまたはGのためには「個人的な経験について首尾一貫した記述ができる」ことが必要である．その他の極端な例として，数学の作成委員会は1つの領域の1つのグレードで，40もの詳しい基準を作り出した（ブラウン，1988）．

　第2に，グレード基準の原案に基づく指導や評価の方法が，教科を孤立した課題に分断することのないように注意しなければならないことである．これはもちろん非常に細かく規定されたカリキュラムや評価の存在する場合には，必ず起こる危険である．中等教育試験委員会はこのような問題にしばらくして気がつき（マーフィー，1986），各教科の作成委員会のグレード基準の要点を述べて，

　　GCSE試験の評価において，完全なクライテリオン準拠評価を実施するための厳密な規定は，非常に厳しく規定された試験のシラバスや評価を生み出し，わが国の教育の特徴である柔軟な教育活動を不可能とする（SEC, 1984）．

グレード別評価基準の原案の改善と開発のため，SECは再採点の作業に資金を投入した．これには1986年の統合されたOレベル試験とCSE試験[9]の答案用紙を基準原案を用いてもう一度採点する作業をともなっていた．この作業は多くの問題点を投げ掛けることになった．第1に，作成委員会の作り出した領域とレベルに対し，研究対象の試験問題の内容が関係していないことである．もともとこの試験は原案の領域やレベルを踏まえて作られていないのであるから，これはとりたてて驚くべきことではない．しかしもっと重要なことは，評価基準が曖昧であったことである．グレード別評価基準原案によって示されたパフォーマンスの階層構造と，特定の問題に対する生徒の実際の反応にほとんど関係が見られなかったのである．そして，同じレベルのパフォーマンスとされても，異なった問題であったり，領域が異なった場合には，実際には同等でなかったことである．グレード別評価基準の原案は，全体として機能しないと結論づけられたのである（キングダンとストバート，1987）．

　ここに到って，グレード別評価基準は放棄された．教育科学省の文書は次のように言っている．

　　再採点作業の結果の示すところにより，教育科学省はGCSE試験のグレードをより客観的なものとするための課題に対して，別の方向から試みることとする．

　新しい方向とは，パフォーマンス・マトリックス[10]を開発することであり，これはやり方を逆にすることであった．出発点はすでに認可されて存在する既存のGCSE試験のシラバスのいくつかにあった．作業はこれらの特定のシラバスでの各レベルのパフォーマンスや属性を具体的に言い表わそうとした．「特定の学習コースに従った生徒の発達させる質」として規定されたこれらの属性は，異なったパフォーマンスのレベルとして表現され（例えば，グレードA, C, F），これらをまとめて領域

を構成させた(既に非常に複雑になっている分野に,属性の概念を持ち込んでも,何の助けにもならないことは自明のことではないのか!).パフォーマンス・マトリックスの要点は,科目全体に関係するのではなく,個々のシラバス[11]に関連づけていることであり,グレードを付与する試験官の暗黙の判断を言葉に表現したものに基礎を置いている.1988年の半ば,作成委員会の最終報告書が提出され,そのパフォーマンス・マトリックスの実行可能性について様々な意見が提出された.しかし,1988年末,中等教育試験委員会(SEC)が学校試験評価委員会(SEAC)に取って代わられたとき,学校試験評価委員会がした最初の仕事の1つは,パフォーマンス・マトリックスの作業を凍結することであった.

1988年の夏,GCSE試験はもともとの緩やかグレード記述を用いてグレード付与が行なわれた.この方法はGCSE試験のグレード付与方法として5年間用いられ,ナショナル・カリキュラムがGCSEの基準に取って代わられるまで続くと思われる.

クライテリオン準拠評価に基礎を置くナショナル・カリキュラムの到来を考えれば,パフォーマンス・マトリックスやグレード別評価基準をこれ以上研究しても意味はないように思われるのである.GCSE試験はKey Stage 4[12]の達成目標に従う予定であり,これがクライテリオン準拠の基礎となるはずであった.しかし,私たちが既に示唆してきたように,達成目標と達成基準の不正確さ,まとめの問題により,せいぜいまとまりに欠けたクライテリオン準拠システムしか作り出せないように思われる.

GCSE試験のシラバスは,ナショナル・カリキュラムの学習計画に基づくものとなり,評価の結果もナショナル・カリキュラムの10のレベルを用いることになっていた.学校試験評価委員会が1994年のKey Stage 4の資格付与のために考えたモデルは,得点をもとにしたものであった(SEAC,1992).生徒の各教科でのレベルは,各達成目標の点数を合計した点数によって決定されることになっていたのであり,Key

Stage 3 [13] のように各達成目標別のレベルを合計して平均を出すのとは異なっていた．同様にして，ある達成目標（Attainment Target）の中では，すべてのレベルにわたって合計点でレベルの決定が行なわれた．例えば，レベル8の境界が70％とされたならば，生徒は低いレベルを目標とした問題で高い得点をあげ，レベル9ないし10を目標とした問題でそれより低い点数をあげることで，レベル8を得ることができる．この方法に対する反論は，相殺をこのように認めると，クライテリオン準拠評価の意味を薄めてしまうというものである．生徒は低いレベルの問題で堅実に得点すれば，レベル8の問題でほとんど得点しなくても，レベル8を得ることさえ可能である．このような方法を支持する論拠は，得点をもとにレベルを決める方法であれば，伝統的な信頼性の検証方法を使うことができるという技術的な点にある．

　複雑なデータを合計する難しさを示すもうひとつの事例は，ある部分でよくない結果が，他の部分でのよい結果によって穴埋めされる相殺の方法であり，従来から試験の採点で行なわれてきた方法である．得点を基礎とした方法では，それは単純に低い得点と高い得点が合計されて中間的な全体の得点を作り出すことである．厳密なクライテリオン準拠評価ではこのようなやり方はしない．例えば，パイロットは飛行に必要なすべての技能を修得しなければならない．ある部分での失敗は全体的な失敗につながるからである．あるパイロットが着陸は下手であっても，離陸では非常に上手であるために埋め合わされると聞いても，安心できるわけがない．もし厳密なクライテリオン準拠評価が試験の結果に適用されるならば，最終的な教科のレベルは最もできの悪い技能の分野での結果で決まることになる．例えば，もし代数がFのグレードであったとしたら，教科全体のグレードもFとなる．これに反して，幾何でグレードAであることから，全体のグレードをCとすることは，誤った解釈を生むことになる．グレードCの実践能力は教科のどこにも見られないからである．

1993年，GCSE試験の結果をナショナル・カリキュラムのレベルで表そうというすべての作業が中断され，ナショナル・カリキュラムとその評価の再検討の結果を待つことになった．この決定の意味することは，GCSE試験の結果は，ナショナル・カリキュラムの10のレベルではなく，以前のとおりのグレードで表されることである．

結　論

厳密な形のクライテリオン準拠評価の条件を満たすためには，評価基準を細かい点まで具体的に示す必要がある．しかしこれは，あまりにも細部まで決めたり，非常に矮小化され厳格な目的を規定することにつながるのである．アメリカでのクライテリオン準拠評価の強力な推進者であるポファムは，以前の細分化された目標の推奨を改めて，いくつかの幅広い目標だけを述べる方向を支持している（ポファム，1987bと1993a）．これはクライテリオン準拠評価を開発しようというすべての試みが同じ問題にぶつかっていることを示している．

> 曖昧で不明瞭な評価基準で済ませたり，逆に詳細で取るに足らない目的を数多く決めていくという両極端をさけて，注意深くあるべき方向を見つけていかなければならない．大事なのは，教育的な目的を具体的に示した測定可能な評価基準を作り出すことである（ショーロック等，1992）．

過度の詳細な規定を改めて，分析的でないもっと全体的な方向へ向かうことは，生徒に私たちが学習させたいと願う現実的な課題や技能を反映する評価を作り出す方向や，教育評価を転換していこうとする全体的な傾向と一致するものである．しかし，目標の幅広いことは，それらの評価が信任されるかどうかという問題を生み出す．特定の水準に達した

作品の例や，ある基準を事例で示すことは，教師の研修やグループ・モデレーションと同様，評価の統一に効果がある．厳密なクライテリオン準拠評価まで行かないで，ノルム準拠評価から逃れる一つの方法は，スタンダード準拠評価（standard-referenced assessment）である．

スタンダード準拠評価はオーストラリアのサドラー（1987と1992a）によって主に概念化された．クライテリオン準拠評価に対する彼の批判（1987）は，第1にそれが比較的高度な統計的，技術的な方法に依存していることである．このような複雑性のために，グレード分けや評価の責任の大部分が教師から（結果として生徒からも）離れてしまうことである．これは生徒も評価の過程に参加させる教育評価が強調されていることを考えると，不適切ではないかと彼は考えている．第2に，客観的なテストであり，領域の厳密な規定を求めるクライテリオン準拠評価は，多くの教科において，とりわけ生徒の学習の質を直接観察できる教養のある人間の判断によってしか優れた評価は不可能な分野において，これもまた不適切である．

スタンダード準拠評価は，熟練した教師が日常の学習指導の中で行なっている専門的な能力を用いて，質的な判断をしようというものである．スタンダード準拠評価のもう一つの特徴は，最終的なグレードやレベルを判断するために合計点を用いるのでなく「重視されるのは，一連のテストの内容や評価の課題にわたる生徒の様子やパフォーマンスの傾向である」（サドラー，1987）．

サドラーはスタンダード準拠評価は実行可能で，信頼できる評価方法であるという．なぜなら，基準となるスタンダードを開発し適切な形で普及させて，教師が関連する概念的な道具と必要な実践的な研修を受けることができれば，教師の質的な判断を信任されるものにできるからである．基準となるスタンダードを規定する方法は，言語表現とこれを説明する事例の組合せによるとサドラーは言っている．指定されたレベルのパフォーマンスを典型的に示すように選択された事例は，スタンダー

ドそのものではないが，これを具体的に説明するものである．スタンダードの言語表現は指定されたレベルの質的な特徴を述べたものである．言語表現と事例の組合せは，スタンダードを具体的に示すのに十分な方法であり，もし自由でオープンにされれば，生徒が自らの学習活動を自己コントロールするのを助けることになる（第2章，第7章を参照）．

　事例を伴う自然言語の表現の使用は，評価に携わる人間の暗黙の知識の代わりをつとめたり，不必要にするものではない．簡単に言えば，外部に公表された言葉は，無尽蔵でもないし，考えられる全ての場合を表現できるものではない．しかし，教育評価のための確かな枠組みを提供することにより，この2つを併用したシステムは学校間の評価の統一を可能にするだけでなく，生徒自身が上手に自己評価できるようになる支援をする（1987）．

タスマニアで採用された仕組みは次のようなものである．

＊各シラバスに規定されている評価基準を用いた4段階評価
＊各段階を適切に決めるための評価のスタンダードは，該当のシラバスを使っているすべての学校の教師を集めたモデレーションを通じて作られる
＊各段階のスタンダードを示す作品の事例が，これを支援するために用意されている
＊科目の成績評価は4段階の評価点を合計して導きだされ，3段階を用いてしめされる
　　SA——該当コースの目標に照らして満足できる
　　HA——該当コースの目標に照らして大変よい
　　OA——該当コースの目標に照らして非常によい

（グロスブノール，1993）

似たような別の例として，香港の目標準拠評価の開発がある（クラーク，1993）．これはクライテリオン準拠評価ではあるが，目的や目標を広く設定している．次のようなことが強調されている．

＊評価の課題として，何かを作ったり，パフォーマンスを求める
＊評価の課題として，複合的で，様々な形で解答できるもの
＊望ましい指導のあり方に適合した課題

　オーストラリアのスタンダード準拠評価では，シラバスに目標が述べられている．教師は生徒のパフォーマンスを判断する明確な評価基準を与えられ，特定の段階で生徒が典型的にできることを述べた説明書がある（例えば事例集）．

　　学習の目標と一体となって用いられることで，学習者のパフォーマンスを判断する明確な評価基準と，これに当てはまるパフォーマンスの範囲についての説明書によって，教師も学習者も学習の進歩を示すものは何かについて共通の理解が形成されるし，各学校での評価の信頼性を確保することにもなる．

　このシステムは1993年の時点でまだ開発中であり，効果のほどは確かめられない．しかし，それはノルム準拠評価でもなく，クライテリオン準拠評価でもない評価のモデルの一つのあり方を示している．
　クライテリオン準拠評価の不完全な形式として，代わりの評価方法を考察することをやめるべきである．スコットランドの等級別評価や英国の試験制度をクライテリオン準拠評価の後退した形としてでなく，もっと積極的なものとしてみるべきである．厳密なクライテリオン準拠評価は明らかに実施不可能であり，望ましいものでもない．特に教育評価の

枠内ではそうである．クライテリオン準拠評価が教育的にも技術的にも無理があることが証明されたのであるから，スタンダード準拠評価のような評価の開発は，それ自身として確固としたモデルと見るべきであり，クライテリオン準拠評価からの妥協の産物ではなく，そこからの発展の方向を示すものである．

別の方法として，クライテリオン準拠評価と対照的なものとして，クライテリオン準拠またはスタンダード準拠による報告を考えることである．言い換えると，これは標準的なパフォーマンスを規定し，この標準に従って生徒のパフォーマンスを報告することを条件として，各学校や各学区が生徒のパフォーマンスをそれぞれのやり方で評価できるようにするものである．これは，アメリカやオーストラリアで現在試みられている方法である．しかし，当然これは各評価の統一の点で大きな問題を抱えている．パフォーマンスに対するコンテキストの影響や，複雑な技能はコンテキストを設定して評価しなければならないことから，生徒が課題を遂行するコンテキストについて考慮することが重要であり，そのため全国職業資格のような，もっと全体像の分かる報告手続きを必要とする．

興味深いことにリン（1993b）は最近，クライテリオン準拠評価がパフォーマンス評価やオーセンティック評価を考えるための概念的枠組みを提供すると言っている．リンはグレイサーの最初の概念に戻って，クライテリオン準拠評価の核心となる部分を踏み越えた4つの解釈を指摘した．

* ノルム準拠とクライテリオン準拠による解釈は，同じ測定方法中に共存できないという見方
* 修得を決定するには，区切りとなる点数がなければならないという解釈
* クライテリオン準拠評価とドメイン準拠評価を同じものとすること

＊クライテリオン準拠評価を，個別的で，特に階層構造を持った技能や行動に狭く限定して考えること

　クライテリオン準拠評価の価値は，指導の結果として生じるパフォーマンスに注目することであるとリンは主張する．1963年のグレイサーの当初の論文で例にあがっていた，実験に基づくレポートや論文の準備のような複合的な課題では，領域のすべての要素を規定することは不可能であるため，指導によって生じた価値あると考えられる結果に注目すべきであるという．このような見方は，オーセンティック評価の動向と一致するものである．両方ともその目的は，テストと学習指導の目的の乖離をなくそうというところにある．行動主義の学習理論の基本から見れば，これは普通のクライテリオン準拠評価の理解から非常にかけ離れている（シェパード，1991）ように思われるかもしれないが，クライテリオン準拠評価の開発は誤った方向へ向ってしまったのであり，このような方向は当初のクライテリオン準拠評価の本質的なものではない．クライテリオン準拠評価の概念は普通考えられているよりももっと豊かであり，リンドクゥイストのいう達成テストの第1の目的と相応する．すなわち，テストの問題は受験者にどのように問題の内容が複雑であろうと，同じようにできることを要求することである（リンドクゥイスト，1951，リンによる引用，1993b）．これが教育評価の様々な形を開発しようという現在の運動の基本をなす哲学である．ここに表れているのは，優れた評価とは何かという論拠が，ずっと実体のない些末なものになっていた状態から，ようやくその原点に立ち返ったということである．

　〈原注〉
　①この部分はギップスとストバート，1993による．

第6章　パフォーマンス評価

はじめに

　前章で説明したようにパフォーマンス評価は，伝統的な択一式の標準テストへの依存を改めたいと願う人々によって，広く使用されている用語である．しかし，この用語は非常に大ざっぱに使われている．例えばアメリカでは，択一式テスト以外のすべての評価の形式を指すと広く受け取られている．そのため，この章で最初にすべきことは，本書でのこの用語の意味をはっきりさせておくことである．
　パフォーマンス評価は，話したり書いたりしてコミュニケーションする技能，問題解決活動など，私たちが生徒に取り組んで欲しいと願っている現実の学習活動をモデルにして評価しようとするものであり，択一式テストのようにこれらを分断して評価することではない．その目的は，評価によって学習指導を歪めないことである．アメリカでは，パフォーマンス評価としてポートフォリオ評価や英国でいう教師評価，つまり生徒のパフォーマンスを評価するために学校内で教師が作成する評価を含んでいる．しかし本書では，教師評価は別の機会にゆずることにして，パフォーマンス評価，つまりパフォーマンスに基礎を置いた課題を用いて実施される評価に絞っていくことにする．このような定義をすると，英国のパフォーマンス評価にあたるのは，標準評価課題（Standard Assessment Tasks）とGCSE試験のコースワークということになる．
　また，アメリカでオーセンティック評価と言われているものと，パフォーマンス評価を区別することも重要である．オーセンティック評価とはオーセンティックなコンテキストで実施されるパフォーマンス評価である．つまりこれは，通常の学習活動の中で行なわれるものであって，

評価のために特別に設定された課題を使って行なうものではない．すべてのパフォーマンス評価がオーセンティック評価とは言えないとしても，パフォーマンス評価でないオーセンティック評価を考えるのは困難である．オーセンティック評価はパフォーマンス評価の特例と考えるべきである．オーセンティック評価の例としては，ポートフォリオがあげられる．ポートフォリオには，生徒の示したパフォーマンスの実例が組み入れられる．それは，通常の授業の中で，生徒が示した最も優れたパフォーマンスを組み入れたものである．オーセンティック評価というためには，評価者がどの面でオーセンティックであるかについて具体的に述べるべきであるとメイヤー（1992）は言っている．例えば，補助資料，課題の複雑性，学習の主体，モチベーション，自発性，教材，諸条件，基準，スタンダード，結果等の点である．このリストを見ると気が遠くなるが，要するに定義は厳密であるべだし，どの点でオーセンティックであるか考えるべきである．アメリカではオーセンティックが評価用語として流行り言葉となっているが，もっと明確できめの細かい議論を必要としている．

　パフォーマンス評価に関する大半の経験内容は，大西洋を挟んだ英国側にある．特にAPU（ギップスとゴールドスタイン，1983）はその代表的なものであるが，これが評価の新しい形式であると言う論文や，技術的な問題に関する研究の多くはアメリカ側から生み出されている．現在のアメリカではパフォーマンス評価への関心が高まっているが，すでに1950年代に，教育測定の専門家によって，パフォーマンス評価について言及されていた（スティギンズとブリッジフォード，1982）．近年の教室内での評価の最も強力な提唱者のひとりであるスティギンズは，これらの初期の定義を集大成して実践的な定義を作り出した．

　　　パフォーマンス評価とは，以前に獲得した知識によって，新しい
　　　問題の解決や特定の課題を遂行する能力を測定する体系的な試みと

定義される．パフォーマンス評価では，現実の生活やそれに関連する評価の課題を用いることで，生徒たちの個々の反応を引き出し，適格な評価者がこれを直接観察し評価することになる．

それから10年が経過したが，教育評価の専門家たちは，次のような意見で一致している．「パフォーマンス評価は，受験者に何かを作ったり，活動に従事することにより，彼らの能力を直接に示すように求めるものである」(ハートル，1992)．さらに反応の評価については，観察や専門家の判断に大きく依存するものであり（メヘレンズ，1992），これには教師が採点者としてコースワークやエッセイを採点することも含まれている．

アカウンタビリティーのためのテストは本質的にテスト範囲も広いし，採用している学校も多い．そのため比較的安上がりで，短時間で実施でき，広い範囲を浅く調べるものであり，かつ採点も簡単で信頼性の高いものでなければならない．これとは対照的に，パフォーマンス評価は時間がかかり，特定の技能や分野についての詳しく多面的な情報を提供することが多い（だから，時間的をかけて，広い範囲の代わりに深い理解を調べることになる）．採点は複合的な観点からなされるため，かならずクラスの担任の参加が不可欠である．パフォーマンスの標準化はできないため，伝統的な意味での信頼性は高くない．これらの特徴から，パフォーマンス評価は学習の支援のための評価として重要なものであるが，これをアカウンタビリティーの目的に使う場合には問題を引き起こすこともある（フレッチリング，1991）．第1章で指摘したように，精神測定学に基づくテストの開発からではなく，教科の学習についての研究の中からより相互交流的な形式のパフォーマンス評価が登場してきた．テストの形式が学習指導や学習に与える影響を考えれば，パフォーマンス評価をどのような条件下で大規模なテストに使うかを検討する必要がある．パフォーマンス評価の技術的な側面は，この評価方法が比較的新しいこ

とを考えると，それ自体として興味深いものである．しかし，この評価方法をハイ・ステイクスな目的に使う場合には，とりわけこれらの技術的な側面に注意しなければならない．

パフォーマンス評価の妥当性

妥当性の向上，高次の技能を評価する機会の提供といった，教育評価のあるべき姿からして，パフォーマンス評価は重要であるし，構成妥当性や結果妥当性も高いと考えられている．

パフォーマンス評価は，表面的な妥当性が高い傾向にある．パフォーマンス評価は，実践的な数学や科学的探求などといった種類の課題を評価しているように見えるからである．表面的な妥当性はそれ自体重要であり，特に一般の人々の理解を得るために大切である（メヘレンズ，1992）．しかし，構成妥当性と領域に関する対応と定義について問題のあることが指摘されている．

> パフォーマンス評価の妥当性について研究する場合，正しい領域が評価されているか，領域は十分に規定されているか，課題の抽出を正しく行なっているか，正しく抽出したとしても，課題から領域についての推定を行なえるか……などについて，注意深く考えなければならない．

メシック（1992）はこれを構成概念中心のパフォーマンス評価ではなく，課題中心のパフォーマンス評価の問題と言っている．測定に携わる人たちが，特定の作品やパフォーマンスに注目しているのにもかかわらず，領域の適用範囲や一般化可能性の問題を無視し，さらに得点の意味を推定するのに構成概念を用いていることを彼は批判している．

このことから，ここではもう一度，用語の意味をはっきりさせること

が必要であろう．例えば，数学は領域である．数学の領域の中で準領域またはカテゴリーは測定である（混乱しやすいことに，準領域やカテゴリーはしばしば領域といわれる）．そしてこの場合の準カテゴリーは単位である．センチメートルについての評価問題は，センチメートルについての理解という構成概念を測定することになる．もしテストが表象すると考えられているパフォーマンスの領域のいくつかの部分から抽出されていないとしたら，構成妥当性は危うくなる．これは構成概念非代表性という．もしパフォーマンスが評価しようとしている領域外の知識や技能に依存していれば，これも構成妥当性を危うくするものである．これを構成概念不適合性という．領域を厳しく規定し，評価する構成概念を考えたうえで作成されたパフォーマンス評価の事例として，ベイカーやシャベルソン（1992）たちのものがある．

　ハートル（1992）がパフォーマンス評価の構成妥当性の検証のために提唱している方法は，生徒が課題を遂行する過程を調べることを含んでいる．例えば評価している間，課題について生徒と話をしたり，課題の終了後，課題の遂行に使われた技能を調べるために生徒と面接することなどである．

　結果妥当性は，パフォーマンス評価の推進者により期待されていることでもあるため，パフォーマンス評価にとって重要な問題である．パフォーマンス評価で用いられるような課題は，私たちが求めるような重要な学習の結果を正確に反映するものであり，高次の技能やそのプロセスの学習指導を促進する効果を持っている．ダンバー，コレッツ，フーバー（1991）たちは，妥当性の証拠と結果妥当性に焦点を当てて，パフォーマンス評価の評価結果を統一することが，パフォーマンス評価に対する人気と期待を考えると非常に大切であると述べている．「課題が単にオーセンティックであるからといって，複合的な技能を修得したことを推定できるわけではない」（ウィギンズ，1992）．ベイカー，オニール，リン（1991）たちによると（パフォーマンス評価とオーセンティック評価を

区別していないが),パフォーマンス評価を推進する者たちは,生徒に評価の対象である高次の思考技能を用いさせようとしているが,彼らが評価し育成しようとしている生徒の学習について,明確な概念的枠組みの作成を怠っている.したがって,評価の課題で求める基礎的な認知能力を明確にしておかなければならない.場合によっては,高次の技能を測定しようと意図していても,実際にやっているうちに課題をこなすだけになってしまったり,機械的に繰り返すだけになってしまうことがある.だから,パフォーマンス評価の課題について教えることによって,このように台無しにしてしまうこともある.他の論者の中でシェパード (1992a) は,すべてのハイ・ステイクスなテストは堕落するものであり,そのような状況において,教師はパフォーマンスの課題の遂行方法を教えることになる.もしパフォーマンス評価が学習指導に有益な影響を与えることを望むならば,教師に課題のやり方に向けた指導をするのでなく,評価される領域や準領域に向けた指導をするように促さなければならない.

　パフォーマンス評価に対する期待を考えると,フレダーリクセンとコリンズ (1989) の体系的妥当性の概念が関わりをもってくる.テストの体系的妥当性は,テストの測定しようとしている認知的技能の発達を促すように,教育システムの中のカリキュラムや学習指導の改革をどの程度引き起こすかによって左右される.体系的妥当性を高める特徴としてフレダーリクセンとコリンズの指摘したものは,直接,認知能力を評価すること,得点を決める場合に要求される判断の程度である.直接のテストとは,求める認知技能を多少なりとも抽象的な課題とする間接的な方法ではなく,直接評価することを意味する.そのような直接的なテストの効用として,テストの点数を上げようとする学習指導が,より発展した課題でのパフォーマンスの向上をもたらしたり,課題のコンテクストの中での認知的技能の表現の向上にもなるとフレダーリクセンやコリンズは主張している(例えば,課題のための学習指導が,領域に向けた学

習指導にもなる).もし評価が採点者の判断や熟慮,分析を必要とするならば,評価者は採点の範疇を理解し,どのようにそれを用いるかを指導されなければならない.そのための研修は費用の掛かるものであるが,専門的な能力の向上の一部として捉えられるであろう.このような評価モデルにおいて,評価システムは優れた問題解決や歴史分析の重要な特徴について,メタ認知的な知識を発達させる基盤となる.

評価の課題の直接性と課題の領域に向けた学習指導の価値の高いこと,そして採点での主観的要素がパフォーマンス評価の主要な特徴であり,これらはパフォーマンス評価の概念や技術的な問題に関するすべての文献に見られるものであり,そのためパフォーマンス評価の定義に必ず含まれるべきものである.

リンとベイカー,ダンバー (1991) は,パフォーマンス評価の妥当性を評価する基準を規定し,表面的妥当性では不十分であり,メシックの意見と同じく,妥当性があまりにも狭く解釈されてきたとしている.彼らは評価の結果をもっと考えるべきであると主張している.学習指導に与えた有形無形の影響についての証拠が,パフォーマンス評価の妥当性についての検証において,日常的に集められなければならない.そして,パフォーマンス評価における公平の問題についても新たに考える必要がある.教育的目的にたち,教育専門家にとってより受け入れやすい評価の形式に移行しているからといって,これらの評価が必然的に少数派の集団に対して公平であると私たちは考えてはならない.「求められる課題に対して親近感を持っているか,慣れているか,関心があるかによって集団間のパフォーマンスの違いが存在する」.異なった評価の形式への移行は,必ずこの違いを解消させる方向へ向かわせるわけではない.さらに,パフォーマンス評価で用いられる課題の数はこれまでの評価より少ないことから,課題の内容,コンテクスト,解答の形式のバランスをとることで,各集団の持っている固有の知識の影響を最小にするという肝心な方法を採用できないのである (ギップスとマーフィー,1994).

採点の判断のよってたつ基盤が，公平に関してパフォーマンス評価の特に弱点となっている．採点者の持っている先入観や偏見が生徒の得点に入り込んではならない．採点者の訓練と結果のモデレーションは，第4章で説明したようにこの場合とりわけ重要である．

　リンたち（1991）は，前述したように構成妥当性という総称のもとに，妥当性の検証についての様々な基準を含めている．これらに言及すれば，課題の認知的な複雑性，つまり表面的妥当性をこえた分析をしなければならないことになる．さらに，内容の質を考えること，つまりパフォーマンス評価では1つの領域について少数の課題を使うだけであるから，課題そのものが生徒の時間や労力を求めるだけの価値のあることを確認しなければならない．テストの開発にあたり教科の専門家を加えることも大切である．これはパフォーマンス評価が学習指導に与える影響についての期待を考えれば，評価する内容の範囲がずれることで，学習指導とのずれが生じることがあってはならないからである．これはパフォーマンス評価が間違いなく弱点としているところである．パフォーマンス評価は領域から選択的に深く掘り下げて調べるものであり，その課題を実行するために多くの時間を要するため，対象領域を広く調べることを深く調べるために犠牲とせざるを得ない．対象領域の広いことは，評価の結果から広い領域への一般化ができるかに関わってくるため重要なことがらである．

　　パフォーマンス評価の信頼性

　第4章で明らかにしたように，信頼性というテクニカルな用語は，テストが意図した技能や達成事項をどの程度正確に測定しているかを問題とする．信頼性は生徒のパフォーマンスの一貫性（再現可能性）と，そのパフォーマンスの評価の一貫性（評価の統一）に分けられる．

　伝統的なテストの開発にあたって，妥当性を犠牲にして信頼性を過度

に重視してきたとすれば，パフォーマンス評価はちょうど反対に信頼性を犠牲にして妥当性を過度に重視してきたということになる．それというのも，パフォーマンス評価を用いることは，標準化しすぎた評価の手続的制約から逃れようという動向の一部だからである．しかし，パフォーマンス評価をクラス内での使用をこえて，アカウンタビリティーや資格認定の目的に用いようとする場合には，信頼性の問題を考えなければならなくなる．ここで再び，目的への適合性がこの問題を考える手がかりとなる．どのような評価であろうとも，その特定の目的に応じて，一般に受け入れられるレベルの信頼性と妥当性を必要とする．

　パフォーマンス評価の開発にあって信頼性を調べたときには，異なった採点者の評価の一致の度合が注目された．すなわち特定の時に実施された1つの課題について，これを異なった評価者がどの程度同じように評価できるかである．これはもちろん採点の過程で専門家の判断に大きく依存するため，パフォーマンス評価の基準は主観的なものになるから，採点者間の評価の一貫性が注目されたわけである．採点者間の評価の一貫性を詳しく調べた研究は，ダンバー，コレッツ，フーバー（1991）やリン（1993a）によるものがある．これらの研究の示すところでは，パフォーマンス評価の課題について，採点者間の評価の一貫性の程度の高いことが報告されている．しかしこれは，採点者の綿密な訓練と採点説明書の提供があって可能となったのである．

　ピッツバーグ・ポートフォリオ計画は，綿密な訓練を受けた外部の評価者だけを用いており，正しい判断が一定の水準以下に落ちた場合には，再訓練の手続きが用意されている．ここでは，採点者間の信頼性が0.9を維持している（ル・メユー，1993）．バーモント・ポートフォリオ計画は対照的に，採点に学校の教師を用いており，研修もチェックの手続きも不十分で，標準化されていない作文の課題で採点者間の信頼性が0.34～0.43，標準化された作文のパフォーマンス評価では0.67～0.75である（コレッツ等，1993）．コレッツとその同僚たちは，これらの数値がバー

モント・ポートフォリオの使用の障害となっていると見ている．

　これらの2つの事例から明らかに見えてくるのは，標準化されたパフォーマンス評価であり，明確な採点説明書，採点者の訓練，いくつかのレベルやグレードでのパフォーマンスの事例の提供があれば，採点者間の信頼性が高いことである．これらのためのポートフォリオ評価は，評価の目的と同じく教師の技能の向上の方法としてもしばしば用いられている．そのため，ポートフォリオ評価研修は，採点者の限られた小集団での綿密な訓練としてではなく，多くの教師に広く浅く行なわれている傾向である．このような状況では，採点者間の信頼性は低めであろう．

　リン（1993a）は次のように結論している．

> 採点説明書を注意深く作成し，採点者を訓練することで，採点者，もしくは採点者と受験者の相互関係から生まれる評価の不一致の程度は，他の要因による評価の不一致よりも実質的に小さく保たれる．

　各課題にわたる，または課題を繰り返した場合のパフォーマンスの一貫性についてはそれほど注目されていない．「客観テストと同じく，長さ……行動の事例を増やすことが，パフォーマンス評価での偶然的要因による評価の誤りを減らすことができる」（ダンバー等，1991）．リンとダンバーたちによって調査された重要な証拠の示すところでは，得点の信頼性は概して低く，採点者の信頼性よりも低く，また訓練による採点者間の信頼性等に比べて容易に上がらないという．パフォーマンス評価でのパフォーマンスは，各事例ごとに独自のものであることの証明がここにある．すなわち，同じ領域に関する異なった課題のパフォーマンスや，同じように見える課題でのパフォーマンスでも，そこそこの関係が認められる程度である．実際の課題の内容によってパフォーマンスは異なってくる．評価の方法（観察，ノートの提出，コンピューター・シミュ

レーション）によって，パフォーマンスの測定結果が違ってくる．なぜなら，違った方法は，生徒が何を知っていて，何ができるかについての異なった側面を示すことになるからである（シャベルソン等，1992）．評価に用いる課題の数を増やすことが，評価者の数を増やすよりも得点の信頼性を高めることになる．リン（1993a）は課題の数を増やすことで一般化可能性も高めることになるとしている．

　　一般化可能性

　一般化可能性は，パフォーマンス評価でとりわけ問題なところである．複合的なパフォーマンスを直接評価しても，ひとつの課題から別の課題へ一般化することはできない（パフォーマンスは個別の課題によってかなり左右されるため）．特定の課題に対するパフォーマンスで，同じ領域の別の課題に対するパフォーマンスを推定することもできない．いずれにせよ，これはパフォーマンス評価の問題点であり，特にパフォーマンス評価が形成的な目的やクラス内での使用以外に利用されるとき，深刻な問題となる．こうした課題の独自性だけでなく，領域からの課題のサンプリングの限界も加わり，パフォーマンスの結果を領域全体に一般化することを困難にする．メヘレンズ（1992）は，領域からの課題のサンプリング数の限界による一般化可能性の制約と，内的一貫性の欠如による制約とを区別している．例えば，いくつかの技能の学習において，自国語以外の言語（スウェイン，1990）に関連するパフォーマンスの相違は，学習過程につきものであり，この場合に，高い内的整合性を評価の妥当性を求める基準に使うのは適当ではない．

　これらの問題を乗り越え，一般化可能性を高めるために，課題の数を増やして領域を網羅するようにすべきであるとリン（1993a）は主張している．シャベルソンたち（1992）は，一定の範囲をカバーするいくつかの課題と種類を変えた評価の使用に加えて，アカウンタビリティーや

学校改革ではなく，学習の向上のための評価をさらに強調している．スウェイン（1990）は自国語以外の言語の測定に関して，正確性や一貫性といった概念そのものの再考を求めている．「たぶん私たちは内的な一貫性の測定に依拠するかわりに，『意味のある質の基準』をテスト問題の選択に使う研究をしなければならないでろう」．モスもまた，妥当性の検証を根拠づける新たな枠組みの開発を求めている．一般化可能性を高めるために，課題の数を増やすことは当然のことながら，ある評価の実施に必要な時間をただでさえ増大させることになる．このようなことが認められるのは，評価の課題自体が学習指導の有益な一部になっているときであるとリンは論じている．しかし，これらの評価の目的や目指していることについて政治家や一般の人々の理解を得ないで，評価のための負担を増やすことは，英国で起こったことが明らかに示すとおり，一般の人々に受け入れられないという問題を生じる（メヘレンズ，1992）．

　一方で領域のすべてを対象として一般化可能性を高めることと，他方で多くの時間をかけて深く試験することは，相反するものであるから，全体としての評価の仕組みは，構造化された課題と，構造化されていない自由な解答を許す課題の組合せを用いるべきであるとメシック（1992）は述べている．

　評価の一般化可能性を検証するには，課題の信頼性と採点者の信頼性の証拠，すなわち，採点者の違いによって起こる評価の不一致と，課題の選択によって起こる評価の不一致の度合いを知らなければならないとリン，ベイカー，ダンバーたちは指摘している（1991）．パフォーマンス評価での課題全般の一般化可能性の低いことは分かっているし，これは認知や学習についての研究の示す，思考や学習がコンテクストに強く影響されるという結果と一致すると彼らは見ている．内的な一貫性による信頼性を求めることは，一般化可能性の指標としては十分ではない．特定の評価の課題から，これを越える広い範囲での達成状況を一般化することは，相応の根拠を必要とする．しかし，これはすべての評価の形

式に言えることである．

　領域全体を扱う方法として，**格子状計画手法**[1] を用いる方法がある．これは，領域の範囲を事前に規定し，評価の課題は重要な次元を体系的に表象するように作成するのである．このようにして，領域や全体のすべての側面から課題を選択することになり，領域全体のパフォーマンスを調べることになる．生徒にとって時間的な制約がなく，かつどの生徒も各課題を実行できるならば，これはたしかに有効である．また，**マトリックス・サンプリング**[2] の手法を用いても，各生徒は一部の課題を実行するだけであるが，集団としてまたは学校全体のパフォーマンスのデータを求めることができる．しかし，後者の方法は，資格付与や報告のために個々の生徒のデータを必要とする場合には採用できない．

　ベイカーたち（1991）はもっと簡単に，パフォーマンス評価での課題の個別性の高いことを考えれば，一般化可能性を求めるならば，多くの時間を要することを認めるべきであると言う．一般化可能性の程度は2つの要因によって影響されるようである．

＊課題が類似の特徴をどの程度持っているか
＊生徒が受けている指導の種類

ハートル（1993）はパフォーマンス評価での一般化可能性について，4つのレベルで考えることができるとして問題を明確化した．

1．第1に，一つのパフォーマンスについて，同じような採点が行なわれること
　（一つの事例に対して，一貫性のある採点ができるか）
2．第2に，特定の課題を繰り返し実施しても同じ意味をもつか
　（同じパフォーマンスの課題が，時間と場所を変えてもその意味が変わらないか）

3．第3に，同じ構成概念を評価しているとみなされている課題の間で，一般化可能性があるか
（同じ種類の課題の間で，一般化可能であるか）
4．第4に，領域を異にする課題の間に一般化可能性があるか
（異なった種類の課題の間に，一般化可能性があるか）

　実際には，各レベルは重なりあっており，次のレベルは前のレベルでの問題点をすべて包含していることになる．
　私たちがすでに見てきたように，採点の明確な説明書と採点者の訓練をすれば，第1のレベル（採点者間の信頼性）は大した問題ではない．第2のレベルの特定の課題を同じ目的で繰り返し使えるかは，ハートルによると，3つの要因に依存するという．まず，課題の実施方法である．これは課題を実行するための時間を制限しているか，生徒と教師が話すことを認めているか，生徒どおしの協力についての規則，何が課題のやり方を教えることになるかの規則の有無である．（あとの節で，英国での7才児に対するパフォーマンス評価を紹介しているが，このような規定をしないで実施すると，課題の実施方法に多くの違いを生ずる例とである）第2の要因は，パフォーマンスの課題に成功するために必要な補助的な能力の役割である．例えば，読む能力や聞いて解釈する能力である．もしこれが課題を上手にやるために必要なことの一つであれば，これらの補助的な能力を使うことができるかが生徒の課題のやり方を変えてしまう（すなわちこれは構成概念不適合性の原因である）．評価を受けている生徒が補助的な技能や能力を同じように使える場合にのみ，評価は繰り返し実施しても，同じ意味をもつといえる．第3の要因は，評価に先行する指導である．これはパフォーマンス評価では常にきわめて重大なことであるが，ハートルによれば，高次の技能やそれを求める活動ではとりわけそうであるという．それというのも，このような場合には，それまで身近なものであったことや学習したことを，新しいことに使うという転移や

応用を必要とするのであり，そのため同じ課題であっても，関連する指導が違い，異なった時間と場所で実施されたとしたら，その意味は違ったものになる．

　類似の課題での一般化可能性も，補助的な能力との関係に強く依存する．つまり，必要な補助的能力が課題によって異なるかどうかである．さらに先行する指導にも強く依存する．ハートルは結論として（シャベルソン，リン，ダンバーと同様に），課題の類似性を維持するように厳しい制約を課したとしても，2つの課題を同じように機能させることは困難であるとした．さらに，もし生徒が十分に事前に上手くできるように準備した課題を与えられたならば，この課題に対するパフォーマンスを，同じ領域の他の課題にまで一般化することはできない．

　最後のレベル，領域を異にする課題の間の一般化可能性については，すべての証拠からそのようなことはまずありえないといえる．認知心理学の研究や文化の違いを越えた研究によると，多くの専門的な技能は特定の領域内でのみ有効であり，活動内容の相違によってパフォーマンスは非常に違ってくることである．もしも異なった領域間での一般化可能性を求めるとしたら，すべての領域から抽出できるかどうかという難題に私たちは直面する．

　しかし，新しい評価方法は，精神測定とは異なったモデルに立脚するものであるとベイカーたちが的確に述べたとおりである．その目的は，数学的理解といった特定の構成概念についての将来のパフォーマンスを推測したり予想することではなく，一般化可能性や予測と関係なく，あるテーマや学術論文での，ある種の複雑な達成事項を認めることである．モス（1992）はこの議論の方向をもっと進めた．パフォーマンス評価について評価する場合，認識論的な方法を改め，精神測定的な伝統に基づくのではなく，解釈論的な研究の伝統に従うべきであるという．解釈論的な方法では，参加者自身の経験の概念化や再構成のありかた，世界の見方に注目する．このようなパラダイムでは，テストの妥当性の評価に

あたって主体や使用者の一般化可能性に関する解釈を優先する．

　大事な点は，信頼性を高めるために，妥当性や高次の技能を重視する姿勢を後退させてまで，パフォーマンス評価を標準化しないことである．領域を注意深く規定し，そこにパフォーマンス評価の課題を位置づけることで，課題の評価していることが重要であることをはっきりさせることである．

　　パフォーマンス評価の使用に関する問題

　アメリカでのパフォーマンス評価の多くは，診断的な目的や指導のための教室での評価として開発されてきた（メヘレンズ，1992）．しかし，アメリカでは現在，大規模なパフォーマンス評価がかなり多く行なわれている．1980年台中頃より，40以上の州が子供の書く能力を調べるために，択一式のテストの代わりに，実際にいくつか書かせてみる方法を採用している（ミッチェルとケイン，1992）．80年代後半には，少なくとも9つの州が標準式のテストからパフォーマンス評価に変更する政策をとっており，その多くが概念的でホリスティックな指導や学習を促進する方向へ，指導を変えていこうとする明確な意図に基づいていた．（しかし，バーモントとメリーランドの2州だけが1992年半ばまでに大規模な実施の段階にまで進むことができた）他の州は，低年令の子供だけにパフォーマンス評価を用いたり（例えばジョージア州では，低年令の子供に対する機械で採点可能なテストを使用することを禁止した），卒業前に使ったりする（ミシガン州では，9～12学年の生徒に，職業への準備を主眼とした**職業適性ポートフォリオ**[3]を使っている）．国レベルでは，**新スタンダード計画**[4]で試行され，国家教育目標委員会の提案した**全国試験システム**[5]で導入が考えられている．パフォーマンス評価をアカウンタビリティーの目的に使うのは，すぐにこれをハイ・ステイクスなものとし，要求される技術的な内容が大きく変わっていく．このような目的に使われるた

めには，行政的に実行可能であること，専門的立場から信頼されること，一般の人々に受け入れられること，法的に容認できること，経済的に可能であることを必要とする（バラッツ－スノードン，メヘレンズの引用による，1992）．

ベイカー，オニール，リン（1991）によれば，ハイ・ステイクスな目的に使われる場合，評価の統一性を確保するために，次のようなことを行なわなければならないという．

* 具体的な規定を要するもの：要求される認知活動，採点基準，パフォーマンスのスタンダード，評価の質を確保するためのコンテクストの質
* 評価の調整：評価の統一のために，異なった評価者の採点の監視と調整の仕組み
* モデレーション：要求されているパフォーマンスのスタンダードについて，評価者が共通の理解をもつための仕組み
* 研修：評価者がパフォーマンスを正しく評価できるための研修
* 確認手続きや監視手続き：正しい評価のくだされるように，採点と評価の作業を再度確認する手続き

このような必要事項の一覧表を見れば，パフォーマンス評価の評価の統一性を確保するために多くのことを必要とすることが分かるであろう．

しかし，課題を採点するために，機械でなく人間を使うために必要な余分な労力と費用は歓迎されるべきである．なぜなら，これによってより妥当性の高いデータが得られるだけでなく，教師を関与させることで専門的な技能の発達の機会ともなるからである（さらに，望ましい課題を評価することで，学習指導の内容も変わってくるのである）．パフォーマンス評価に必要な時間と費用は，もし政策決定者がこれまでより少ない年令段階で少数の生徒（少数の生徒を抽出することで）をテストするか，

少数の科目だけに限定すれば十分対処できるものであるとシェパードは述べている.「アカウンタビリティーのためのテストを,すべての学年で,すべての生徒を,すべての科目にわたって実施するというという考え方は,パフォーマンス評価を可能にするために放棄すべきである」(シェパード,1992a).政策決定者に対して我々の強調すべきは,教師の専門的な技能の発達という波及的な効果である.

　この論争においてめったに引き合いに出されないのであるが,イングランドとウェールズ,北アイルランドで16才の生徒に対して実施される中等教育修了資格とアカウンタビリティーのための試験は,全国的なレベルでパフォーマンス評価を導入している.該当年令の80％の生徒が受験する中等教育修了資格試験(GCSE試験)では,各科目にパフォーマンス評価の要素が組み込まれている(ナタル,1992).これらの中には,数学や科学での探求的な活動,英語と外国語での口述試験,英語でのポートフォリオの作成,歴史や地理,経済,ビジネス科目などでの(かなりの分量の記述を要する)プロジェクト研究などがある.この年令段階での試験では,英語にはなかったが,外国語には従来から口述試験があったけれど,GCSE試験ではこの割合がもっと大きいのである.ポートフォリオや探求的な活動はコースワーク,またはもっと正確にはコースワークによって評価される構成要素と言われており,最終的なグレードの決定にあたり,20％～100％の比重をしめている.試験を実施する試験委員会の規定する活動は,生徒の選択とコントロールする部分をある程度認めている.採点は試験委員会が定めた詳しい指針にしたがって生徒を担当する教師によって行なわれる.これを2つの方法によってモデレーションする.試験委員会の定めた詳細な規定にしたがって各学校がサンプルを試験委員会に送ってチェックを受けるか,モデレーションの担当者が各学校を訪問して,評価された課題を調べるかのどちらかである.モデレーション担当者(その多くが経験を積んだ教師である)自身は,モデレーターの訓練に責任をもつ主任モデレーターによって監督されて

いる.

　ペーパー試験の方は，択一式の問題をほとんど使っておらず，解答はエッセイ形式か，短文方式である．そのためこれはヨーロッパの多くの国の試験と同じなのであるが，アメリカ的な用語法ではパフォーマンス評価の一つとなる．

　しかし，強調すべきことは，一定の領域をカバーしたり，評価や採点の一貫性を確保するために，生徒，教師，試験官がかなりの時間をこれに掛ける必要のあることである．このようなことが英国で可能であるのは，これが1つの年令だけで実施されることであり（GCSE試験に加えて，ナショナル・カリキュラムではそのほかに3つの年令段階でのパフォーマンス評価を実施することになっていたけれど，困難であることがわかった），伝統的にこの年令段階での試験は重要であると見られていて，時間を掛けていたからでもある．バラッツースノードンによって規定された条件に照らして，それらは行政的に可能であり，経済的にも可能である．また試験委員会への高い評価とモデレーションや採点の手続きによって，専門家からも信頼されるものである（公的な試験一般での信頼性について限られた情報しかないのであるが．ハーレン編集のサテリーの部分を参照，1994）．コースワークは教師や学校から非常に評判のよいものであり．探求的な活動や実際的な活動，口頭表現を重視させ，生徒に教科の内容にもっと深く取り組みませるなど，学習指導に対してよい影響を持っている（ギップスとストバート，1993）．しかし，GCSE試験は一般の人々からの入り混ざった反応に苦しめられてきた．英国では，アカウンタビリティーのためや資格認定のための評価は，学校外の機関で作られ，採点されてきた．それというのも，教師を関与させることはこのような評価の目的に不適当であると見られてきたのである．コースワークにおける教師の役割は，このために疑いの目で見られてきた（その多くが新しい試験は教育水準の低下を狙った左翼の陰謀であると見る人々によってである）．16才の生徒をもつ多くの保護者は，かつての2時間のテストが連続的に

行なわれる4週間の間よりも，1年間にわたるコースワークのほうが大変であると見ている．しかし，保護者は，生徒が多くの場合家庭で手助けしてもらっているという別の問題点を指摘している．公平さに関して主として問題になることは，中流階級の家庭の生徒たちは，机，ワープロ，必要な本があり，静かな部屋で自由に学習できる点で，そうでない家庭に比べて有利であるところにある．このような現実の問題に対処するため，多くのコースワークは学校内で一定の条件下で行なわれ，いくつかの試験委員会では，最終的な作品が生徒自身によって作成されたことを教師に保障するように求めている．

このように，GCSE試験はハイ・ステイクスな資格付与やアカウンタビリティーのために使われる，複雑で，真にパフォーマンスに基づく評価である．それは学習指導や生徒の学習のあり方に望ましい影響を与えている（後者への影響は，確実であるというより，環境によって異なるものであるが）．ひとたび，この試験制度が導入されると，実際これは運営可能であり，教師や視学官にも価値を認められている．しかし，これらの評価の教育的な側面を強化する方向が望ましい，という見方に同調しない政治部門と衝突することになった．結果として，コースワークの比重が下げられることとなった．『不幸な運命をたどったTGATレポート』の著者であるポール・ブラック教授の言ったように，保守派の人々は，受験するのに値する試験は多くの者たちが失敗する試験であると信じているのである．

7才でのナショナル・カリキュラムの試験

パフォーマンス評価を大規模に導入した場合の落し穴のもうひとつの例が，イングランドとウェールズのナショナル・カリキュラムの最初のKey Stageの最後に行なわれる7才児に対する評価である．生徒が7才（2年生）に達する春学期か夏学期の初期の間に，教師はナショナル・カリ

キュラムの**コア科目**[6]の達成目標に対して，レベル1～4までの評価尺度を用いて，各生徒の達成レベルを評価しなければならないとされている．教師はこの評価を，自分が望ましいと思われるどの方法でしてもよいが，観察，日常的な評価，作品の事例を保存することを奨励されている．加えて，夏学期の前半と春学期の後半に，教師はコア科目の達成目標から抽出した標準評価課題（SATs）を用いて，生徒の達成状況を調べることになっている．

パフォーマンス評価という用語は英国ではほとんど使われていないが，最初の頃提案されたSATs[1]は，オーセンティックであること，直接性，認知活動の複合性（モス，1992），主観的な採点などの基準に該当し，明らかにパフォーマンス評価である．TGATレポートの示した原案（DES, 1988）では，ペーパーテスト，実践的な課題，観察などの組合せを用いることで，カリキュラムに対する悪影響を最小にし，幅広い達成目標から抽出した課題を様々な評価方法を用いて評価することで，テストに向けた学習指導という矮小化した学習指導への傾向を阻止できるとしていた．

結局，7才の生徒に1991年初めて使用されたSATsは，最初の提案が縮小されていた．しかし，評価の形式は意欲的なものであり，優れた幼児学校での実践と同様であった．例えば，レベル2の読みの課題は読むことの実践を含んでいた．古典的で名作とされる児童書の一節を，大きな声で読ませる．他の課題でも，サイコロを使った算数のゲームをしたり，実際の物を分類したりする．評価対象としたカリキュラムの範囲を縮小したにもかかわらず，1991年のKey Stage 1のSATsの実施に要した時間は25人から30人のクラスで最低40時間にのぼり，クラス担任を支援する教師なしには実施できないものであった．これはほとんどのSATsが4人グループで実施されるものであったからである．

例えば，かけ算，ひき算，たし算はサイコロゲームを用いて行なわれ，サイコロを振ってでた数を足したり，掛けたりすることで評価がなされ

た．科学での浮き沈みの評価は実際の課題を使って行なわれ，子供たちはいくつかの物体と，水の入った大きな容器を与えられた．子供たちは，各物体が浮かぶか沈むかを予想し，実際に試してみて，仮説を立てることを求められた（この課題を1クラス全体に実施するだけで1週間かそれ以上を要したため，夏学期の一時期には，どの幼児学校でも，水があふれ，水に濡れた物体や腐っていく果物でいっぱいであった．どの子供もこれを楽しんだという）．レベル2の読みの評価では，子供向けの名作とされる童話のなかから，1冊を選んで大きな声をだして読ませるものであった（このレベルで用いられる20冊の書名の一覧は最初に全国紙に掲載され，1週間のうちにそれらの本は書店での在庫が底をついた）．子供たちは文章がきちんと読めるか，それから読み終わったとき，その内容を理解しているかどうかを問われ，教師によって評価された．加えて，算数では図入り課題のペーパーテスト，書くことの評価では，短いお話を書く課題がだされた．しかし，大半の課題において，子供たちはそれほど書いて答える必要がなかった．科学では，教師は子供たちが答えを書くのを手助けすることや，子供が理解したかどうか，課題をできたかどうかについて自分なりの判断が認められていた．英語が母国語でない子供は，数学と科学で通訳を付けることが認められていた．聞くことと話すことは，SATsでは評価の対象から除外された．評価の開発の過程の初期に，これらは教師の判断に任せることが適当であるとされた．

　しかし，このような評価の方法はいくつかの問題にぶつかった．7才児のためのSATsが多くの時間を要するという周知の問題に対して，1991年の夏，首相は1992年にはもっと短い標準化されたペーパーテストに移行すると声明した（この声明は，評価の実施状況についての公式の調査結果の出る前に行なわれた）．このようにして，1992年のSATsは活発な活動の数が減り，いくつかのSATsではクラス全体で実施する別の方法が用意された．しかし，実際にこれを利用した教師はほとんどなかった．読みのSATsは，教師が聞きながら記録し，正確さを点数で評価し

てきた大きな声を出して読む課題が維持されたが，2つのテストが追加された．伝統的な，集団で読み，理解したことを文章で解答するものと，単語の綴りを全員に書かせるテストである．読みのテストはレベル2以上では選択となり，単語の綴りのテストはレベル3以上では義務となった．英語，数学，科学の全体的なレベルとともに，これらの2つの追加テストの得点は数学の数の得点とともに別々に示さなければならなかった．1993年にはさらに変更され，読みと書くことのSATsに加えて，レベル1を除いたすべてのレベルで綴りと読解のテストが義務となった．数学と科学では，カリキュラム上の違った部分が毎年テストされることとなり，1993年には7才児は代数と物理の部分が評価対象とされた．1992年のテスト全体は1クラスでほぼ30時間を要した．しかし，1993年までに教師の不安は大きくなり，すべての評価のボイコットを引き起こすことになった．

　Key Stage 1のパフォーマンス評価をめぐる問題の焦点は，政治的なものというよりは，むしろ現実的な学校の状況にあった．SATsを実施するための労力はそれ自身非常に大きく，これに**教師の評価**[7]の部分の労力も加わって評価全体の実施は実行不可能であった．とくに最初の年にはそうであった．子供をひとりずつ，または小グループで評価しなければならない評価形式により，クラス担任を支援するために，かなり大きな学校全体の組織改革を必要とした（ギップス等，1992）．テストの実施のためにいくつかの学校ではかなりの変更を行なった．これは連鎖して担任以外の他の教師にも影響し，混乱が生じた．他のクラスの補助教員を引き上げて2年生に回したり，2年生の教師は運動場にでたり，他の仕事をする余裕をなくしてしまった．その結果，学校全体がストレスでいっぱいの状態になった．しかし，2年生の教師に対する同僚の支援は例外的でなくなり，正規なものになってしまった．同僚の教師たちは，評価を上手に迅速に実施するためということよりむしろ，とんでもなく困難で，ストレスの多く，時間のかかる仕事に忙殺されている2年生の

ために，多くの支援をする羽目になった．

　ストレスの原因は評価をしなければならないということだけではなく，評価に対する一般の関心の非常に高いことからもきていた．このようなことはそれまで初等教育でなかったし，このような低学年の子供たちに対してレッテルを貼る公式の評価を実施する危惧からきていた．英国の初等教育の教師たちの考え方では，低学年の子供の評価というものはあくまで診断的な目的で行なうべきであり，子供たちを能力によってレッテル付けをしたり，類別するようなことは不適当であり，まだ5学期間しか学校教育を受けていない7才児では特にそうであるとしていた．誕生日の違いによっておこる学校での教育期間の相違，学校入学前の教育の内容，家族の違い，社会的な背景などが，子供のパフォーマンスに大きく影響することを教師たちは知っていた．このように教師たちのストレスは，評価に関連するいくつもの要素からきていた．それらは，大きな技術革新，評価そのもの，活動への高い関心であった．

　1992年の実施では，ストレスの程度が減少した．これは一つは2回目であったため，各学校は何が要求されるか知っており，また長い実践的な課題がなくなったためである．しかし，テストの実施にはかなりの時間を要し，その実施方法は標準化されていなかったため，信頼性と実施可能性（manageability）はあい変わらず主要な問題であった．1991年には，25人から30人の1クラスの子供の評価に，教師の直接必要な時間は40時間であったが，1992年には24時間プラス読みの評価に必要な時間となった（NFER/BGC, 1992）．また，生徒が個人ごと，または小グループでテストされている間，他の生徒の面倒を見る工夫を必要とした．そのため，実行可能性は依然として一般の人々や専門家の間でも問題点と見られた．

評価の実施から得られた信頼性，妥当性に関する教訓

　SATsの実施方法は，標準テストの実施方法とまったく異なっていた．SATsで最も重視されたのは，彼らに何が求められているかを生徒が理解することであった．そのため，課題の説明や，普通クラス内で行われてきた大人たちの手助けに関する制約もなかった．説明には言葉以外のものでもかまわなかったし，生徒が数学や科学の普通の授業中に用いている，言葉や数式，記号などの組合せでもよかった．しかし，生徒間で課題を説明することは許されておらず，母国語が英語でない子供たちは，英語の課題を母国語で説明されることも許されていなかった．低学年の子供を評価するために，子供に課題を理解させることを重視するのはまったく当然のことである．しかし，私たちも注目したように，評価の課題を最初に説明するにあたって標準化のなされていないことで，教師間だけでなく，同じ教師による実施ですらも，実際の実施の在り方にかなりのバラツキがあった（ジェイムズとコナー，1993，ブロードフット，1993）．

　バラツキが生じたのは，次のようないくつかの理由によっている．それらは小グループテストの際のグループの選択，浮き沈みの課題に使われる物体の選択，1992年ではワークシートの選択と実践的な課題の選択ということになる．課題を実行するための小グループの編成方法は，グループ内の生徒のパフォーマンスに影響するのであり，教師は意識して引っ込み思案の生徒を，彼らが自分の力を出せると思えるようなグループに入れるのである．実際，小グループでの評価の動態についてあまり分かっていないが，明らかにこれはパフォーマンスに影響する．加えて，分類する課題は，教師は物の組合せを選択することができる．例えば，あるクラスでは他のクラスに比べてかなり分類しやすいと思われる物の組合せを用いた．これはパフォーマンスの統一性に明らかに影響する．

物の選択を教師に委ねたことはテスト開発の手間を減らし，子供が親しんでいる物を使うことができる利点を持つ．しかし，さらに物の選択に関する詳しい指導書か，使用される物のリストがあれば，評価の実施でのバラツキを少なくすることができる．

　パフォーマンス評価は，低学年の子供の場合には，大きな集団では実施できない．実行可能性の問題を考慮して，1992年の評価は前よりも時間を要しないし，クラス全体でも，小グループでも実施できるようにしたことで，その分パフォーマンス評価としての特徴は薄まった（実際には，ほとんどの教師がクラス全体方式を用いなかった）．しかし，クラス全体で実施するのと，小グループで実施するのでは，課題の難度が異なってくる．

　さらに，時によって課題を実践課題として与える場合と，ワークシートでの課題として与える場合がある．これは当然，課題の性格を変えることになり，必要もないバラツキを持ち込む原因となる．シェブロンとコレッツの研究によると，同じ内容を異なった評価形式で実施すれば，同じような結果は得られない．標準（択一式）テストは，パフォーマンス評価と同じ領域であっても，異なった側面を評価しているのである．

　最後に，評価基準つまり「達成事項の記述」は，必ずしも教師がパフォーマンスを明確に判断できるほど十分に明瞭でなかった．このクライテリオン準拠評価システムでの評価基準は，その評価の目的に照らして，十分に具体的なものではなかった．いくつかの学校では，教師たちが評価基準とスタンダードとすべきパフォーマンスを話し合った．そのためこれらの学校では，他の学校に比べて各クラスでの評価が標準化され，評価の統一が行なわれたと思われる（ギップス，1992a）．これは1992年に行なわれた公式の調査結果である（NFER/BGC，1992）．これらの学校でこのような議論の行なわれた原因は，評価基準の曖昧さも理由の一つであった．

　達成事項の記述の問題点から見て，採点者間の評価の統一性が懸念さ

れた．1991年に実施された技術面での評価によれば，達成事項の記述は教師によってその解釈が異なっていた（NFER/BGC, 1991）．同じ達成目標について行なわれた教師の評価とSATs，または別のテストの結果は，とんでもない違いを見せたのである（ショーロック等，1992）．1992年の調査では（NFER/BGC, 1992），教師の評価のレベルとSATsによる評価のレベルは，2年目になると一致する度合いがきわめて大きくなったという．いくつかの原因が考えられ，少なくともこれは教師の評価技術の変化というよりも，人為的に作り出された部分がある．それというのも，1992年の場合，教師はSATsを実施し終わるまで，教師の評価によるレベルの判定をしなくてよかった．つまり，教師の評価がSATsの結果によって影響されたかも知れないのである．また教師の評価とSATsの両方の評価の行なわれる達成目標については，何人かの教師はSATsの結果を教師の評価としてしまった可能性もある．

英国での評価者間の評価の統一性に関する資料は，教師の評価とパフォーマンス評価（SATs）の得点の比較を除いて，限られている．しかし，監督機関である学校試験評価機関（SEAC）は，教師の評価とSATsの結果の不一致は，それなりの理由があることを認めている．標準化はほとんどされていないが，教師の評価は長い期間にわたる，より広い達成事項を対象としている．SATsによる評価に比べれば信頼性は低いかもしれないが，教師の評価は全般的にわたっていて，達成事項についての全体的な状況を示すものである．「それゆえ，2つの形式の評価を同じ物とみなしてはならない」（SEAC, 1991）．1991年と1992年には，レベルへの到達の決定も問題点であった．SATsでは，1つを除いてすべての達成事項の記述の内容を満たした場合に該当のレベルに到達したとみなしたのであるが，教師の評価の部分ではそのような規則がなかった．

そのため該当レベルへの到達の判定を教師がどのように判断したか分からないのであり，これも教師の評価とパフォーマンス評価（SATs）の乖離を示している．

パフォーマンスのスタンダードについて議論する機会のあった学校の教師は，つまりグループ・モデレーションに参加したことになるが，評価基準についての共通の理解が深まったというデータがある（ジェイムズとコナー，1993，NFER/BGC，1992）．私たちの事例研究はこれを支持している．さらに，モデレーションの過程で，教師たちは達成事項の記述について話し合って，その意味内容について確認し，子供のレベルの判断基準を統一し，レベル全体の特徴を議論することとなった（ミックカラン等，1993）．しかし，もっと広い国全体としての評価の一貫性の懸念は残っている．グループ・モデレーションの過程では（リンはこれを社会的モデレーションと呼んでいる），いくつかの学校の教師たちがグループを作って集まり，これに**モデレーター**[8]や外部の専門家の参加を得ることもある．それにより，生徒の作品を材料としてパフォーマンスの評価について議論するのであり，評価の統一に非常に貢献している．いくつかの学校では，このようなことが継続していたのであり，これが評価の統一性に大きな影響を持つためには，支援を必要とし，日常的に行なわれなければならない．

　14才でのナショナル・カリキュラムのパフォーマンスによる数学の課題の開発の中で得られた資料でも，ペーパー試験形式よりも，こちらの方が採点者間の評価の統一性が高い（ブラウン，1992）．このやや暫定的な発見は，シャベルソンたち（1992）の研究によって支持されている．それによれば，観察者が訓練をうけ，採点の説明書が与えられれば，パフォーマンスに基づく課題についての採点者間の評価の統一性は高いという．対照的に，1992年のKey Stage 1のナショナル・カリキュラムの読みと綴りの評価では，客観性を高めるため標準化されたペーパーテストを使ったにもかかわらず，これについての評価の統一性がさほど高くなかったのである．読みのテストペーパーを再度採点してみたところ，最初と2回目の採点が55％しか一致しておらず，綴りのテストの場合で72％であった（NFER/BGC, 1992）．

SATsの形式は課題の内容妥当性と構成妥当性を高めること，学習指導に有害な結果をもたらさないことを期待していた．残念なことに，それまで英国では結果妥当性の側面はあまり考慮されてこなかった．評価の結果が，学校や地域のレベルでアカウンタビリティーの目的に用いられ，個人のレベルでも用いられる（選抜や能力別編成）ことを考えれば，SATsの意図は歓迎されたのである．

　SATsについてのこれまで述べてきたことは，それらのおおよその内容と構成妥当性である．しかし，ジェイムスとコナーの4つの地域についての事例研究（1993）は，教師が評価されるべき内容と構成概念を，妥当性をもって評価しているとは言えない場合がいくつかあると指摘している．例えば，作文では，ピリオドと大文字の使用が重視されているが，書かれた文章の思考力についての判断が求められていない．1992年の評価についての調査が認めたように，これはテスト開発者の課題である（NFER/BGC, 1992）．この調査報告書は生徒に与えられた資料の質についていくつかの批判を述べており，実践的な課題からペーパー上の課題に移行する場合には，「生徒に与えられる資料の質を高めるようにもっと努力すべきである」とも述べている．さらにこの報告書の作成者によると，このペーパー上の課題を用いないで，実践的な課題を使い続けた多くの教師は，その理由として，ペーパー上の課題の妥当性に疑問を持ったためであるという．この事実は，評価に関わる問題点について教師の理解が飛躍的に進んだことを示している（ギップス等，1983と対照的である）．

　SATsによるパフォーマンス評価を利用して，妥当性を高める試みは，信頼性については妥協的なものになった．読解力の評価はその後起きた信頼性と妥当性の緊張関係をよく示す例である．レベル2（7才の多くの生徒が到達するとされるレベルである）の読解力の評価は，生徒が1冊の本を大きな声で読み，その内容とストーリーの展開について質問を受けることを含んでいた．内容妥当性だけでなく，構成妥当性も高く，7才

の平均的な生徒の実際の読む行為とほぼ対応するものであった．しかし，妥当性を高めようとすることは，信頼性をそこなう直接の原因となった．子供たちは20冊の本の中から選択できるため，日頃から自分のよく知っている本を選択したのである．このように，何人かの子供は，すでにストーリーを知っていたし，実際に読んでいたから，ずっとやさしかったのである．妥当性を高めたその他の原因として，読みに関する評価基準である「達成事項の記述」の中の読みの流暢さと他の技能の評価を，教師の正規でない観察によってしていたことが挙げられた．しかし，これらの要因は評価の信頼性を制限することになる．なぜなら，課題の内容の選択ができることは，すべての生徒に対して，課題が同じものでなく，難易度も異なっていることになる．そして，評価における判断の要素の大きさを考慮すれば，すべての教師が同じような方法で，同じようにレベルを判断していると確信できない．このような要因が評価の統一性を制限することになる．したがって，私たちは妥当性は高いが，信頼性は低く，一方標準化されたテストは信頼性は高いが，妥当性は低いという評価に至るのである．問題は，この2つの要請に対する解決策がどこにあるかである．信頼性と妥当性の2つの緊張関係は，この分野の研究で広く知られている（ダンバー等，1991）．

　結果妥当性について論じる場合，ナショナル・カリキュラムの評価結果の使用は，いくつかのレベルで検討されるべきである．子供個人のレベルで言えば，英語，数学，科学についての一連の課題により，一組みの（必ずしも明確でないが）評価基準を用いて子供のパフォーマンスを綿密に観察することは困難であったが，多くの教師にとってまったく新しい見方を経験することになった．評価によって何も新しく得るものはなかった，という初期の頃の主張と違って（ギップス等，1992a），1992年後半には，校長の半分以上が，このような綿密な観察と詳しい評価によって教師の実践に有益な影響を与えたと信じている．テストだけがこのような効果を生んだわけでなく，詳しいカリキュラムの規定と照らし

て子供を綿密に観察することで，教師はカリキュラムに対して注意深くなり，子供が何を出来るのかについて理解を深め，子供の可能性に目を開くようになったと彼らは見ている．私たちはこの他に，指導の在り方にいくつかの変化の見られたことを立証したが，それらは「書き取り」「句読法」「暗算」などの基本の強調（1992年の結果の示すことは，これが翌年の得点に影響したことである．NFER/BGC, 1992）と，実践的な数学や科学の活動へ学習指導を広げる効果を上げた．何人かの教師にとっては，グループ活動や自主的な活動の導入をもたらした（ギップス，1992a）．（大半の幼年学校の教師たちはすでにグループ活動や自主的な活動を導入していた）このように，私たちは評価の与えた好ましい影響を見ることができる．

　最初の構想では，結果として得られた各学校のレベルを順番に並べた番付表をつくることであった．政府は，1993年の教師のボイコットによって，7才と14才での番付表の作成をあきらめた．これについては，道徳的，技術的な観点からこのような順位表を批判できる．学校を好ましい成績の結果だけで比較することを奨励すれば，学校，特に初等学校が努力している他の重要な課題の重要性を見逃すこととなり，必然的に，優秀な生徒をはじめから集めることのできる学校に有利になる．技術的な側面からいえば，これまで述べてきたことから明らかであろうが，結果の信任性の問題からみて，得られたデータはこのような目的に用いるためには厳格性を欠いている．

　同じことは，地方教育当局や学区での番付表にも言える．1991年のナショナル・カリキュラムのKey Stage 1の結果が信任性に乏しいという証拠のあるにもかかわらず，番付表の公表が先行した．番付表で最低に位置した学区は，マスコミによって晒し者にされた（TES, 1993・2・28「駄目な都市が番付競争でリード」）しかし，これは2つの原因があり，それは誰の目にも明白であった．まず，恵まれない家庭と英語を母国語としない子供の数が多いこと，次に地区の教師たちに対して評価を低めに

しておくように指導していたことである（1991年の結果は公表されないだろうと言われていた．公表されること，特にこのような形で公表されることが分かっていたら，学区の指導はもっと違っていただろう）．

　全国的なレベルで，「読解力」「作文」「数学」で高いレベルに達した7才児の増加していることから，1991年から1992年にかけて全国的な水準が上がっていると政府は述べていることを最後に付け加えておこう（DFE, 1992・12・21,「7才児の結果は，全国的な水準の上昇を示す」）．もちろんそのような「水準の上昇」に意味があるのか疑わしい．1991年から1992年にかけての変更と結果の信任性の欠如を考えれば，パフォーマンスの傾向のそのような変化は，きわめて注意深く取り扱われるべきであると言わざるをえない．

　　　　結　論

　何人かの筆者の指摘しているように（例えば，メヘレンズ，1992；リン，1993a），アカウンタビリティーの目的にパフォーマンス評価を用いることには問題がある．これらの問題は，基本的には実行可能性，信頼性，妥当性が要点となっている．しかし，それらはGCSE試験の事例が示すように，解決可能である．
　しかし，リンたちが述べたように「もし伝統的な能率性，信頼性，毎年の評価の統一性等が重視されれば，複合的で時間のかかるパフォーマンス評価は，標準テストに比べて劣っていることになる」．評価から導きだされた結論を正当化するもうひとつの方法が提示されなければ「広く受け入れられたこれまでの妥当性の基準によって，標準化されたテストの特権的な地位はつづくであろう」（モス，1992）．
　パフォーマンス評価においてモデレーションは柱であり，採点者間の評価の一貫性を向上させるだけでなく，評価過程の統一の面でも必要である．妥当性を損なってしまう高度な標準化の手続きを採用することな

く，私たちが評価から導きだされる結論を正当化しようとするならば，基準となるパフォーマンスと最もすぐれたパフォーマンスを引き出す状況と活動について，教師が共通の理解をもつようにしなければならない．この目的にそうためには，サンプリングを中心とした枠組みではなく，パフォーマンスの枠組みへ向かうべきことを意味する（フレダーリクセンとコリンズ，1989）．考慮すべきことは，再現可能性や一般化可能性ではなく，パフォーマンスの質であり，採点の公正さである．

　グループ・モデレーションの不利な点は，多くの時間を要することであり，これが実行可能性を損なうものと見られている．一方その大きな利点は，教師の実践に対する影響にある．英国（1992）では（そしてある程度まではバーモント州での研究でも，コレッツ等，1992），教師たちがパフォーマンスの標準レベルや基準について話し合うために集まる学区では，それが逆に教師の学習指導の向上に効果をもつようになっている．パフォーマンスや採点について議論するために集まることは，学習指導のあり方などについて話し合うよりも，教師にとって個人的にも専門家としても受け入れやすいようである．しかし，評価に関しての議論だけで終わらせてはいけない．適切な課題の考案の問題がそれにつづき，これによって議論の範囲が広がり，学習指導に対しても影響することになる．

　その他に，評価される子供の年令に関わる特別な問題がいくつかある．それは，非常に低学年の子供は，評価の方法として異なった形式を必要とすることである．例えば，教師は普通，子供の最も優れたパフォーマンスを引き出そうと努力する．そのために，子供を元気づけたり，支援したり，準備したり，励ましたり，ときにはもう一度やらせてみたりする．これが教育評価としてあるべき姿であり（第1章参照），評価を試験とか，試練としてみなす考え方に対立するものである．これは教師の持つ特定の評価のモデルによるのではなく，この年令の子供に何が適切かについての彼らの見方によるものである．教師の心配するのは，「失敗」

や低学年の子供に「レッテル付け」することである．子供に評価の過程で次の進んだレベルを試みさせること，または特定の課題をこつこつやり遂げさせることと，一方で子供に失敗させないようにすることは，ある種の緊張関係にある．また教師は，これがテストであることを知らせないようにあらゆる努力をした．そのことで教師の受けたストレスと懸念が報告されているが，評価されているときの子供には，そのようなことがほとんど見られなかった．子供たちはその多くが自分のやっている課題の目的や重要性に気づいていなかった．

そしてまた，個人でも，小グループでも，教師が低学年の子供を評価する場合，細かな具体的な指示を受けているかどうかに関係なく，課題を導入する方法に違いの生じてしまうことは避けがたい．なぜなら，教師の考えているのはテストの場面でなく，彼らのよく知っている子供であり，それぞれの経歴，能力，近況が異なっているため，各人にあったやり方で説明したり，示したりする必要があるからである．そうしなければ，低学年の子供に標準化されたパフォーマンス評価を行なうことも不可能である（これは望ましいことといえないが）．

すべての子供に広い範囲のパフォーマンス評価を行なうことは，多くの時間を要することから，限られた範囲の活動においてだけ可能である．このことは，一般化可能性の問題を生ずることになる．だから，生徒のごく少数を抽出して調べる方法を提案するか，それとももしすべての生徒を評価しなければならないならば，狭い範囲に限定し毎年異なった範囲を対象とする時間のかかる質の高いパフォーマンス評価に，これを補う標準化された評価やもっと広い範囲を対象とする教師の評価を組合せた質の高い評価を考えることもできる．そのような評価の組合せによって，学習過程や高次の技能に相応の比重を置き，カリキュラム全体を対象とすることができるのであり，それにより学習指導を支援することになる．私たちはまた，パフォーマンス評価の有利な点を忘れてはならない．それは広い範囲の技能を様々な方法で評価するための強力な手段で

ある．必要な場合には，すべての評価者が参考資料の提示の仕方を統一し，同じ規則にしたがって解答を採点するようにして，評価の統一や一貫性を確保できるのである．

〈原注〉
①1993年から，SATsは7才では標準課題（Standard Tasks），11才と14才では標準的なテスト（Standard Tests）と呼ばれている．

第7章　教師の評価と形成的評価

　　はじめに

　生徒の達成事項，知識や理解について，教師の行なう評価は，教師の評価（teacher assessment）（アメリカではこれをassessment of teacherという）とか，学校内評価，形成的評価など様々な言い方がある．最後の形成的評価は，常に適切な用語というわけではない．なぜならば，形成的とは評価の機能を述べるものであり，だれが評価をするかを述べたものではないからである．形成的評価は，外部のテストによってもできるし，生徒自身の自己評価によっても可能である．一方，教師の評価は形成的だけでなく総括的である場合もある．イングランドとウェールズのナショナル・カリキュラムでの教師によって評価される部分は，教師の評価と言われている．

　この章では，教師の評価，すなわち教師によって行なわれる評価を最初に扱い（ナショナル・カリキュラムでの教師の評価はその典型的例である），次に形成的評価，つまり（どのような方法であれ，どの個人によって行なわれようとも）指導や学習過程でのフィードバックとして用いられる評価を扱っていく．

　　教師の評価

　教師の評価は本質的に規則どおりの活動ではない．教師は計画をたて体系化して，あるいは独自の方法で，質問したり，活動を観察したり，生徒の活動を評価したりする（ミックカラン等，1993）．このようにして教師の得る情報は部分的であり，バラバラであることもある．例えば読

みや数学的な思考過程に関する子供の実践力を，確実に評価できる時期ではないかもしれない．しかし，一定の期間にわたって，いくつかの活動内容を対象として，繰り返し行なわれる教師の評価は，生徒の達成事項について確実で広い理解を教師が持つことを可能にする．このような教師の評価の特徴から，内容ならびに構成概念の点で高い妥当性を有すると見られる（第4章参照）．教師の評価が形成的に用いられれば，学習の向上をもたらす．そのためそのような評価は，期待された，または求められた結果をもたらす度合を示す結果妥当性を持つことになる．もし評価が，領域全体から抽出され，深い理解についても評価したものであれば，その評価は（該当領域に関して）一般化可能であるといえる．なぜなら，例えばあるレベルでの生徒の読みの能力や，1桁の数の計算に関しての教師の評価は，様々な課題を選んでやらせてみたり，評価を積み重ねたうえでなされるからである．一方，外部のテストは，実際には限られた範囲の課題を用いて，1回限りのこれもまた限られた情報をもたらすだけである．

　教師の評価は構成主義の学習モデルにその根拠を置いている．この学習モデルで重要なのは子供が何を知っているか，そして知識や，理解を深めるためにそれをどう表現するかを知ることである．私たちは子供が最初に持っている考えをもっと重視すべきであり，そのことによってこれらの考えの変化や発展，支援する糸口に意味をあたえ，子供が自分のものとして受け入れられるようにしなければならない．このモデルで重要なのは理解をともなった学習であり，そのために現在の考えや技能についての情報が不可欠である．同様に心理学や学習に関する研究の示すところによれば，効果的な学習のためには学習課題が現在の子供の理解の程度に適合していることを必要としている（ギップス，1992b）．そして現在のレベルに合わせた練習をさせるか，子供の技能を向上させるため少し高い課題をやらせるかのどちらかにすべきであるとしている．もし新しい課題があまりにも子供にとってやさしい場合，子供は飽きてし

まうし，難しすぎればやる気をなくしてしまう．子供が何を知り，どのように学習するかの評価は，効果的な学習指導の一部であり，次に何をどのように教えるかを教師が決定する際の助けとなるものである．このような評価を形成的評価というのである．したがって，もしそれが本当に実りのあるものであれば，生徒もこれに参加すべきであろう．それは，教師は生徒に彼らの学習を改善するのに何が必要か，また学習過程での次の目標について説明する必要があるからである．

形成的評価

　形成的評価は，評価から得られた情報を指導／学習過程にフィードバックする機能をともなっている．生徒を参加させてこそ評価は真に形成的な機能を持つと考える人々がいるし，教師がカリキュラム計画にフィードバックするだけでもよいと考える人々もいる．サドラー（1989）は，形成的評価の定義として，成り行きまかせか，試行錯誤におかれている学習の非能率を回避するために，生徒の反応の質についての判断が，どの程度に実行能力の形成や向上に役立つかに関わるものであるとした．形成的評価と総括的評価の違いのポイントは，実施の時期ではなく，その目的と効果にある．1単元や1期間の学習過程中で行なわれる評価であっても，実際に形成的な目的ではなく，総括的な目的や，グレード分けに用いられることもある．
　サドラーの古典的な論文では，形成的評価を基本的にフィードバックに関わるものであるとし，教師へのフィードバックと，生徒へのそれを分けている．

> 教師はフィードバックをレディネス，診断，補習などについての実践的な決定に用いる．生徒は，彼らの学習の得意な部分と弱点を見るために用い，成功したことや質的に優れた部分を認知して強化し，

不十分なところを修正して改善する．

　形成的評価を理論化したサドラーの研究は，教師が生徒の学習について妥当性と信頼性のある判断を下しても，それによって必ずしも学習の改善につながらないという，どこにでも有りがちな困惑させる現象の観察を踏まえてのことである．生徒の学習の改善が起こるためには次のようなことを必要とする．まず望まれる水準や目標について知っていること，つぎに求められるパフォーマンスと実際のパフォーマンスを比較できること，そして2つのギャップを解消する適切な行動に取り組むことである．教師からのフィードバックは，この過程の第2段階で生徒を支援するものであり，生徒が改善のために何をすればよいか分かるような種類の詳しい情報でなければならない．グレードの使用や，「よくできました．7／10」のような採点では，このようなことはできない．グレードの使用は実際のところ基準から目をそらせる結果をもたらすことがあり，形成的な目的に反することもある．サドラーのモデルでは，グレードをフィードバックと考えていない．生徒に返される情報は，このギャップを解消するように使われてはじめてフィードバックとなる．

　診断的評価はこの評価の枠組みで用いられるもう1つの用語である．これは，個々の生徒が特定の科目の内容や技能について抱えている問題点を見つけることによる評価である．診断的評価は専門家の行なうものであると見られがちである．クラスの教師よりも心理学者や専門家の役割であると考えている．ところがクラスの教師の方がふさわしい場合もある．教師が子供の学習すべき教科の内容や技能の詳細を理解しており，また観察や質問方法（診断的な質問といわれる）について研修を受けていれば，彼らは診断的な評価をできるのである．実際に専門職として，教師は診断的な評価のできるように研修を受けるべきである．その理由は，診断的評価は本質的に形成的評価の一部であり，それ自体学習指導の技術の重要な部分であるからである．

形成的評価の過程で重要となる展開可能な分野，さらに改善のための不可欠な条件とは，生徒自身が教師と同様の水準あるいは求められる質についての考えを持ち，学習の過程でどのような質の学習の成果が生まれつつあるかをよく見て，自分の学習活動を適切に制御できることである．生徒がこのような段階にいたれば，このような過程を（教師のフィードバックに依存するのでなく）自己制御できている状態という．実行能力のある学習者とは，自分で学習を自己制御できる者をいうが，その場合でも教師からのフィードバックの必要性が減少するということではない．そのようなフィードバックは，新しい科目，スタンダード，基準等が導入された場合にも必要であり続ける．サドラーによる形成的評価の概念化は，第2章で述べたメタ認知の理論と歩調を合わせている．評価のモデルは学習の理論に裏付けられる必要があり，そのためメタ認知の理論はサドラーの定義を補強している．

　生徒の現在の能力と彼らが目指すべき目標とのギャップの許容度は，個々の生徒によって異なる．教師は生徒と共に目標を設定することもあるが，究極的には自己制御モデルにしたがって行なうべきであり，目標は生徒自身が自分で設定できるようになるべきである．学習過程で不可欠な要素は，自分の基準を改善していくことである．「パフォーマンスの質を判断する方法を，批判的に再考するといった反省や熟慮を伴わなければ，自分の学習をうまく利用できないのである」（ブランチャード，個人的な意見交換による）．いくつかの研究が，生徒によるスタンダードの設定が目標として機能することを支持している．具体的で明確であり，かつ挑戦的な目標（ただし生徒の手の届かないものでないもの）が，パフォーマンスに対して最も効果的である（サドラー，1989）．「対照的に，自分のベストをつくせ式の目標は，目標のない場合と比べてたいして効果的ではない」．

　トーランス（1993a）は，形成的評価に関する主張や，教師と生徒の対話の複雑さと微妙な差異について，私たちの知っていることを考察し

て，それが指導と学習のサイクルにどう組み込まれるかについてあまりきちんと概念化されていないところに関心を持った．そして，彼は次のように総括した．「教師は観察や対話によって，評価や診断ができるような時間と機会を作るべきであり……そして完成した作品の評価と，生徒の思考をその場面でとらえるため，作成過程での評価を合わせるべきであり……」（アレキサンダー，ローズとウッドヘッド，1992）と述べている政策文書のなかでは，この過程は明確であり，よく理解されているといっている．トーランスは，学習は発達の最近接領域の中で子供が発達していくのを支援する教師と子供の対話である構成主義による学習観に，形成的評価が適合するとしている．しかし，どのようにして評価がこの枠組みに適合するのかを示した資料はほとんどないことを指摘している（第2章参照）．

教師の評価の問題点

学校内評価が総括的な目的に用いられるところでは，教師と生徒の関係がギクシャクしてくる．教師は援助者というよりも判定者と見られるようになる．結果として起きる教師の容易でない2重の役割は，形成的な評価と総括的な評価の対立ということになる．もし教師の評価が総括的な目的に用いられなければ，両者の関係は支援的な関係でとどまっていられたのである．

形成的評価と総括的評価の対立関係は，サドラーがうまく述べている．

> 継続的な評価は，もしそれが累積的なものであり，すなわち提出したそれぞれの試作や作品が採点され，点数をコースの終わりにまとめるとすれば，形成的な機能を果たさなくなる．このようなやり方は，個々の作品が合計点に関係ないときには，やるだけの価値はないという思考傾向を生徒に植え付けることになる．

しかし，ハーレンは評価での「要約すること」と「確認すること」とを区別している．(ハーレン等, 1992). 前者では，一定の期間に集められた情報は生徒の学習の進捗状況を見るために何回も集められるだけである．このような個別の形成的評価を集めたものは達成事項の記録の中に入れられ，データの持つ豊かな情報を損なわないように，集計するよりも詳しいプロフィールとして保存されるのである．要約することは一定の期間にわたって集められた情報に基づいて，現在の達成状況を示すものであり，その時点で形成的な目的に用いられる．しかし，「確認する」とは，特定の時期にパフォーマンスを記録するために，特別に作成されたテストや課題を用いた総括的評価を行う場合を言う．1年の終わりの試験や，単元の終わりのテストなどがこの種類の総括的評価にあたる．ハーレンは，総括的な目的を持った評価を「確認すること」と「要約すること」の2つに分けるべきであり，そのフィードバックの機能を損ねることなく，形成的評価を要約する目的に用いることができるとハーレンは考えている．

　「質問すること」は問題に関して子供の解釈や概念を理解し，かつそのような概念化や疑問を持つことを促すために重要な役割を占めている．しかし，いくつかの調査研究の示すところによると，教師の質問は教室で特別な役割を持っているという．つまり，教室内で学習を教師がコントロールし，授業を継続する手段となっている．このようにして，質問は知的な機能だけでなく，社会的な機能を持っていると考えられる．さらに，多くの教師の質問は多義的なものではないので，子供たちは実際にその質問について考えてみる前に，教師の求めている答えは何かを発見する方法を考えだしてしまう（エドワーズとマーサー, 1989, ポラード, 1985). 質問に関するそのような先入観があるため，詳しい診断的な質問をしようと教師が試みても，誤解されかねない．エドワードとマーサー (1989) の指摘したとおり「繰り返して質問されると答えが違ってい

ることを意味し」，生徒は正しい答えを出すために方針を変え，それによって教師の質問を終わらせようとするだけで，教師との相互交流の過程に入り込もうとしない．このことは教室での質問の問題点が多いと言っているのではなく，教師に異なった種類の質問の役割を理解し，クラスでの学習活動についての生徒の受けとめ方に注意してほしいのである．

　サドラーによる形成的評価の概念化は，質的な判断を要するパフォーマンスの評価や，正解／誤りのような結果で済ますことはできない複合的な分野の評価を前提としている．しかし，サドラーの述べているのは，教師が形成的な評価でのフィードバックする場合，ほとんどすべての科目や状況に当てはまるということである．答えが正解／誤りのような数学の場合であっても，過程は同じであるのだから，そのいくつかは適用できる．教師の持っているスタンダードは生徒も利用可能であるべきで，教師からのフィードバックは，生徒がこのスタンダードに到達するように仕向けなければならない．この過程での本当の問題は，教師の持っている基準やスタンダードを生徒に明確にすることである．これらを教師自身も明確にしておらず，基準に照らして生徒の学習活動を評価するというより，序列付けすることにより判断している．教師が基準を提供されていなかったり，それを自分で作るのが困難な場合には，具体的な特徴を説明することと事例を生徒に与えることは，とりあえず生徒の指導上で有効である．また，何人かの教師は，「よくやった」と言うと同時に「的外れだ」という部分的な承認を課題に対して行なうとサドラーは指摘している．これは長い目で見ると，生徒が基準やスタンダードから目をそらすことになるので逆効果である．

　生徒がこれらの評価活動や自己観察が出来るようになる年令についてはオープンに議論されている．多くの教師は，高学年の生徒の活動であると考えている．そうでない教師たちは，低学年の生徒でも可能であるし，またそうした活動に参加すべきだと考えている．中等学校だけでなく，初等学校でも使われている「達成事項の記録」は，基本的にこのよ

うな自己評価のプロセスを含んでいる．「達成事項の記録」についての評価を行なったPRAISEチーム[1]（ブロードフット等，1988）は，中等学校の生徒が自己評価を難しいと考えていることを発見した．その原因は，彼らが自己評価になれていないことであったり，評価基準の問題でもある．しばしば明確な評価基準が用意されていないことと，それがあっても，生徒は自分の達成事項についてノルム準拠的な見方をしがちである．つまり，学習集団全体の達成状況に関する自分の認識をもとに判断し，評価のカテゴリーに直接関連づけられないのである．教師の期待の程度についての生徒の考え，社会的に求められていることに関する彼らの認識，低い評価についての気がかり，これらが自己評価に影響するようである．さらに，ジェンダーや人種によっても自己評価や教師との話し合いの過程に対する姿勢に違いがある．男の子たちは，教師の評価に対して反論していく傾向が強いし，成績表についてまわりの人々の視線を気にする．女の子たちはもっと教師と議論したり話し合ったりする．生徒と教師が共通の文化的な集団に属していない場合には，教師は生徒の達成したことを十分に認知できないため，生徒の不利益になることがある．生徒の自己評価と教師による彼らの学習の評価が，生徒の学習の向上をもたらすためには，それ相応の教師の技能の向上や生徒の適切な心構えを必要とする．形成的評価を発展させていく過程で，教師は採点基準についての生徒の理解を促し，また自分の得意な所と弱点を考えるように生徒を促していく必要がある．トーランスは次のようにいっている．

> いくつかの点でこの2つの方法は根本的に対立しており，達成事項の記録の議論の妨げとなっている．一方では，意図を明確にすることが学習を支援することになるとして，カリキュラムの目的や評価基準を明確化すべきであるという．他方で，自分についての知識や内発的な関心が学習に不可欠であるとして，自分で考えることを奨励したり，カリキュラムや評価についての個別的な取り組みを奨励

するからである．しかし，どちらの場合でも，依然として最初のうちは教師が議論の題材を設定し，生徒はその意味を理解するのに努力するしかないのである．

評価におけるフィードバック

学習指導の過程でのフィードバックは，2つの理由で重要であると考えられている．まずそれは，直接的には形成的評価の過程を通じて，間接的には生徒の学ぶことに関する自尊感情を通じて，学習の進歩に寄与する．長い間フィードバックは，指導－学習過程での核心であると考えられてきた．例えば，ブルームのモデル（1976）は，フィードバック，訂正，強化（称賛，非難，激励，その他の賞罰など学習を維持するために用いられるもの）を指導過程で重要な要素としている．ベネット（1982）による後のモデルでも，教師のフィードバックは生徒の学習活動への参加と理解，結果として学習目的の達成のためにきわめて重要であるとしている．ベネットは，フィードバックを学習を成り立たせるための条件の1つであるとし，課題の提示，系統化，内容のレベルや学習速度，教師の期待などの学習を構成する変数のうちに含めている．

学習指導の見地からすれば，これは教師が子供の知識や技能，概念また事実の理解についての判断を指導過程にフィードバックし，個々の子供についてもう一度課題について説明するか，もっと練習させるか，次の段階へ進めるかの決定をすることになる（ギップス，1990）．教師によるそのような評価は学習者に対して適切であり，また適度なレベルの課題を設定する過程でも不可欠なものと見られる（ベネットとデスフォージュ，1985）．学習指導の過程で行なわれる教師によるそうした判断は，不完全なものであり，曖昧で，大雑把であり，あるべき評価基準からみて実際の評価基準の範囲も限定されている．教師が日常的におこなう形成的な評価について解明することは，困難なことであり，ほとんど手が

付けられていない．しかし，私たちがまず知っていることは，何かがうまくできつつあるとか，または成功したかに関することと定義されるフィードバックが，形成的評価の主な特徴であることは周知のことである．このフィードバックにより，誤りを訂正する機能の重要性は，いろいろな研究で確認されている．

> （フィードバックは）正しい解答が何であるかを確認し，生徒が学習内容をどの程度解しているかを示し，誤っているところ見つけ訂正する．または，生徒自身に訂正する機会を与える．この訂正機能がフィードバックの最も重要な働きであろう（カールハビー，1977）．

クルックス（1988）は，クラス内での評価が生徒に与える影響についての研究の再検討の中で，教材が生徒の学習レベルに適合し，生徒に可能と思われる程度のフィードバックであれば，フィーバックは学習を向上させると結論している．全体的なグレードを示したり，正しい解答を確認したりするだけのフィードバックは，それに続くパフォーマンスにほとんど影響しない．しかし事実に基づく詳しいフィードバック，概念的な支援または使用した解決方法についてのフィードバックは，より有効である．キューリックとキューリック，バンガートードゥロウンズ（1990）によるフィードバックに関する研究調査によれば，すべての学校レベルで，フィードバックとその改善策の実施が学習の向上に非常に重要であることを示している．さらに彼らの再調査によれば，このような効果はすべての達成レベルで見られるが，特にできる生徒よりも，できない生徒への効果が大きい．教師は学習に関連したフィードバックをもっと活用すべきであって，優秀とか，できないとか，等級づけなどのフィードバックは避けるべきとクルックスは結論している．サドラーはすでに指摘している．生徒がはっきりと，かつ確実に何を求められているかを知ることのできるような，明瞭なパフォーマンス基準を必要とす

ると（サドラー，1989）．

　初等学校の学習指導のモデルの中に，フィードバックも組み込まれている．ベネットたちは，生徒の学習経験の内容に関する膨大な研究のなかで，教室で課題学習を実施する過程で，教師のフィードバックを重要な要素として組み込んだ課題遂行過程のモデルを使っている．このモデルの簡略化版が，ベネットとケル（1989）により示されている．ベネットとケルによれば，教師の評価は「正しいか，誤りかを判断の中心としていて，注意や×か，コメントか，あるいはそれに準ずるものに陥りがちである」．教師はこれに習熟しているが，診断に慣れていないとベネットは言う．例えば，注意深く質問して，まちがった理解や概念化を見つけだすことに慣れていない．

　ポラード（1990）は社会的構成主義の指導－学習過程のモデルのなかで，「思考の支援者」としての教師の役割の重要性を強調している．このなかで「意味のある適切な助言をし，子供が元々もっている経験を基礎として，認知構造や技能の発展をはかること」が教師の役割であり，「このようにして，子供が意味を見いだし，発達の最近接領域を通過していくことを支援するのである．彼らの思考はこのようにして新しい経験の中で再構成されていく」と述べている．このような役割は，子供の必要としていることを注意深く正確に評価することであり，教師の形成的評価の最上の利点である．

　ポラードは必要とされるフィードバックの性質や種類について何ら述べていないが，ベネット（1982）は，誉めることによる診断的評価の重要性を強調している．効果を上げるためには，誉めることは考慮されている内容に関連し，本質的で，信用できるものでなければならない．フィードバックされる情報の内容について，私たちの理解に大きな問題がある．「練習帳などに記入される非公式な種類の評価をみると，『注意』や『よい』，『10点中の4』などが今だに多く，フィードバックの目的から考えれば効果的ではない」．単なるフィードバックだけでは効果的な

学習にならない．同時に，生徒にどうすれば改善できるかを示さなければならない．ドゥエックたち (1978) は次のように言っている．教室での授業以外の行動についての評価的なフィードバック（例えば，素行や要領のよさ）が，フィードバックを曖昧なものにし，子供の学習活動の知的な内容についてのフィードバックの意味を損なうことになる．フィードバックは，指導－学習過程に影響するだけでなく，子供に対して彼らの学習上の力と価値について伝えることになる．

クーパースミス (1967) は，自尊感情を次のように定義している．

> 各人が普段からもっている自分についての価値判断——それは，肯定的なものであれ否定的なものであれ，各人が自分の能力，重要性，成功，価値についてどの程度信じているかを示すものである．

子供の自尊感情の高まる場合に関する研究を調査したガーニィは，学校教育との関係を次のように指摘している．自尊感情は，学校での実績と密接に関係している．自尊感情は学習されたものである．学習での実績との因果関係は明確ではないが，学習の改善が自尊感情の高まりに先立つことを示す証拠がいくつかある．しかし一方で，学習をはじめるにあたってある程度の自尊感情が必要である．

自尊感情の決定的要因は，他者からの有意義なフィードバックである．つまり，子供の自己の価値についての判断は，大部分が他者による有意義な評価の反映である．例えばその他者は，両親，教師，仲間であったりする．学業に関する自尊感情については，教師の評価が最も重要であり，特に学校教育の初期にはとりわけ決定的である．子供たちは学校での自分のイメージを，教師が自分に対してどう接するかだけでなく，クラスの他の者に対する態度を観察したり肌で感じたりして，自分のそれと比較することによって形成する（クロッカーとチーズマン，1988a,

1988b). 子供が好ましい自己概念を持つかどうかは，自分自身を充実していると感じるかどうかによるのであり，さらにこの充実感は，子供のパフォーマンスに対する教師の反応の解釈に依存している．

同じように，子供の自己イメージは学習機会をどの程度活用するかに大きく影響する．ジャンセン (1985) は次のように指摘している．自己概念を高めることが学校教育での成功に必要であり，これを高めることが国家の資金による「ヘッド・スタート」のようなアメリカでの初期教育計画の主要な目標であると．子供は学校から逃れられないため，学校での失敗は広範に自尊感情へ波及することになる（ローレンス，1987)．大人は仕事以外でも様々な方法で自尊感情を高めることができるが，低学年の子供はそれがきわめて困難である．

ジャンセンの調査によれば，学校教育前に形成される自己概念は，全体的なものである．子供が大きくなるにしたがって，8才前後と見られるが，もっと慎重な，または各分野にわたる自己の価値についての判断をするようになる．ロシアでは，6才から7才の頃が，自己概念や自尊感情を大きく作り直す時期であると考えられている．そのため，公的教育は7歳を超えてから始まる（これはいつものように，ロシアの教育の厳格さと形式尊重をしめすものである）．このような疾風怒涛の時期は，学校教育の1年目によって生じる重圧と懸念を考えれば，適切な時期といえないのである（ギップス，1991)．チャップマンの報告 (1988) によれば，大半の子供は7才ないし8才あたりで，自分の能力についての評価を下げる傾向があり，特に学業での失敗を繰り返す子供にそれが顕著である．達成度の低い子供は，失敗の積み重なることで，時間につれ自尊感情が低下していく．

教師は学習活動についてコメントすることで，常にフィードバックをする立場にある．このようなコメントは評価を含んでおり，かなり頻繁に行なわれ，特に一部の子供に対してはそうであるため，自己概念や自尊感情のレベルを強化する（または，変える）重要な要因となる（ガーニ

ィ, 1988). 社会も学校も学習上の成功に高い価値を与えているため, 初等学校の期間を通じて, さらに中等学校へ子供が移っていくにつれ, ますますそれが自分の価値を測る物差しとなっていくのである.

小さな子供に対してのフィードバックとその効果に関する古典的な研究は, ドゥエックたち (1978) によって行なわれた. その中で彼らは「学習された無力感」という仮説を立てた. 彼らの発見したのは, 女子生徒が失敗の原因をモチベーションよりも能力に帰すことである. これは教師の男子生徒や女子生徒に対するフィードバックが, 女子生徒に対しては能力の劣っていると感じさせ, 一方, 男子生徒に対しては, 失敗の原因を努力不足や真剣さの不足で説明してしまうからである. このような反応は教師の特有のものである. 仲間からのフィードバックはそのような決まり切った効果を及ぼさない. ドゥエックたちは, アメリカの4年生と5年生について, 最初に教師のフィードバックについて観察による調査をし, 次に課題についてのフィードバックと, 失敗の原因についての質問を行なう小規模な実験的研究を実施した. 要するに, 学習された無力感モデルの意味するところは, 何人かの生徒は自分が成功するだけの能力を持っていないとみているため, 試みること自体をあきらめることである. 努力しようがしまいが, 結果は同じだと考えるのである. 論理的に言えば, やってみたところで得られるものは何もなく, 試みなかったとしても, 失うものは何もないのである (クラスク, 1988).

肯定的な自己認知をしている者は, 難しいがやりがいのある課題に直面したとき, いつも努力して, 時間をかけて取り組もうとする. 反対に, 自分自身を価値のないもので, 有能でないと感じている生徒は, 課題が難しいと, 努力をしなくなるか, まったくあきらめてしまう. これがドゥエックの「学習された無力感」である (ドゥエック, 1986). 学業についての自己概念が低い子供は, 学習された無力感の影響を受けやすいと思われる (ブトカフスキーとウィロウズ, 1980). 女子生徒は男子生徒に比べて, 学習された無力感を持ちやすいようである (例, ドゥエックと

ギリアード，1975，ルユン等，1980)．低い自己概念は，能力の欠如のせいであるとし，それによって努力を継続しなくなり，達成度も低くなる．そして，今度は低い達成状況が，自己概念を低くするという悪循環もありえることである．

　当然であるが，モチベーションは自己概念／自尊感情と学習行動の結合方法の1つである．そして達成モチベーションは，教師のフィードバックが生徒のパフォーマンスに影響することを説明するためによく用いられる理論である．

　モチベーションのパターンは一般的には，適合型と非適合型の2つがある．

> 適合型のモチベーションのパターンは，個人的に挑戦を必要とし，価値あると認める達成目標の確立，継続，達成に向かうようなパターンである．それに対して，非適合型のパターンは，合理的な目標，価値ある目標確立の失敗，これらの目標に対しての効果的な努力の維持の失敗，そして最終的には潜在的に自分の力の及ぶ範囲にあるにもかかわらず，価値ある目標の達成の失敗と連鎖している．（ドゥエック，1986）

　適合型のパターンは，修得を目指すものと性格づけられる．一方，非適合型のパターンは，学習された無力感と言える．このモデルでは，課題を設定し，フィードバックを行なう教師の役割がきわめて重要であり，どのようなモチベーションのパターンを作り出すかに大きく影響する．

　ピントリッチとブルーマンフェルド (1985) は，2学年と6学年の生徒の自分の能力，努力，行動の自己認知に関する，教室での経験を研究した．それによれば，低学年の生徒は能力概念と努力の概念をはっきりと分けてはおらず，高学年の生徒よりも自分の能力，努力，行動について肯定的に考えているという．学習活動について称賛された生徒は，称賛

されたことの少ない生徒より自分を才能があると考える．このことから，子供の技能のレベルに適合した課題をあたえ，フィードバックのための機会を数多く持つことが重要であるとしている．パフォーマンスに関する教師の批判は，生徒の自己概念に否定的な影響を持たないのであり，たぶんそれは能力の低いことでなく，努力の不足を重視しているためであろう．

　バン・オーデンフーベンとシィエロ（1985）は，教師による評価的なフィードバックが，生徒の達成水準について教師の予測がもつ影響を説明するとしている．それは他の研究の示すところでは，教師の予測の高い生徒と低い生徒では，異なった評価的なフィードバックを与えているからである．オランダの2年生での研究により，教師によって将来大成すると思われている子供と，大成しないと思われている子供を彼らは観察した．後者の子供に対しては，否定的な非言語的フィードバックと，肯定的な励ましの言葉が送られていた．もし教師の希望的な予測が低い場合には，非言語的な行動は制御しにくいため，教師はこれを非言語的に子供に伝えていると結論した．一方，十分実力を出していない子供には，例えば「もっとできるはずだ」というような個人的なフィードバックを余計に送っている．これにより子供が自分の実行能力に関しての自信を持つことにつながっている可能性があるという．これらの研究の示すことは，教師の評価的なフィードバックの実際の内容でなくて，子供にとっての意味の重要性である．

　クロッカーとチーズマン（1988a）は，（ミッドランドの3つの学校で）5，6，7才の子供の，学校活動についての子供自身の推定した順位と，仲間の推定，教師の推定に高い相関関係のあることを発見した．子供自身，また仲間同士，非常に似通った順位づけをしており，6才では学業が基準となっているという．

　ティザードたち（1988）は，ロンドンの幼児学校での研究により，クロッカーとチーズマンと反対に，7才の児童の学業についての推定が特

に正確とはいえず，8才までの子供は自分の能力やパフォーマンスを過大評価しがちであるという他の研究と符合するとみている．ティザードの研究はクロッカーとチーズマンとは異なった方法を用いており，堅実なものである．子供は数学，読み，書くことの能力について（普通，優れている，劣っている）自分自身で評価し，これらを研究者の標準的な評価によって比較したのである．結果として，子供，特に男の子全体が，7才では過大に自分の達成事項を評価しがちであることが分かった．騒がしい行動は，教師によって学習の妨げと見られている．また，教師が誉めたり，とりわけ叱ることは教科の学習を子供が満足したり，楽しいと感じることに影響する．

　ティザードの調査では，ジェンダーや人種によって，異なった種類のフィードバックが行なわれていることも判明した．白人の女子生徒は，叱られたり非難されたりすることが最も少なかった．しかし，誉められることも少なかった．ティザードによると，これらの女子生徒の姿は見えていないのである．黒人の生徒は，反対に最も非難されたり叱られたりすることが多く，これは学習中にふざけ廻ることの傾向が高いからと考えられる．そして女子生徒は，読みと数学での自分の達成状況を低く見ていることも発見した．ティザードは，達成化のもたらす寄与や，学習された無力感によって説明する前述のドゥエックの説を含め，これについていくつかの原因を論じているが，その過程について何ら結論を下していない．この研究の追調査として，子供が11才に達した時点で行なわれたものによれば，学業に関する子供の推定は7才時点よりも正確になっている．しかし，白人の女子生徒は，相変わらず自分の達成状況を低く見積もっている（ブラッチフォード，1992）．調査者は，子供が教師のフィードバックを理解したり，反応することに慣れてきたと見ている．

　モルティモールたち（1988）は，ロンドンの上級小学校での研究で，子供のジェンダーや人種による違いまで分析しなかったが，教師によってフィードバックに差のあることを見出だした．研究対象の教師たちは，

学習に関して誉めることによる肯定的フィードバックがほとんどなかった．そして子供が成長するにつれて，ますます少なくなっていった．もっとも重要なのは，教師によって中立的なフィードバック，誉めること，叱ることの使用に大きな違いのあったことである．モルティモールたちが，自己概念についての一般的な測定手段を用いて調べると，社会的階級に関して何らの違いもなかった．一方，女子生徒は男子生徒に比べて学校に関する肯定的な自己概念を持っており，アジア系の子供たちは，他の子供に比べて上級小学校の3学年の終わりの時点で，自分たちを肯定的に位置づけていた．

　要約すれば，教室の多くの場面で，成功とか失敗という形で，生徒の学習についての評価が行なわれている．そして，この成功と失敗の原因は教師と生徒の両者によるものと見ることができる．教師側の因果関係の見方は，生徒に対する行動を決定する重要な要因である．両者の関係は，生徒の将来の成功についての教師の予測でつなげられている．教室では，教師の言葉によるものと，非言語的な行動が，学習の内容，クラスの出来事，生徒自身に関する情報を提供している．これが，成功や失敗に関する認知を含めた生徒の反応を決定することになる．

教師の評価の信頼性と妥当性

　信頼性と妥当性に関して従来求められてきたことについて，形成的評価の目的を考慮して，サドラー（1989）は，両者の位置を反対にすることを提案している．総括的評価において信頼性は，

> 妥当性を考える場合の前提条件であると考えられる．しかし，形成的評価を議論する場合には，信頼性と妥当性の関係を，もっと適切に次のように言うことができる．妥当性は信頼性のための十分条件であり，必要条件ではない．診断的な目的や学習の改善を求める場

合には，どのような学習活動であれ，個別の学習活動についての判断の妥当性の考慮は，等級づけの信頼性の考慮に対して優先するべきである．信頼性は当然の結果としてついてくるであろう．

　フィードバックの結果，生徒の学習の向上することは，形成的評価についての結果妥当性の基準で見ることができる．このモデルでは，評価と改善のための方法についての議論に，教師は生徒を参加させなければならないし，またそうでなければ生徒は学習の改善ができない．生徒は自分で学習を客観的に見られるように，この過程に参加させられるべきである．このようにして形成的評価は形成的な妥当性を有することを示さなければならないし，サドラーの定義によれば，生徒へのフィードバックを含まなければならない．このフィードバックへの生徒の参加と理解が非常に重要であり，さもなければ改善はおぼつかない．

　私たちはここで目的の問題（と目的への適合性）を考えなければならない．もし評価が資格付与やアカウンタビリティーのために用いられるならば，評価の統一のために適切なレベルの信頼性を必要とする．しかし，もし評価が形成的な目的に用いられるならば，妥当性（内容，構成概念，結果妥当性）がきわめて重要であり，信頼性はそれほどでもない．教師の評価に関するかぎり，一般的な意味では信頼性はそれほど重要なものではないと考えられているため，混乱がしばしば生じる．しかし，これは目的との関係を無視している．もし教師の評価がアカウンタビリティーの一部であったり，資格付与の一部であったりする場合には，その時信頼性は重要となる．これは乗り越えられない問題ではない．さまざまなモデレーションの方法によって，教師の評価の信頼性を増すことができるからである．

モデレーションを通じた教師の評価の信頼性の強化

　生徒が学校内での評価を目的として，同じ課題に取り組む場合には（例えば，実践的な数学，科学の課題，与えられたテーマに関する作文），異なった教師の行なう判断の統一ができるかを考えなければならない．共通の課題がなく，共通の評価基準または共通のスタンダードのある場合には，一見すると問題は異なるように見えるが，本質的に問題は同じである．すなわち，私たちは，評価が教師間や学校間で統一されていると見ることができるであろうか．

　教師の評価の一貫性を強化するためには，いくつかのポイントがある．どのような課題についても，課題の実施に関する明確なガイドラインの提供，評価の過程でのグループ・モデレーション，明確な評価基準と評価計画の提供，訪問や査察の形での外部からのモデレーション，学校へのフィードバックなどが必要である．これらの手続きや，モデレーションの要点は，どのような形式の学校内評価であっても，評価の統一のために必要である．

　第4章で述べられたグループ・モデレーションの過程は，もっぱら教師の専門家としての判断に依拠し，本質的に評価過程の統一と教師の専門家としての技能の向上に関係している．

> 　強調されなければならないのは同僚の支援であり，社会的な相互作用とスタッフの技能の開発を通じて，判断の一致をはかることである．
>
> 　社会的なモデレーションの使用において，求められる得点の統一は，実質的に専門家の間での一致をはかるところにある．サンプルとして選ばれた生徒の答案やその他の提出物の採点の確認を，順次高いレベル（例えば，学校から地域，州，さらに国へ）にまで拡大してい

く過程で,各クラスや学校の枠を超えて一致する範囲を拡大していくことができる.それはまた,一般の人々の信頼を得るために不可欠と思われる監査機能を果たすことにもなる.(リン,1992)

リンによって社会的なモデレーションと呼ばれたものは,コンセンサス・モデレーションの1つである.グループ・モデレーションにおいては,生徒の提出物のサンプルが教師のグループによる討議に用いられ,その目的は実際に用いる場合の評価基準について,共通理解を図ることであり,評価過程の統一と,評価結果の統一が考えられている.議論を通じて,いくつかの作品に対する評価が変更されることもある.この過程は地区や州内のいくつかの学校のグループにまで拡大することができる.グレード分けされた提出物のサンプルが各学校の1人か2人の教師によって持ち込まれ,地区や州レベルでのモデレーションが行なわれる.これによって,様々な地区のグループ間の乖離が発見され,同じような討議と比較によって,狭い地域での場合と同様に,評価の変更されることも生じる.それから,教師はこの情報を学校に持ち帰り,より広い一致を図るため討議することになる.この方法は,ここ20年間にわたり外部試験のないクイーンズランド州で用いられている.クイーンズランド州では,すべての評価は,5段階の学校内評価で実施されている.

このような過程の前提となるのは,当然であるが,共通の採点計画と評価基準の共通理解である(例えば,英国のナショナル・カリキュラムでの達成事項の記述).評価事例の提供,採点されたりグレード分けされた事例の提供は,ときにはこの過程の一部となる.しかし,パフォーマンスのレベルについての討議を維持することが,全体のスタンダードについての教師の理解を助けることになる.

ミスレヴィー(1992)は,リンと同様にアメリカの実際の評価から論じているが,モデレーションはゲームの規則を具体化することと見るべきであるとしている.「それは数の異なる集団の生徒を比較するのに合

った方法を生み出すことを可能にする．しかし，パフォーマンス評価と同じものを測定するために作られたわけではないテストを，あたかも同じものを評価しているように変えることはできない」．これはもちろん強調すべき重要な点である．教師の評価によって強化された妥当性は，評価の一貫性と統一性のコストをかけて得られたものである．モデレーションは評価の統一を強化するための過程であり，それは技術的にはすべての生徒が同じ課題をやるような高度に標準化された手続きのような統一性を持っていない．アメリカでのモデレーションについての関心は，パフォーマンス評価の急速な拡大と，ナショナル・カリキュラムではなくて，国としての目標と，地区ないし地域レベルで設定されるスタンダード目標と，その評価方法をめぐって高まってきた．それによって直ちに生じた問題は，これらの目標に関して行なわれる生徒のパフォーマンスに関する判断が，信頼できる程度に統一されているかというものである．

　モデレーションは教師の評価，学校内評価での肝心な点である．それは採点者間の評価の信頼性だけでなく，評価の過程を支援する点でも重要である．もし私たちが低い妥当性をもたらす高度に標準化された手続きに依存することなく，評価に基づく結論を保障しようとするならば，教師が基準となるパフォーマンスや最も優れたパフォーマンスを引き出す環境や学習活動について，共通の理解をしなければならない．

　グループ・モデレーションの欠点は，多くの時間を要すること，費用のかかること，そしてこれが評価の実施の困難性を増すと見られかねないことにある．一方その効用は，教師の実践に与える影響である（リン，1992）．英国（ラドノアとショー，1994）とバーモント州の研究（コレッツ等，1992）によると，教師がスタンダードとなるパフォーマンスや評価基準を討議するために集まるところでは，モデレーションの過程が教師の技能の向上の機会となり，学習指導にも影響しているという．パフォーマンスやグレード分けについて議論するために集まることは，例えば

授業の仕方について議論するよりも，個人的また専門家として強迫観念が少ないのかもしれない．しかし，評価についての議論はそこで終わるわけではない．課題の設定の問題がそれに続き，これによって議論の範囲は広がり，学習指導に影響するのである．

英国での教師の評価とそれを支援するためのモデレーションの事例について，次にそのあらましを述べてみる．

ナショナル・カリキュラム Key Stage 1での教師の評価のモデレーション

TGATレポート（DES, 1988）のモデレーションに関する部分で，著者たちはグループ・モデレーションを，ナショナル・カリキュラムの評価のモデレーションの方法として最も適切であるとしている．それは，この方法がコミュニケーション機能を重視していること，教師の専門家としての判断を重視し，それを強化できるからである．しかし，グループ・モデレーションの具体的な実施方法の説明（第4章参照）においては，TGATの考えている過程は，スケーリングに近いものであり，外部試験であるSATsの結果で教師の評価の結果を修正しようとするものであった．

提案された手続きは次のようなものであった．教師のグループが集まり，ナショナル・カリキュラムの2種類の結果について検討する．1つは教師によるレベル評価，もう1つはテストの結果である．両者とも，例えば，レベル1, 2, 3の割合というナョナル・カリキュラムのレベルの分布の形式で示されている．グループの仕事は，2つの分布の不一致があるかを調べることであり，大まかな目的は，教師のレベル評価の全体的結果を，全国テストの全体的結果に合わせることである．それからグループは特定の学校の不一致について，作品のサンプルや該当の学校の状況の情報を用いて検討することになる．モデレーションのグループ

の目的は，それぞれの学校や生徒集団についての最終的なレベル分布の決定をすることである．大まかに言えば，これは全国テストの結果による分布であり，その意味するところは，教師によるレベル評価が修正を必要とするという意味である．しかし，グループが全体として特定の場合について正当な理由があると判断すれば，全国テストの結果からの乖離が承認されることもある．レポートはこの過程がグループ会議を持つことなく行なわれることも認めているが（つまり，全国テストの結果に単純に合わせる），教師がナショナル・カリキュラムのそのものの解釈や，全国的な評価の手段に関連させて，内部評価と外部評価の不一致について議論する機会の必要性を論じている．

このようにして，示唆されているのは，教師が作品のいくつかを持ち寄り，彼らの専門家としての判断に基づいて，スタンダードに関しての共通理解をすることではなく，絶対的なスタンダード（ごく例外的場合を除いて）と見られる外部テストの結果に，自分たちのレベル判断を適合させる学習の場としてのグループ活動である．このような専門家の協議は技能の向上の機能を有する点で重要であるが，それは教師の専門家としての判断を重視しているようにはとても見えない．本質的にこれは評価結果の統一による方法であって，長い目で見れば評価過程の統一の機能を持たせようとする方法である．

TGATのモデレーションの方法に対する学校試験評価委員会の反応は，4つの理由で否定的なものであった．

* あまりにも多くのことを教師に求めている
* 時間がかかりすぎる
* いくつかの達成目標には，SATsのデータがない
* クライテリオン準拠評価システムでのモデレーションは，生徒のグループとしての結果をスケーリングするのでなく，個人個人の得点に焦点を当てるべきである

(ドーガティ，1994)

　ドーガティが指摘したように，どのようなモデレーションのモデルをTGATのモデルの代わりにするのかが不明であった．結局，Key Stage1のモデレーションの形式として，教師の評価とSATsに対して，査察の方法を採用した．ジェイムズとコナー (1993) の指摘したように，モデレーションに関して学校試験評価委員会の手引書では，方法の一貫性（評価の実施にあたっての），スタンダードの一貫性（評価者間の信頼性）を強調し，これが1991年と1992年には，モデレーションの過程で達成されることになっていた．

　信頼性についての大きな懸念は，**達成事項の記述**[2] が教師にとって生徒のパフォーマンスをはっきり判断できる程度の明確性を持っていないことであった（第6章参照）．そして，学校を訪問したモデレーション担当者は，いくつかの学校で評価基準の意味について議論をすることで支援を行なった．

　グループ・モデレーションの過程は，ときおりモデレーション担当者の訪問により支援されて，1991年と1992年には明らかに評価の統一に貢献した．しかし1993年からは，この過程はオーディットと呼ばれ，モデレーションという言葉が外された (DES, 1993)．最も異なるところは，評価の過程と手続きについてのモデレーションを支援するシステムの提供ではなく，評価の結果が，国全体のスタンダードと一致する証拠を求めることになった点である．校長は教師が国全体のスタンダードを理解するように配慮し，必要な場合には評価の証拠やオーディットの記録を保存しなければならなくなった．そのため，これは評価過程の統一というより，評価結果の統一の過程である．

　ジェイムズとコナー (1993) によるKey Stage 1のモデレーション仕組みの評価によれば，教師の評価を支援したモデレーション担当者（または学校を訪問した専門家）は，教師の評価の妥当性について懸念を持っ

ており,とりわけ「話すこと」と「聞くこと」についてそうであるという.何人かの教師は話すことと聞くことを評価しているのでなく,活動に対する子供の意欲や参加の程度を評価していたという証拠がある.つまり,モチベーションや自信といった個人的な資質を見ていたのである.このような状況は,話すことと聞くことの技能について,教師がほとんど訓練を受けていない状況にあり,予想できなかったことではないが,モデレーション担当者の訪問を受けたり,グループ・モデレーションの過程が,評価の質を高めるために不可欠であることを示している.

さらに,Key Stage 1の教室での教師の評価に関するフィラー(1993)の研究によれば,例えば教師の書く能力についての理解の仕方に違いがあるため,評価過程の統一には大きな問題のあることが示されている.つまり,書く能力に関しての教師の評価において,評価する構成概念に違いのある可能性があり,これは書くことが通常の指導でも(例えば,想像的なものを重視するか,それとも構造や構成か)異なった意味を持つ場合があることと同じである.これは妥当性の問題であり,書くことや,聞くこと,話すことになどの技能に関する教師の評価について,評価の統一を求めることが不可能であるとフィラーは主張している.しかし,詳しいグループ・モデレーション過程により,そのような各教師の構成概念の違いに注目し,うまく行けば,書く過程で何を重視すべきかを教師に考えさせ,評価基準を決めているナショナル・カリキュラムの要求していることとどう関係づけるかも考えさせることができるであろう.

結　論

教師の評価は,教師の関与することのほとんどない外部試験に比べて,教師の専門的な技能を向上させ(学習指導と学習の向上の点で),妥当性(広い範囲の技能や過程を含むことができ,さまざまな学習活動を用いた評価の可能である点で)も高い.しかし,そのような評価が教室の外部で,

父兄に報告したり，アカウンタビリティーや資格付与のために用いられるならば，そのような評価を受け取ったり利用したりする人々に対して，教師間，各課題，各生徒に関しての評価の統一性を保障しなければならない．このような保障は，統計的なモデレーションの方法や，郵送によって採点された課題を査察する方法，その他の評価結果の統一の方法を用いれば可能である．しかし，教師の評価の専門的な側面を考えれば，評価過程の統一をもとにして，教師の技能の向上をもたらし，科目の内容やその評価についての理解を深めるようなモデレーションの仕組みが適切である．個々の生徒の提出物だけでなく，評価基準に関しても討議し，何を達成事項とすべきか，なぜそのような達成事項が示されたかを討議するようなグループ・モデレーションは，評価過程の統一の中でも最も完全なものである．それに必要なかなりの時間（と費用）は，少ないものではないが，専門的な技能を向上させるために価値あるものと考えるべきである．

　最後に，評価の過程と評価に用いる課題に焦点を当てることよって評価の統一を図ることは，評価結果の統一にも寄与すると私は信じている．妥当性の高まることと相俟って，これは質の高い評価を実現し，評価の統一についての自信をもたらすであろう．

第8章　倫理と公正

はじめに

　なぜここで倫理に関する章を設けるのか．評価が強力なツールであることは現在すでに明らかであるし，私はそう願っている．評価はカリキュラム，学習指導，そして学習を形づくる．評価は生徒が自分自身を学習者としてどう見るか，もっと一般的に言えば自分は能力があるのか，ないのかという見方にも影響する．生徒をレッテルづけしたり，区別したりすることによって（資格付与や選抜を通じて），生徒が他の人々にどう見られるかに影響する．将来の教育機会や職業上の高い地位の獲得にも影響する．本書の最初で指摘したように，評価は私たちの教育システムにおいて，ますます広範囲に広がり，重要なものとなってきていて，消滅したり，力を喪失するといった兆候は見られない．このことを考えれば，倫理的な問題や公平についての議論は，とても重要に思える．実際に，これまで多くは技術的なものであると見なされていた分野で，結果妥当性が考えられるようになったことは，この問題が注目を集めはじめていることを示している．

　テストの持つ影響と役割，それにかかる膨大な経費に留意したうえで（ハネイ，マダウス，リヨン，1993，ブロードフット，1994），政策決定者，教師，テスト開発者が立脚できるような，評価の倫理的な枠組みを作るべき時がやってきた．アメリカでは，テストの公平な実施に関する規約（JCTP, 1988）があり，次のように規定している．

＊テストの開発者は，テストの利用者がテストの点数を正しく解釈できるように支援しなければならない

＊テストの開発者は，人種やジェンダー，民族的な出自が異なっていようと，また身体的な障害があっても，テストの受験者には，できるかぎり公平であるように，努力しなければならない

　さらにどうすればこれが可能かも説明している．しかし，それらはあまりにも一般的で，ほとんど表面的なものばかりである．私たちは，このようなチェック・リストを克服すべきであり，その他にもいくつかの問題について考慮しなければならない．

　例えば，スタンダード準拠評価やクライテリオン準拠評価を支持する倫理的な議論がある（サドラー，1992a）．ひとたび基準やスタンダードが決められたならば，それらを教師も生徒も使えるようになってこそ，公平であるといえる．これらは，すべての生徒のモチベーションを高め，明確な目標意識をあたえる．それは特に，どの生徒にも基準に達すれば認められる権利を与えるからである．対照的に，ノルム準拠評価は，基準やスタンダードに依拠しない評価であり，もし不公平と見られれば，モチベーションを失わせることになる．

　高等教育への進学や資格付与に用いられるような学校の外部で利用される評価の場合，組織間のスタンダードの一致の問題は，倫理的な問題となる．特に，その評価がハイ・ステイクスな場合にはとりわけ顕著である．ステイクスが高い場合，評価はすべての集団に対して公平でなければならない．

　　評価の統一性の問題の重要度は，誤った決定や，公正でない決定のもたらす結果の重大性に比例する．卒業生の就職機会の減少と，高等教育への進学率の高まりによって，現状では競争が厳しいのである．……これらの現状を考慮すれば，一般の人々に信頼される手続きを作り，実施していく方策がとられなければならないのは明白である．

ここでサドラーが述べているのはオーストラリアの学校内評価についてであるが，しかし，これは同じような目的に使われるすべての評価についてもいえることである．

　結果妥当性

　メシック (1989b) は妥当性についてすでに古典となっている論文で，テストの使用による社会的な帰結や，テストから派生する価値は，妥当性に必要な側面であると主張している．第4章で説明したように，現在の妥当性の概念は，統合された構造を持っている．妥当性の全体を形成している，関連性，有用性，示すところの価値，社会的な帰結などは，構成妥当性の様々な側面であり，または構成妥当性に関連している．

　……価値というものは，テストの意味や結果に本質的に含まれている．例えば，特定の目的のために得点が有用であるかについての情報は，妥当性を明らかにすると同時に，テストから派生する価値でもある．価値を妥当性に対する付け足しや補完物とするのではなく，妥当性の統合概念ではテストの点数の意味や結果が本質的に価値の側面を持っているとして，妥当性の検証過程の不可欠な部分とすることで，公に検討したり議論させることになる．このことは，これまで隠れて見えてこなかったことを顕在化させたのである．すなわち，妥当性についての判断は，価値判断であることを……．

　……しかし，結果の査定は，結果自身の評価だけでなく，それらの由来や原因を検討することにもあると認識すべきである．大事なことは，テストの解釈の社会的な帰結やその使用が良かったのか，悪かっただけでなく，どのような原因や決定要因によってそのような

効果が生じたのかにある.特に,テストの使用による不都合な社会的な帰結が,テストの妥当性を損なうのでもなく,また不都合な社会的な帰結を,構成概念不適合性として,テストの妥当性を損なう原因とすべきでない.もし不都合な社会的な帰結が,知識や論理を目的としたテストであるにもかかわらず,読みの能力を要求する場合のように,テストの妥当性の欠如により生じたものと証明されるならば,そのようなテストの使用の妥当性は危うくなる.特に読みの能力の劣った生徒にはそれが顕著である.しかし社会的な帰結がそのようにたどれないならば,または妥当性の検証過程で,テストの妥当性を否定する要因の影響を否定できる場合,または可能性が低い場合,テストの使用の妥当性は覆されない.

　特定の目的での妥当でない得点の使用,あるいはそうでなくても,妥当な得点の誤用に関して,テストの採用者は重い責任を負っており,テストの誤用の危険性に注意すべきであるとメシックは指摘している.したがって,テストの開発者は,テストによって評価される構成概念だけでなく,テストの点数の適切な使用方法,異なったテストの使用法から生じる可能性のある社会的な帰結を想定しておかなければならない.例えば,英語を母国語としない子供の言語的な知能や言語的な論理の点数は,彼らの英語力の程度に照らして解釈されるべきでなのである.

　私は倫理的な見通しに由来すると考えているが,純粋に技術的な観点から,テストの使用を視野に入れた観点への転換は,1974年から1985年の間にアメリカで起こったことである.この間に,Standards for Educational and Psychological Tests (APA, 1974) がStandards for Educational and Psychological Testing (AERA, 1985) になったのである.「tests」から「testing」への転換において,後者の「standards」では,テストの使用法の重要性が強調され,テストの開発者,テストの使用者,テストの受験者,テストの評論者,テストの管理者,テストの後援者が

はっきりと区別された（ハネイとマダウス，1991）．

　消費者保護や技術的に問題のある開業医からの保護といった，社会生活上の他の側面と同様に，アメリカにおいてテストに対する独立した監視システムの必要性をマダウス（1992b）は指摘している．テストの消費者は，欠陥のあるテストや，不適切なテストから本質的に保護されていない．ハイ・ステイクスなテストは必要であり，その理由として，それが貴重な人材の配置や，公的に支援を受けた機関のパフォーマンスに関する情報提供の最も適切な方法であるとマダウスは言う．しかし，テスト政策の実施者は，一般の人々や生徒に対して，特定のテストが公平であり，妥当性を持ち，意図した目的に適合していることを確信させようとしている．

> テストの開発者の述べる，自分たちのテストは妥当性があり，正しく使えばいかなる生徒や教師も損なわれることのないという立派な確約だけでは，もはや十分といえない．それらはテストによって痛め付けられた人々の正当な質問や，実際にしばしば見られる誤った判定，特に少数派の受験者などへの回答として不十分である．

　テストの妥当性の検証は時間を要するし，そのため費用もかさみ，営利目的のテストの出版者の商業利益と相反する（そして，実際には時間に余裕のない政府とも）．テストの開発段階での構成妥当性の研究は時間がかかるだけでなく，さらに結果妥当性の研究は，テストの開発がなされてしまったあとで，テストの得点の利用について調べなければならないのである．

　マダウスは，アメリカでのテスト出版事業が大規模なものであり（ハネイ等，1993），「standards」や「テストの公正な実施のための規約」のような公的文書だけでは，評価の質を確保するのに不十分であり，そのため別の監視システムを必要とするという．英国での状況は異なってい

る．スクール・カリキュラム・アセスメント機関 [1] が理論的には評価の内容を審査する機能を持ち，全国テストや試験はこの中央機関との契約によって開発されたり，指導下にある試験委員会によって作成される．しかし，アメリカの「standards」や「規約」のようなものが英国にはなく，現在，伝統的なテストの仕組みを導入しようという政治的な圧力が強いため，ナショナル・カリキュラムのテストの評価はつぎはぎだらけであり，政策担当者の気に入らない評価内容の公表の遅れる問題が生じている（ギップス，1993a）．英国の状況でその他に重要な要素は，教師自身が評価に参加しており，その意図するところは最も広い意味での評価を目指しており，単なるテストに終わっていないことにある．

　アメリカで最近作成された生徒の評価システムに関する評価基準（NFA, 1992）では，いくつかの興味深い基準が示されている．例えば，スタンダードは生徒が知ることができ，かつ実行できるように明確に具体的に述べられていなければならないとか，教師は評価の課題の作成，使用，採点に参加すべきであるなどというところは，現在の英国はすでに実施されていることである．しかし英国と異なっているところもあるが，一考に価するし，私たちの教育評価の定義にもそっている．

* 公正さを確保するため，生徒はスタンダードに達する様々な機会を持つべきであり，様々な経路でそこに達することができるべきである
* 評価に関する情報には，カリキュラムの利用方法に関する情報や，スタンダードに達するための機会についての情報を含むべきである
* 評価の結果は，教育の成果を示す多様性な指標全体の一部であるべきである

公平の問題[1]

　テストは伝統的に教育の機会均等のための手段として用いられてきた．例えば，イレブン・プラス試験は，英国とウェールズの進学を重視する中等学校の有能な生徒を選抜するために使われてきた．その意図するところは，社会的な出自と関係なく，中等学校で成果をあげそうな生徒を，公平に選抜することであった．公平な評価結果を提供する点で，標準テストの概念は確かに説得力のあるものであった．しかしその場合，もしテストが教育の機会均等に優先してしまえば，この方法の公正さに疑問が投じられることとなる．

　現実にイレブン・プラス試験は練習すればできるようになるし，このことはたいていのテストや試験にも当てはまることを，私たちはすでに知っている．何度か転校の経験を持つ生徒は，同じテストの状況で競争する準備はできていない．

　マダウス（1992c）の指摘したように，

　　……ハイ・ステイクスな政策主導の試験システムにおいて，代わりとなる評価方法の公平さに取り組むためには，その政策はまず第1に学校や生徒にとって，公平なゲームの場所を作り出さなければならない．その時はじめて，国の試験システムが，個人，学校，地区に関する決定を行なうための公正な技術手段であると主張できる．

　ベイカーとオニール（1994）もおなじ指摘をしている．公平または公正は評価において複雑に絡み合っている．それは，単にテストの形式や評価の手段を考えることだけではない．伝統的な精神測定学によるテストでは，公平の問題について，非常に高度な方法で偏った問題を排除することで技術的に解決できると考えている（マーフィー，1990，ゴールド

ステイン，1993)．このような方法の限界は，科目の定義のあり方（テストの問題を選ぶ領域全体）を視野に入れていないこと，このように定義された科目から問題を最初に選択する方法を考えていないこと，何を達成事項とするか考えていないことにある．それはすでに選択されてしまった問題をいじくりまわすだけである．テストの偏りに注目し，偏った問題を排除するための統計的な方法に集中することは，評価される構成概念を損なうだけでなく，公平さに関するもっと幅広い問題，例えば学習機会が現実に均等であるか，偏ったカリキュラムの問題，抑圧的な教室の現実などから目をそらすことになる．

一般的に評価に関連した偏りとは，評価が特定のグループやその他に対して不公平であることを意味する．この安易な定義は，その根底にある状況の複雑さを覆い隠すものである．テストの結果の違い（つまり，グループによって得点のレベルが異なること）は，評価の偏りの結果ではないかもしれない．それは現実に，グループ間のパフォーマンスの違いによって引き起こされたかもしれない．さらに学習機会の違いによって生じたかもしれないし，検討されている題材について実際にグループの達成状況が違うことにより生じた可能性もある．テストが偏っているか，問題となっているグループのもともとの達成レベルが異なっているかは，実際にはきわめて解答の難しい問題である．ウッド (1987) は，このような異なった要因を，才能を伸ばす機会（アクセスの問題）と，才能を効果的に示す機会の問題（評価の公正さの問題）と表現した．

グループによって平均的なパフォーマンスに違いの見られる場合に，テストに偏りがあるとされれば，あるグループが本来的に他のグループに比較して能力的に劣っていることはないと仮定されている．しかし，2つのグループが異なった環境による経験を持つことはよくあることであり，またカリキュラムへの接近機会の違うこともある．この違いはテストの平均点の違いに反映されるのであり，そのような機会の不平等をその点数に反映するテストは厳密に言えば偏っていないのである．ただ

し，その使用法の妥当性に問題がある．

　パフォーマンスのグループ間の違い（例えば，男子生徒と女子生徒）を説明する仮説はいくつかある．これらは大きく分ければ，環境についてのものと，生物学的なものである．パフォーマンスのグループによる違いを生物学的に説明する仮説によれば，グループ間には基礎的に心理的な相違があるとする．それは，遺伝的なものであったり，ホルモンに関係したり，脳の構造の違いによるものであったりする．このような要因は，信頼できないものとされ，もはやパフォーマンスの人種間の違いを説明するために用いられていない．しかし，男女間の違いを説明するものとしてまだ使われている．

　環境条件の仮説は，特定のグループに所属する個人の発達に影響する文化的，社会的，心理的要因（心理社会的な変数と呼ばれることもある）を含めるものである．例えば，両親は男の子と女の子に対して，異なった行動を期待し，そのため違った種類のフィードバックをしようとする．このようにして，男の子と女の子は異なった生活環境に置かれることになり，違ったやり方で世界を理解することになる．これがさまざまな過程を通じて，学校での彼らの学習やパフォーマンスに影響するのである．例えば，学校外での経験の相違，学校での経験，認知された男と女の領域の違い，態度の違い，自己イメージや成功の予想などがある．これらにより，今度は測定されたパフォーマンスの相違が生じるのである．異なったパフォーマンスの要因の中に，私たちは機会の公平を入れておくべきである．すなわち，学校教育やカリキュラム（公式のものと実際上の両方で）への接近の公平さである．それがなされなければ，パフォーマンスのグループ間の相違が生じてしまう．環境条件の仮説は，ほとんどがジェンダーによる違いを説明するために考えられたものであるが，民族的，文化的に異なるグループのパフォーマンスの相違を考えるうえでも有効である．

　生物学的な仮説も環境条件の仮説も，パフォーマンスの違いが実際に

存在するという立場に立っている．しかし，異なったパフォーマンスはテストそれ自身によるものかもしれないのである．言い換えれば，各グループ（または各個人）はおなじようなレベルの知識や技能を持っているとしても，テストがあるグループに不公平であるため，それを同じように示せないことがある．例えば，用いている言語，図表，一定の文脈中で設定した課題が，あるグループには意味をなすが，別のグループにはほとんど意味をなさない場合もある．そればかりか，テスト自体が不公平である可能性もあるし，またテストの実施の際に，他のグループと同じレベルの知識や技能を持っているにもかかわらず，それを示すことができない受験者の1グループが，劣ったパフォーマンスを示してしまうこともある．

　学校教育やカリキュラムを受けることは公的には平等だとされているが，カリキュラムの中には，潜んでいるのか，隠されているのかどちらにせよ，第2のレベルの違いが存在し，それによってカリキュラムや学習への機会の不平等が生じる．表の示すように，公平に関して問われるべきカリキュラムないし評価についての重要な問題がある．表のなかで問題として扱われていることは，カリキュラムのなかで科目がどのように定義されているか，カリキュラムのなかでの達成事項がどのように考えられているかである．達成事項の定義や，評価という点からみて，何を達成事項とするかは，社会の中で強い権力を持っているグループの価値判断を反映している．そのため，これらのグループの外部にいる人々は，異なった価値と経験に従っており，そのような観点に基づく評価によって影響されている．異なった価値と権力的な地位が無くなるような将来の時を想像することは非現実的である．それらは間違いなく変化するだろうが，異なった価値と公平への障害もまた続いていくだろう．そのため，評価における公平を確保するため，生徒のパフォーマンスの解釈について価値の正否を明確な文脈で示さなければならない．つまり，評価される構成概念と評価の基準の明確な説明は，少なくともテスト開

発者のもつ観点と価値を，教師と生徒に開かれたものにするだろう．例えば，女子生徒の科学のテストでの芳しくない結果を説明するために，何年にもわたってかなりの努力が，女子生徒の認知上の欠陥を見つけることに費やされてきた．ようやく最近になって，この問題は中流階級の白人の男子に合わせた課題や実験道具に依存していることに，関係があるのではないかとされるようになった．ゴールドスタイン（1993）の指摘のように，テスト開発者は科目の構成概念とパフォーマンスに対する歪んだ見方を持っている．

構成妥当性は，内容的に優れた評価を作り出すうえで中心となるものである．そして私たちはこれを科目との関連で見るだけでなく，評価される生徒の視点からも見る必要がある．教師の間でのモデレーションは，評価される構成概念に注目させ，課題の意味が教師や，そして生徒によってどのように解釈されるかについての議論を引き起こす可能性をもっている．

私たちが見てきたように，パフォーマンス評価やクライテリオン準拠

表 公平の観点からみた，カリキュラムと評価に関しての問題[2]

カリキュラムの問題	評価の問題
だれの知識を教えるのか	どのような知識が評価され，達成事項と見られるのか
この特定のグループになぜこのようなやり方で教えるのか	評価の形式，内容，方法は，異なったグループや個人に対して適切であるか
有色人種の歴史や文化について，どうやれば責任をもって上手に教えることができるか	一定の文化的知識が達成事項の定義に反映されているか．どのように文化的知識が，評価される構成概念を変化させ，評価に対する個人の反応に影響するのか

評価は，伝統的な精神測定学による問題分析の技術を用いて開発できるものではない．それは，わずかな問題しか用いられないこと，さらに仮定される基本的な得点分布もないからである．このことから，もっと充実した方法による問題の再検討や評価などの他の方法への変更が求められるのである．その方法として，例えば，感受性の観測，構成概念の検討，課題と経験の関係性の追求などである．そのような姿勢が望ましい．

倫理的なテストの準備

この問題はアメリカで多くの注目を集めている．問題となっているのは，適切で倫理的なテストのための準備がどのようなものであり，これはどこの国でも，どのような状況でも同様である．もちろん，ハイ・ステイクスな状況では，教師は生徒にテストや試験の準備をさせる．その目的はこの準備によって点数を上げることである．望まれていることは，この準備によって該当領域についての生徒の能力や関係する技能の改善である．だが困ることは，テストの問題や課題，過去の試験問題に直接対応した指導をすると，パフォーマンスはテストの問題や試験問題だけに限定して強化される．テストの弊害の章で明らかにしたように，テストの点数から広範な領域まで一般化しようとする場合，このようなやり方は適切ではない．「……あまりにも問題に合わせたり，目標のごく一部に合わせた指導は，推測の妥当性を低下させることになる」（メヘレンズとカミンスキー，1989）．メヘレンズたちは，テストに向けた準備を，次のような幅を持ったものとして見るべきだとしている．

1．目標に向けた一般的な指導であり，標準テストで測定される目標を見て決めたものではない
2．テストの受け方を指導をする
3．様々な標準テストによって測定される目標を調べたうえで決めら

れた，テスト開発業者の作成した目標に向けて指導する（指導される目標は，テストを受け方を含んでいても，いなくても良い）
4．標準テストで用いられる目標（技能や副次的な技能）に特に合わせた指導
5．目標（技能や副次的な技能）に忠実に合わせた指導であり，テストの問題形式をそのまま用いる
6．テストと類似する市販のテストでの練習（指導）
7．同じテストでの練習（指導）

1はまったく倫理的であり，6，7は非倫理的である．そして，倫理的か非倫理的かの境界は，3から5のどこかにあることになる．

スミス（1991b）は，ハイ・ステイクスなテストが与える教師への影響に関する高度な研究で，テスト準備の分類を発表した．注目の的となったのは，テストの準備が優れた指導から，不正行為の指導へ移行するという教師の不可解な行動である．スミスの目指していたのは，テスト準備を教師の視点——行動の意味づけ視点——から見ることにあった．彼女の研究から次のような分類がなされることになった．

＊特に準備しない
＊テストの受け方を指導する
＊よく寝ておくとか，「全力を尽くせ」などの忠告や激励
＊テスト範囲の内容を指導する
＊テストに合わせた指導，すなわち，同じ形式や内容のテストを用いる
＊ストレス予防——これは生徒の自信を高め，自己効力感を高めることである．そのことで，テストをうまくやりとげ，自信をつけさせる．「……テストの準備段階では，テストを前にして生徒が切れたり，おじけづいたりしないようにする」

*テストの模擬問題を使ったり，類似のテストを用いて練習する
*不正行為——教師は不正行為がどのようなことかはっきりわかっている．それらはテスト時間を余計に与える，練習テストによりヒントを与える，正解を教える，解答用紙の点数を変えることなどである

カネル（レイク・ウォベゴンレポートの）ならば，最初の2つ以外は，テストの点数をつりあげるための不正行為（非倫理的）であるとするだろう．このような視点からスミス（1991）は次のように論じている．標準テストが適切に（テストに向けた指導をされない場合に）構成概念を表象していると信じなければならないであろうが（そして，テストに向けた指導は点数をつりあげるため，広い構成概念にまで一般化できない），しかし，

> 指標から構成概念までの演繹の完全さを維持することが，精神測定学者の第1の関心事であり興味の対象である．しかし，それは高い点数だけを求めている教育政策者たちの世界でなんとかやっていこうとする学校システムや教師に対してまったく関心がない．非倫理的な行動や，達成度テストからその基礎となる構成概念までの推定過程を歪める教師の行動を非難することは，肝心な点を見落としている．すでに指標自体が歪んでいると教師は見ているのである．

テストと教えることとの不一致，テストの得点の背景にある要因の影響，誤りを生む多くの要因，テストの範囲の限界などに気づいている．教師の経験からすれば，テストの点数が実質的に価値のないものなのである．さらに，そのような不適切な測定手段とハイ・ステイクスが結びついているために，教師はテストを一種のゲームと考えるようになっており，テストに対する準備はこのシステムに対する必要悪であると見て

いる．このようなミニ政治的状況では，不正行為だけが非倫理的と見られたのである．

スミスの論文の重要性は，教師の確信と関心を議論の中心に据えたことであり，伝統的なハイ・ステイクスなテストに直面して教師が矛盾を感じていることに注目した．もちろん状況がハイ・ステイクスでなければ，良い結果を出そうとしなかっただろうに．

英国の7才児対象の全国テストについて，私たちの研究によれば，多くの幼児学校の教師たちが，暗算，それから特に作文を指導していた．それはこれらが，Key Stage の最後に行なわれるテストに含まれているからである．これが非倫理的行為ではないかとする疑問はまったくない．それは点数を上げるというより，カリキュラムに沿ったことだと見られている．実際，カリキュラムに沿った指導をすることが，ナショナル・カリキュラムの目的の1つであり，それゆえこれは正当化されるのである．しかしこれは教師の立場からすれば全面的に受け入れがたいし，教師の多くがこのような学習が子供にとって低年令すぎると考えている．しかし，彼らは筆記体に関してはこの年令の子供にまったくそぐわないとして，はっきり区別している．

ハラダイナ，ノーレン，ハース（1991）も，テスト準備での倫理的，非倫理的な指導を検討し，メヘレンズ，カミンスキー，スミスたちとほとんど同様の見解に至った．ただ彼らは（最も非倫理的なものとして）学校の点数のレベルをあげるために，テストの当日できない生徒に受験させないことを付け加えている．また，アカウンタビリティーを求めらる（学校の比較をする）場合には，学校によってテスト準備をしたり，しなかったりするのでなく，すべての学校がテスト準備をしているならば，いくつかのテスト準備は倫理的であるとも指摘している．アリゾナ州でのテスト準備に関する報告を調べたうえで，彼らは次のように結論した．「いくらまともな基準で考えても，調査報告に示されている，点数を歪めるテスト準備の過剰さは，信じがたいものである」．ハイ・ステイク

スな状況下で，標準テストの結果が達成事項や学校の学習上の成果を示す重要な指標であると見られているかぎり，非倫理的なテスト準備は続くであろう．英国ではほとんどないことであるが，生徒の非倫理的行動もまた検討の枠組みのなかに入れておかなければならない．いくつかの開発途上国で，学歴信仰が蔓延してきている．先進国以上に試験が生涯を決定する要因となっており，生徒によるごまかしが，大きな問題になっている．例えば，インドでは，不正行為を最小限にする方法を目指している．

この章で検討してきたように，ハイ・ステイクスの状況であるほど，指導に与える影響は大きいだけでなく，不正行為や非倫理的な行為が起こりやすくなる．

テストに向けた指導や，非倫理的な準備はオーセンティック評価でも同じように起こるのであろうか．オーセンティック評価の強力な支持者によれば，これらのテストの場合は，テストに向けた指導をされるべきであり，その理由として，これらが真の知的な挑戦であり，望ましい学習の促進を目指すものだからである（ウィギンズ，1989b）．オーセンティック評価のねらいは，まず私たちが生徒に上手になってほしいと願う実際のパフォーマンス決定し，そしてこれらのパフォーマンスに見合った評価を考える．このような場合，評価は特別に準備した1回かぎりの活動でなく，生徒の日常の活動の一部と見られるのである．

ウィギンズはオーセンティック評価についての議論を公平の問題として取り上げ，そこですべての受験者を同一に扱う1回かぎりの標準テストは，本質的に不平等なものであると主張している．

> 概念は常識的であるが，奥が深く，多義的である．隙のない法と政治（または標準テスト）は，例外とみなすしかない否応なく発生する特異な出来事を本来含めることができないのである．アリストテレスはこれを最もうまく表現した．「公平とは，普遍性のゆえに不

完全である法の修正点である」

　テストで言えば，公平さの追求は，効率的で，機械的な採点システムによって人間の判断を覆したり，排除したりしないようにすることである．外部で作られ，外部から強制されるテストは大きな危険を孕んでいる．たとえテストの質問がよく作られていても，解答が択一式であっても，生徒が問題の意味の説明を求められるようにしたり，予期しないまたは「誤った」解答から自分を守る機会を当たり前のこととして持つ必要性に，無関心だからである．

　この議論をさらに進めるために，英国のナショナル・カリキュラムの評価で，7才と14才の生徒を対象としたパフォーマンス評価の試行をした時，多くの教師たちが，課題が言語とされていたにもかかわらず，その相互作用的な性格（課題を明確にすることを認めていた）やクラスでの活動（ストレスのレベルが低下し）に適合していたため，移民してきた子供や英語を第2言語としている生徒にとって公平な評価であると感じたのである（ギップスとマーフィー，1994）．

　また，信頼性の欠如——これは生徒に対する教師の評価を用いない理由としてしばしばあげられる——は，教師が共通した基準を持たないで，個人的に評価した場合でのみ起こる問題であるとウィギンズは主張している．第7章で明確にしたとおり，モデレーションの過程は教師の判断の統一性を高めることができる．どのような場合であっても，オーセンティック評価の焦点は，

＊得意な点を発見すること
＊比較を最小限にすること
＊生徒の学習スタイル，適性，興味を考慮すること

であり，それらによって公正と公平を高めることであるとウィギンズ

(1989a)は述べている.実際に,ウィギンズのオーセンティック評価のモデルは,あくまで伝統的であろうとする精神測定学の評価のモデルからかけ離れており,伝統的な信頼性への関心は遠ざけられるのである.

　　結　論

　テストに向け直接的になされる指導は（標準的な択一テストであろうと,パフォーマンス評価であろうと）次のような場合には,非倫理的と見られる.

＊基礎となる構成概念に関連したパフォーマンスを改善するのでなく,点数だけをあげる場合
＊アカウンタビリティーが求められている状況で,テスト準備をする学校／教師と,しないものがある場合

　評価の対象となる領域がもっと広い場合には,領域に向けた指導をすることが,生徒のためにもなるし,教師としても納得がいき,倫理的でもある.最も肝心な点は,領域に焦点を当てた指導が学習の改善をもたらすかという点である.2番目に重要な点は,評価の目的である.もし領域に焦点をあてた指導が学習の向上をもたらすならば,その結果をアカウンタビリティーの目的に用いることを問題視する必要はなく,すべての教師は領域に向けた指導をすべきである.やってはいけないのは,パフォーマンス評価における課題に向けた指導である.パフォーマンス評価では,課題からの一般化が困難であることは明らかであるから（第6章参照）,テストに向けて直接的になされる指導は,評価すべき構成概念についての達成状況を改善することなしに,点数だけ上がる可能性がある.このように妥当でない得点から何らかの推測をするということになり,それは標準テストでも試験でも同様である.

生徒は同じような経験を積んで学校にくるわけではなく，同じような経験を学校でするわけでもない．そのため，評価がすべての生徒に同じ意味を持つと考えてはならない．私たちが目指すべきなのは，特定のグループに対する関心や，それに適合した活動内容や方法が支配的にならないように，公平な方法をとることである．しかし，これは決して単純な仕事ではない．例えば，テストの開発者は，女子生徒よりも男子生徒にとって身近な文脈や，支配的な文化に合わせた文脈を用いることのないように要請されている．しかしこのようにして，男子生徒または女子生徒に有利となる部分を排除することで，文脈の影響を排除しようとすることも問題である．そうすると，評価に使う題材が少なくなってしまうのである．非文脈化したテストはどうあろうと不可能であり，複合的な意味づけの過程は，複合的な領域の知識を必要とする．

　典型的なパフォーマンスでなく，最高のパフォーマンスを見ていこうとする評価において，問題の題材は，生徒が上手にできる可能性を与えるものであるべきである．しかし，このことは，生徒それぞれに異なった課題を与えなければならないことになり，これは大きな問題をはらんでいる．しかし，私たちが求めているのは，どんな評価のプログラムであっても，文脈の多様性，評価の汎用性，様々な解答方式や形式の使用である．このように，多彩な方法を用いることで，生徒にとって特定の方法が不利になっても，別の方法で自分の達成事項を示す機会を与えることになるであろう．

〈原註〉
① この節は，ギップスとマーフィーに依るところが大きい，1994．
② ギップスとマーフィーによる1994（そして，アップルにも，1989）

第9章　教育評価の枠組み

　本書の最初で述べたことをもう一度繰り返せば，パラダイムとは科学の分野の研究を枠づける相互に関連した概念の集まりである．私たちがその中で研究活動を行なうパラダイムは，私たちが観察したものを理解し，意味づける方法を決定する．また同様に，表現し伝達する活動のあり方をも決定する．観察活動とその解釈の枠組みをつくり，どのような問題に注目するかも決めるのである．

　　パラダイムの転換とは，科学者が問題とするものを再定義し，それを解決する手段や方法を再構築することである．かつてのモデルや方法は，新しいパラダイムの観点から見て，古いパラダイムで扱った問題が依然として意味を持ち，その提出している解決策が依然として適切である程度に応じて，その有用性を保つことになる．（ミスレヴィー，1993）

　評価の世界でいま私たちが目の当りにしていることは，精神測定学から教育評価へ，テスト文化から評価の文化への実践的な移行である．しかし，これはテストとそのテクノロジーを乗り越えようというだけでなく，もっと深い部分までの転換を含むものであり，それゆえにパラダイムの転換なのである．従来の精神測定学を基盤としていた概念と，私たちの依拠する学習，評価，達成事項とはなにかについての概念は，現在ではまったく異なっているのである．

　本書の伝えようとしているのは，評価が教育の中で重要な部分であり，いつでも可能なかぎり，優れた内容の学習に適合し，その向上に使えるものであるべきだということである．このことは，伝統的な標準テスト

や試験が評価の中で果たすべき役割がないといっているのではなく，私たちは指導や学習に対して明確な効果のある評価の仕組みを作らなければならないのである．

本書で提案している教育評価の形は，教師と生徒の交流する時間を濃密なものにしようとしている．それが教育評価の原理に忠実であるならば，基礎的なレベルでも，高度なレベルでも重要な技能や概念の指導や学習を支援し，教師と生徒の時間が有効に使われたと考えられる．

教育評価：広範な定義

これまでの章で論じてきた教育評価についての議論をもとに，教育評価の定義をしておかなければならない．

* 教育評価は，その領域や構成概念が多面的であり，複合的である．達成事項の評価は厳密な科学ではない．そして，生徒と課題と学習活動の文脈の相互関係は，他の課題や学習活動の文脈に対して一般化可能性の疑問を生じさせるほどに複合的なものである．これらの問題は，評価に関する研究ではよく理解されていることであるが，テストや試験の開発にあたって，都合が悪く厄介であるため，無視されてきた（サテリー，1994）
* 教育評価では，生徒のパフォーマンスを評価するための明確な基準を決めている．この基準と評価の過程を生徒と共有する（生徒の成長に対応してより広げていくかたちで）．生徒は自分の学習やパフォーマンスを自分でモニターしたり，考えるように促されることで，メタ認知的な形式で自分の学習をモニターしていけるようになる．生徒へのフィードバックは，評価の過程で大事な要因であり，他の生徒との比較でなく，修得と進歩を強調する
* 教育評価は，生徒に考えさせようとするのであり，どれかひとつを

選択したり，事実を暗記させようとするものではない．（しかし，生徒が考えを整理してまとめたり，材料に取り組んだり，論拠を批判したり，評価したりするように促すのは教師の役割である）内容的に優れた評価は，内容的に優れた課題を必要とする．そうすることで，生徒の時間を無駄にしない．課題は教科の重要で，適切な学習内容に根ざしたものであり，課題の本質と形式は，公平で信頼のおける評価の課題についての私たちの知識に基づいたものであるべきである

* 生徒の最も優れたパフォーマンスを引き出す評価は，具体的で生徒の経験の範囲内の課題を必要としている（アクセスの平等の問題）．すなわちそれらは，明確に提示され（生徒が優れたパフォーマンスを示すには，何を求められているか理解していなければならない），生徒の現在の関心に適合し（モチベーションを高め，興味をもたせること），そして生徒を尻込みさせる状況でないことなどがあげられる（ナタル，1987）

* 評価基準は，クライテリオン準拠評価の当初の受容と異なり，もっと全体的なものであり，複合的な技能の評価を可能にするものである．これを事例集によって補完し，教師やその他の人々がクライテリアやスタンダードを理解できるようにする

* 教育評価は，教師や訓練を受けた評価者によるグレード分けや採点をともなう．採点の一貫性を高めるために，教師は採点のカテゴリーを理解するとともに，各カテゴリーでのパフォーマンスのレベルを理解する必要がある．これはモデレーションの過程と事例集の提供によって成し遂げられる．これらの事例とモデレーションの手続きはどの評価の仕事であれ，これに関わる教師全員に提供されなければならない．事例とスタンダードは，指導し評価する技能や概念の性質について，教師に詳しく説明することになる

* テスト文化の下では，得点を決めるのは，解答の全体を検討するという内容にあるのではなく，正解した問題数にある．教育評価では，

私たちは得点や統計数値の概念から離れて，ウルフたちが「生徒のパフォーマンスの差異を示す詳細な描写」と呼ぶ，達成事項を掘り下げて記述したり，パフォーマンスの様々な面を示したりすることを含めて，達成事項の表現をこれまでと異なる形式で見ようとするのである．複合的なデータをただ集成して，単一（簡単な）の数字を導きだすことは，多くの場合判断を誤らせるものであり，厳格な修得のルール（例えば，90％正解であるなど）の守られないかぎり，実際には誤った得点を示すことになり，構成する技能に関した妥当性のある推定を不可能とする

*教師自身による生徒の評価は，教育評価の中で重要な構成要素である．そのような評価は，生徒と十分に関わり合い，理解していることや勘違いを見つけることで，相互作用をもつ．それは，学習過程の支援や足場組となり，様々な学習活動でのパフォーマンスの評価を可能とする．テストと異なる教師の評価の重要性は，政策レベルでも認められはじめている．このような認識が，これからの評価の原理や，観察や質問方法などを含めた評価の実践などに向けての教師の適切な準備や研修に活かされる時である．教師が評価について充分に訓練を受けていないのは明らかすぎるほどである．しかし，教育評価の恩恵を充分に受けるためには，教師は評価に関して最低限の知識が必要である

*教師は自分が充分理解していない教科について，教えることができないのと同様に，うまく評価できない．教師は評価しようとしている構成概念を理解していなければならない（それゆえどのような課題を設定すべきかも）．また，教師は生徒の知識や理解について知る方法を分かっていなければならない（そのため，どのように質問すべきかも）．さらに，どうやって生徒の最も優れたパフォーマンスを引き出すかも知っていなければならない（それは，評価の行なわれる身体的，社会的，知的な活動内容に立脚している）

*教育評価は，ハイ・ステイクスであってはならない．クラスレベル，学校レベルでのテストのデータを公表することは，教育過程を損ない，様々な種類の不正行為を引き起こす．教師も生徒もこれを避けられない．彼らはテストの術中に陥るのである．ハイ・ステイクスな外部テストの避けられないところでも，パフォーマンス評価を教師の評価と合わせて用いることで，指導に対する最悪の影響を緩和することができる．しかし，そうしたとしても，ステイクスがあまりにも高い場合には，評価される活動に力を注ぎ，そのため領域や高次の技能に向けた指導ではなく，パフォーマンス評価の課題に向けた指導を助長することになる．ハイ・ステイクスなテストや試験に多くの生徒が失敗することになれば，低い点数の生徒の自尊感情やモチベーションの問題を生じ，登校拒否や中途退学につながる危険もある．これに対して明確なスタンダードがあり，ロー・ステイクスなプログラムで，学習を向上させるフィードバックを伴い，他人との比較ではなく，スタンダードや生徒自身の前のパフォーマンスとの比較を強調するような評価が，生徒の学習への関心を保ち教育システムに留まらせることができると思われる

　この教育評価の理論は，アカデミズムが勝手に作り出したものではない．教育評価の定義としてここにあげたことは，本書でずっと述べてきた研究結果に基づいている．希望的観測に終わることなく，私たちは教育評価のパラダイムに沿った評価の政策と実践を進展させなければならず，そうしなければ教育の水準を向上させようとか，教育システムから最良のものを得ようという企ては，失敗に終わってしまう．世界は常に変化している．評価は20年前と比べて普及し，重要なものになってきている．そして次の世紀に向けて，個人的にも社会的にも私たちの必要とする教育の内容も変化しているのである．基礎的な技能の充実だけでは不十分である．つまりそれには，エリートだけでなく，多くの人々が

柔軟な思考者，主体的な学習者，知的な関心を常に抱いている人間にならなければならないし，自分たちにはそれが可能だと信じていなければならない．ハイ・ステイクスな状況下で広く行なわれている，狭い範囲の公式のテストや試験システムでは，このようなことを実現できない．

これから，いくつかの主要な問題について俯瞰してみたい．そこでまず評価全体のシステムの設計を考察する．

評価システムの設計

アカウンタビリティーのための評価と，学習を支援するための評価の対立関係は，英国だけに限定されているわけではない．OECDによる評価の調査によれば，2つの主要なテーマが浮かび上がってきている．

1. 国の教育の水準をテストすることは，新しい政治的な要求である．国全体のシステムの中で，モニターしたりアカウンタビリティーのための評価を導入することである．特に大事なのはカリキュラムの基礎的な技能や，中心的な科目での生徒の達成状況を全国的にテストすることである
2. 評価への新しい取り組みは，学習と評価を統合する方向へのパラダイムの転換である．それは公式の試験や標準テストの使用ではなく，生徒の通常の学習活動を用いる継続評価への移行である．すなわち学習の目標を明確にし，評価の結果をフィードバックし，生徒自身に学習の責任を持たせるために，達成事項の記録，ポートフォリオ，実際的な課題などを用いることである．また，教師による学校内評価や生徒による自己評価なども用いることになる

テーマ1はテーマ2と対立関係にあるように見える．テーマ2は，主に政治家，父兄，教育官僚からの圧力に対抗する教育専門家に好まれている．結果として，もっと多くテストをして教育水準を上げ

ようとする人々と，評価の方法を変えることにより，学習の内容を改善しようとする人々の間に，イデオロギー的な分裂がある（ニスベット，1993）

フランス，ドイツ，オランダ，スペイン，スウェーデン，英国，アメリカでも，このジレンマは明らかになっていて，同じ状況にある．
スティギンズ（1992）は問題の核心を突いた，次のような指摘をしている．彼の言う上から下降するテスト，つまりアカウンタビリティーのための中央集権化されたテスト評価は，評価の情報を求める教師の必要に答えることができない．

教師の指導の下に展開され実施される質の高い教室内での評価だけが，教師の要望に十分に答えられる．私たちがこれらの違いを認識し，評価に用いる資源を2つの目的に用いる評価のそれぞれの質を確保するために適切に配分しはじめたとき，我々は評価のための資源を生徒のために最も役に立つように使うこととなる．

言い換えれば，問題は二者択一でなく，目的への適合性である．同じ評価を，様々な目的に使うことはできない．目的への適合性を念頭において，評価の仕組みを考えることは，様々な評価を使用することを意味する．伝統的な通常の筆記テストから，教師自身の評価まで（つまり，標準テスト，パフォーマンス評価，ポートフォリオ，達成事項の記録を用いて），様々な種類の評価を受け入れることで　有益な副次的な効果を期待できる．それらは，公正（様々な方法を使うことで，生徒は1つの評価方法で不利になっても，別の同じ程度の重要度を持った評価で補うことができる）と費用（パフォーマンス評価や，ポートフォリオは，生徒と教師にとって時間を要するが，標準テストはそうではない）に関わっている．
私たちは誤った2分法に基づく議論から脱却しなければならない．つ

まりそれは、クライテリオン準拠評価対ノルム準拠評価、標準テスト対パフォーマンス評価などであり、量的なもの対質的な調査方法の議論と同様に意味はない。私たちが必要としているのは、それぞれの方法の価値を理解することであり、目的への適合性の原理に従うことである。それによって、もちろんいくつかの方法は、ほとんど価値がないと見られるかもしれない。メシック（1992）は、基礎的な内容と、高次の技能の両者を評価する必要から、非文脈化され構造化された問題と、文脈化されたパフォーマンス評価の課題の現実的な組合せを提唱した。このような組合せは、どのような場合であろうと、全体的な構成概念を確実に表象するために必要なことであり、時間をかけて対象領域の一部を深く調べる評価と、領域を広く対象とする評価のバランスをとるにも必要である。

　評価システムの1つのモデルは、教師の評価とポートフォリオ評価を個々の生徒の形成的な目的に用いている。そして、学区レベル、国レベルのアカウンタビリティーの目的には、薄いサンプリングとマトリックス・サンプリングの手法を用いたAPU/NAEPのような調査を用いる。学校レベルのアカウンタビリティーの目的や、父兄や地域社会へのフィードバックのためには、**アイテム・バンク**[1]から選んだ質の高い課題の使用と、モデレーションを受ける教師の評価の組合せを用いる。

　ステイクスを低下させるため、薄いサンプリングを使用するだけの方法は、国レベル、地域レベルのアカウンタビリティーの目的に適用できる。学校レベルのパフォーマンスや、アカウンタビリティーのためのデータを得るために、生徒数の多い学校では少数のサンプルだけを用いる方法も採られる。しかし、それなりの規模の母集団を薄いサンプリングによって確保できない生徒数の少ない学校の場合、このような方法は使えない。さらに、ステイクスを低下させ、オーセンティック評価に伴う費用を減らすために薄いサンプリングを提唱する人々（例えば、ポファム、1993b）は、評価の資格付与や選抜機能を無視している。これはサン

プルを用いてはできないことである．それはすべての生徒を対象とすることでハイ・ステイクスとなる．この目的のための評価が，より広汎で，パフォーマンスに基づくものになるほど，学習指導に対する影響は好ましいものになる．このようにして，私たちは資格付与や選抜の目的を持った評価を，パフォーマンスに基づくものにできるかという難問に戻ることになる．第6章で述べたように，政治的な意志と予算があれば，教育システムの中の1つか2つの年令集団に対して，パフォーマンス評価の仕組みを用いることは可能である．

　様々な方法を用いるのと並行して，それぞれの評価が備えている特有のステイクスを低下させることが必要である．教師に関しては，地方新聞での評価結果の公表（それと結果の重要性に関する受けとめ方）が，最もステイクスに影響する．そのため私たちは学校がどのように成果を上げているかを，番付表を使うことなく，他の方法で伝えることを考える必要がある．例えば，詳しい学校案内書に，評価の結果を掲載する方法もあろう．

　イングランドとウェールズのナショナル・カリキュラムの評価原案（DES，1988，第6章参照）は，フレーダーリクセンとコリンズ（1989）の，全体として妥当性のあるテストのシステム設計と様々な点で似ているのである．これらはまず第1に，テストされる活動や領域に必要な一連の知識，技能，解決方法を含んだ課題群を含んでいる．第2に，それぞれの課題の基本的な特性が，教師にも生徒にも明確になっている．その特性は，課題をうまくやり遂げるために必要な知識や技能を備えているべきだとしている．例えば，レポートでは，基本的な特性として，明確性，説得力，記憶しやすいこと，魅力的であることである．第3に，すべてのレベルでのパフォーマンスの基本的な特性を示す事例集があり，事例には判断の根拠が説明されている．これによって，採点の信頼性を確保し，生徒に何を求められているかの理解を促す．第4に，テストの採点の信頼性を高めるため，訓練システムを必要とする．このような訓練は，

テストのシステムを構成する教師,生徒,教育官僚まで広げるべきであり,また実際に,教師は生徒に自己評価をするように指導すべきである.フレデーリクセンとコリンズは,テストの改善についても論じている.その方法として,学習の向上に役立つ評価形式の採用,自己評価の訓練,基本的な特性に関するパフォーマンスの詳しいフィードバック,様々な達成のレベルを設定し,繰り返しテストすることで,生徒が高いレベルに向かって努力するようにする.この原案は,教育評価で求められる多くのものを含んでいる.

　もし教師の評価やパフォーマンス評価が,ハイ・ステイクスな目的に用いられるならば,それは評価の統一を必要とする.これは英国でのGCSE試験の例が示しているように可能である.しかし,これは非常に時間と労力を要するものであり,教師の参加を必要とする.そのようなシステムを維持するには,求められるパフォーマンスの明確な提示,包括的な採点計画,採点者の訓練,課題や採点者間の評価の統一のためのグループ・モデレーション,評価の過程と結果の監視が必要である.もしこのような評価のモデルを支持しようとする政治的な意志があれば,それは学校システムの1つか2つの年令集団で実施できるものである.

　評価の与える影響についての議論は,概して診断的評価として用いられる方法や,教室での教師の非公式な評価に適用されず,逆に,資格付与や選抜,アカウンタビリティーの目的に用いられる高いステイタスや,ハイ・ステイクスなテストを対象としている.これは,このような目的の評価が教育システムの中で最も強い影響力を持ち,この力のゆえに,テストがカリキュラムと学習指導を形づくる.どのように重要な評価システムであろうと,教師と生徒に影響し,私たちはこのことをテストの仕組みを作成する場合に考慮しなければならない.

倫理と公平

　ステイクスを上げることは，評価の倫理的側面を重要なものとする．ステイクスが高いほど，不正行為や非倫理的な行為の可能性が大きくなり，評価行為の公平さが重要となる．しかし，教育評価のモデルでの公平さ，特にパフォーマンス評価において混乱がある．パフォーマンス評価はしばしば教育評価と合わせて論じられ，より公平であるとされ，奨励されている（少数派のグループの異なった見方については，ベイカーとオニール参照，1994）．しかしこれは，教育評価を基礎づける理論的な原理についての重大な誤解である．多くの伝統的な精神測定学の基礎にある仮定は，能力は固定しており，限界があるとするものである．教育評価では，パフォーマンスは学習の文脈とモチベーションに立脚し，本質的に相互作用を伴い，柔軟性を持っている．このようにして，評価においては，すべての生徒は何をできるかを示す機会を与えられるべきであり，学習を最高のレベルに持っていくことが可能であり，評価は生徒の最も優れたパフォーマンスを引き出すべきであるとしている．したがって，当然のことながら，その概念は肯定的なものになる．しかし，あるグループが他のグループよりも，パフォーマンス評価も含めた評価に対して，より適合した状況にある可能性は依然として存在する．リンたち（1991）は，例として電卓を用いた問題の使用をあげている．生徒の電卓へのアクセスの程度は，不公平極まりないだろうし，もし電卓を用いた問題がアカウンタビリティーや資格付与のための評価の一部であれば，アクセスの平等の問題が生じる．そのため，評価の概念自体は可能性を広げるものであるが，依然として個々の評価は不公平なことがある．

　評価の倫理から言えば，評価される構成概念と評価基準は，生徒や教師が利用できるものでなければならないし，評価システムの中に，いろいろな課題や評価が組み込まれているべきである．これらの条件は，ど

のような場合であっても，構成妥当性を高めることになる．

どのような評価システムでも，評価に対する生徒の正しい準備とは何かについて明確する必要がある．倫理的に不適切な準備のあった場合は，詳しく説明されるべきである．また一方で，教師と学校は，生徒が評価の対象となる題材について教えなければならない立場にある．このために，教師が評価に対して正しい準備をすることも必要であり，それによって教師は評価で問われる基本的な問題を理解し，優れた形成的評価を実施する準備が整うのである．

教師が，スタンダードに関する議論をしたり，最も優れたパフォーマンスを引き出す方法を考えたり，基準に当てはまるものは何かを考えたりして，評価の課題を考えたり評価を実行する機会が多くなればなるほど，教師は外部から与えられたカリキュラムやテストを実施する技術者としてではなく，教育過程において充分に力を発揮できるようになる．データは提出されているのだが，いまのところほとんど解明されていないのは，コンテキストがパフォーマンスに与える細かな影響（マーフィー，1993）である．女子生徒が男子生徒よりも評価に用いられるコンテキストに注意して取り組むという証拠や課題のコンテキストが評価される構成概念を変える力を持つことを考えると，これはもっと詳しい研究を必要とする妥当性の分野である．私たちは評価の課題のコンテキストや基礎となる構成概念を明確に規定し，それらが学習指導の内容を反映するようにしなければならない．

コンテキストは学習と評価に対して決定的な影響を及ぼす．技能の学習とパフォーマンスは，評価や学習の行われるコンテキストと相互作用を持つ．非文脈化された方法で評価することは（択一式テストのようなまったく無味乾燥な方法で）可能であるが，多くの制約を課すことになる．しかし，評価の課題から不適切なコンテキストをはぎ取ることは重要であり，そうしなければ構成概念と関係のない評価結果の変動を引き起こすからである．メシック（1992）は，文脈横断的な測定とよぶ方法につ

いて記している．これは同じ技能についてのパフォーマンスを様々なコンテキストで評価することにより，「構成概念を各文脈から集計した測定数値を出し，それにより生徒の出自や興味の違いによって起こる影響の均衡を保とうとする」のである．この研究結果はパフォーマンスをより広い構成概念の領域に一般化することを可能にする．これが教師の評価で本来起きていることであるが，アカウンタビリティーの目的で実施される外部評価では時間のかかりすぎるとされているものである（アカウンタビリティーの評価を一般化して考えることが多い）．

　パラダイムの転換

　教育評価の理論を展開させるにあたって，最も克服すべき課題は，信頼性の概念を再定義することである．このような課題の根底には，私たちの世界の見方の転換がある．精神測定学のモデルの背景にあるのは，客観性の概念である．つまり，能力とか達成事項は，個人の所有物であり，これらは確実に（正確に）測定される．その結果として得られた点数はコンテキストやテストの行なわれる状況によって影響されないというものである．しかし私たちは現在，パフォーマンスはコンテキストによって拘束され，モチベーションや評価の形式に影響されることを知っている．さらにそれは，評価者の持っている見方や価値感によって解釈されるのである．この場合の評価者とは，評価の仕組みや採点計画を作る者，自由形式のパフォーマンスを等級づけする者の両方を含んでいる．それゆえ私たちは，評価を科学的で客観的な活動として見ていないのであり，現在では評価を科学に近接したもの理解している．

　評価は純粋な科学ではなく，私たちは評価をそのようなものとして提起することをやめるべきである．これはもちろんポスト・モダンな状況を背景としている．つまり，科学的な知識は絶対的なものであるという信仰に対する疑いである（ギップス，1993a，トーランス，1993b）．モダニ

ストの立場では，価値観から自由な観察者であることを可能と考えるが，ポスト・モダニストの見方は，そのような脱価値的な見方はできないとする．私たちは世界を，価値観や一定の見地から解釈する社会的な存在である．構成主義のパラダイムは，現実が固定され，観察者から独立していると見ていない．むしろ現実は観察者によって構成されるものであり，そのため現実の構成の仕方は様々である．このようなパラダイムによれば，真の「得点」などというものは存在しないことになる．

　精神測定学によるモデルから，教育評価のモデルへの転換は，試験的評価とナチュラリスティック評価のパラダイムの対置と同じことである．アイズナー（1993）はカリキュラム評価と生徒の評価との比較，両方の分野での質的な方法への同様な変化の動向について研究し，それらが教育とその結果に対する一般的な不満と，厳しい評価を行なう政策では，現実に教育水準を上げられないことを理解したためであるとした．教育水準を引き上げるには，指導の内容や学校で行われていることを改善することである．

> ……私たちは向上するための新しい方法を求めていることに気がつく．それは命令という形では効果の上がらないことを認識したためであり，また予測妥当性や併存的妥当性の乏しい方法を用いた結果の測定は，学校を改善するための効果的な手段でないことに覚醒したためである．さらに私たちが現在使っている評価の手続きよりも，教育的妥当性を持った評価の手続きを作らないかぎり，変化が起きそうにないことに目覚めたためでもある．

　構成主義やナチュラリスティックなパラダイムによる評価では，伝統的な信頼性や妥当性，一般化可能性の基準を拒否し，その代わりに信用性（trustworthiness）とオーセンティック性を内容として求めている（ギュバとリンカーン，1989）．同様に私たちは，評価に関連して信頼性や一

般化可能性の概念を再定義する必要があり，そのためには，教育評価に関する文献がその基礎的な資料である．

　ギュバとリンカーンによれば，信用性は確実性（credibility），転移可能性（transferability），信任性（dependability）に基礎を置いている．確実性は時間をかけた取り組みとたゆまぬ観察によって得られる．具体的には，教室での一貫した継続的な評価や，生徒のパフォーマンスに関する意見交換に父兄を参加させることである．転移可能性は一般化可能性に置き換えることも可能である．それというのも，パフォーマンスは学習のコンテキストによって大きく影響されるため，評価者は特定の達成事項の見られたコンテキストを具体的に記述しなければならない．そうすることで，これが他のコンテキストに転移可能かどうかを判断できるのである．これらはそれぞれ送るコンテキスト，受けとるコンテキストという．送られるコンテキストと，受け取るコンテキストが似通っているほど，転移可能性が大きくなる．このような送られるコンテキストについての詳しい情報によって，転移の可能性を判断できるのである．信任性は，伝統的な信頼性に取って代わるものであり，評価の過程と判断は公開審査されなければならない．これはモデレーションにおける評価過程の統一と相通じていて，監査の仕組みによって可能であるとギュバとリンカーンは考えている．オーセンティック性とは，関連する構成概念（そして，関係者の関心のあるすべての構成概念）が，評価において公正に，そしてまた適切に評価対象となっていることである．オーセンティック性の公正さの側面は，テストの作成者だけのものでなく，関係者すべてのグループの構成概念の含まれていることにある．

　評価は，生徒の幅広い達成事項を表象するために，これまでよりも意味が広がってきた．例えば，達成事項の記録により生徒の達成事項を記述することは，内容のある評価が目指すものと同じ目的をもっている．そのような深い記述（ギュバとリンカーン，1989）は，ナチュラリスティック評価の特徴であり，生徒が何を知り，何を理解し，何をできるか，

そしてどのようなコンテキストでそれをできるのかについて，十分に理解するために必要である．だから私たちは，父兄や教師が使えるように，個々の生徒の達成事項を記録して，パフォーマンスのポートフォリオの作成に至るのである．しかし，評価の内容を充実させることによって困難になるのは，比較することである．それというのも，詳しい記述は簡単には1つの数値や，1群の数値にまとめることができないためである．このような数値化は，2つのパラダイムを混同することになり，評価の新しい方法の目的の理解を誤ることになる．

　しかし，まず最初に，伝統的な妥当性と信頼性の概念から何か得ることができるか考えてみよう．

妥当性に関する争点

　最近では，評価の実施に関する他の側面よりも，妥当性に関して論じられることが多くなってきた．メシックによる妥当性の見方の拡張は，構成妥当性に関する証拠（テストの得点の解釈を支持する）を含むだけでなく，テストの使用の社会的妥当性を含むものである．メシックの概念に対して，重大な異議申し立てはされていないが，あまりにも複合的で，多岐にわたる問題を内包しているため，実際に採用，実践されていない．何人かの研究者（リン，ベイカー，ダンバー，1991，ハールニシュとマブリー，1993）が妥当性の枠組みの拡張を提案しているが，私の意見としては，シェパード（1993）の指摘するように，優先順位を示した，もっと簡単な枠組みが必要である．構成妥当性の検証過程は際限のない過程であるとする言明にもかかわらず，妥当性の枠組みを拡張し続けることは，あまりにも妥当性の検証の作業を困難なものにし，テストや評価の開発者が，そのような課題に取り組むことを不可能にする．

　シェパードは次のように論じている．メシックによる妥当性の研究は，手順としてまず「伝統的なテストの点数の意味を調べ，次にテストの関

連性,価値,そして社会的な結果を加えていく.このように体系化されたやり方で,典型的な妥当性の検証がなされることはない」.このような方法の代わりに,使用を根拠づけるものとして,どの妥当性の質問にまず答えるべきか,どの妥当性がそれほど重要ではないのかをはっきりさせる必要があるとシェパードは言う.なによりもまず直接問うべきは「テストをすることで,何を目指しているのか」であるとする.妥当性の研究の入り組んだ特質を示しているのは,テストの使用にあたってそれぞれ妥当性の検証を要することにある.生徒個人の使用の目的で集められたテストの結果やその解釈が妥当であっても,それが学校ごと,または地区ごとのデータを表すために集計され利用される場合には,その解釈や政策への利用の妥当性まで保障されるわけではない.もしテストが特定の目的について妥当でないとされれば,それをその特定の目的に使用することはきわめて疑問であり,特にそれが各個人にとって,目的がハイ・ステイクスな場合はそう言える.

　メシックの方法への批判は,彼の概念が誤っているということでなく,実際に使用できないという点で不適当としている.問題となるのは,結果妥当性の検証過程が際限のないものであるため,テストの開発者がまったく関知しないことである.そのため心配なのは,妥当性のあるテストの使用に関する判断の責任が(テストの開発者が構成妥当性があると証明するとの前提で),テストの使用者に移ってしまうことである.テストの結果が広く公表されることに伴い,実際には,学齢期の子供を持った父兄を含めて教育や学校に関心を持っているすべての人々,そして生徒自身もテストの結果を使うのであるから,このようなことは不適切である.

　大半のテストの使用者は妥当性の検証ができないので,特定のテストの使用法について,明確に説明することがテストの開発者の役割である.これについて私たちは次のように問うべきである.どのような使用に対して,どの構成概念について,これは妥当な指標と言えるのか.テスト

の開発者はテストの作成とその構成妥当性の検証にあたって，まずこの問いに答えるべきである．このことは，テストの構成概念を使用者に公開することであるとともに，テストの開発者にテストの適切な使用について関与させることになる．実際に様々なレベルで用いられることになる，アカウンタビリティーのために作られた評価では，結果について独立した評価を行なうべきである．これに対する財政的な支援は，地方であれ国であれ，評価を委託している政策決定当局の責任である．結果を公平に示すことは，結果を公表する者の責任であり，それが中央政府であろうと，地方教育当局，地元新聞，学校であろうと同じである．すなわち，結果をどのような目的に用いることが適切であり，何が適切でないか，また各学校間の比較に用いるときには各学校を取り巻く状況を含めて明確に説明する必要がある．要約すれば，

＊テストの開発者は，評価する構成概念とテストの適切な使用について説明しなければならない
＊アカウンタビリティー目的のテストの場合，政策決定当局はテストの使用の結果についての評価を適切な機関に委託すべきである
＊結果を公表するものは，公平に示すべきであり，かつそれを取り巻く状況を示す参考資料をも添えるべきである．学校を序列化して示す場合には，各学校のおかれた状況，個人に関する場合には，実際の評価のやり方を説明として加えるべきである

これは，テストの開発者，政策決定者，テストの使用者の間の協力と責任を再考することを意味する．最後に，評価の研究者と評価の効果の判定者たちは，妥当性の概念をわかりやすくする努力を継続し，実際に使えるようにすべきである．

　新しい評価の場合，約束されている効果を考えれば，この評価の結果妥当性の研究はとりわけ重要である．特にアメリカで，パフォーマンス

評価が学習指導の範囲を広げる点で期待されているとしても，確証しておかなければならない1つは，ハイ・ステイクスな状況で課題に対して指導がなされているか，それともより幅広い領域に対して指導がなされているかである．英国では，ハイ・ステイクスなパフォーマンス評価が実施されているにもかかわらず，この問題が十分に研究されていないのである．

　課題に対する生徒の見方を知ることも，生徒のモチベーションや他の行動に与える影響を知るために重要である．しかし，この調査すべき事項は，新に取り組まねばならない問題を浮き彫りにしている．これまでは，新しい評価の方法の開発や評価についての新しい政策の形成に力が注がれてきた．新しい評価の方法の与える影響や，実際に導入された場合の悪影響については，まったく研究されてこなかったといっていいのである．

　　信頼性

　妥当性を再考することは，優先順位の決定と，テスト開発者，政策決定者，テストの使用者の責任の明確化の問題であるが，信頼性の場合には，もっと根本的に新しい考え方が必要である．教育評価は単一次元性の仮定の上では機能しないし，結果を標準分布曲線にあてはめられないし，使われる課題は少なく，評価の実施状況を十分に標準化することもできない．このように，標準テストで使用されるような信頼性を統計的な方法によって検証する方法は適していないのである．どのような場合であろうと，私たちはもはや正確な測定とか，真の得点といったものを想定できないのである．伝統的な信頼性という言葉は不適当であり，信頼性という用語を用いるのでなく，評価の一貫性を基礎とする評価の統一という用語を用いるべきである．評価の統一を要求されるレベルは，その使用に関連してくる．もしパフォーマンス評価がアカウンタビリテ

ィーの目的に用いられるならば，評価の統一性を確保するために，多くの手間をかけるべきである．形成的な目的に用いる教師の評価の場合には，評価の統一にそれほど気をつけなくてもよい．評価の統一のために必要な評価の一貫性を確保するには，評価の課題を，対象となるすべての生徒に同じような形で提示しなければならない．また，評価基準がすべての教師によって同じように解釈される必要もある．そして生徒のパフォーマンスはすべての採点者が同じ採点指示書により，同じスタンダードを用いて評価しなければならない．

　これは最初に思われたほど驚くような提案ではない．試験の信頼性が高いという証拠は，それほど強いものではない（サテリー，1994）．さらに，課題と生徒の相互作用は大きな得点の変動要因となるため，伝統的な試験で用いられる少数の問題では，一般化を可能とするほどの強固な結果を得られない．多くの時間と課題を用いて行なわれる教師の評価は，うまく実施されれば，生徒の学習について信任できる結論を導く条件を備えている．また，教師によって実施され，クラス内で用いられる評価の場合，評価の統一性より，生徒のパフォーマンスの水準を最も高くすることの方が重要となる．

　何人かの評価の理論家，例えばフレダーリクセンとコリンズ（1989）によれば，教育評価の場合には，測定の場合のようなサンプリングのモデルを考えるのでなく，もうひとつのパフォーマンスのモデルを目指すべきである．それは「パフォーマンスの内容と採点の公正さがもっとも重要であり，パフォーマンスの再現性や一般化可能性は重要ではない」（モス，1992）．いくつかの評価の形式では，一般化可能性自体を放棄すべきであるかもしれない．

> 数学の問題を解くように，構成概念に関して，将来のパフォーマンスの推測や予想を試みるのではなく，いくつかの新しい評価は，予想とか領域への一般化などの目的に制約されることなく，特定の複

合的な達成事項を素直に認めようとするのである．(ベイカー，オニール，リン，1991)

信頼性と妥当性は従来のテストの開発にあたって重要な部分であった．これは基本的に評価過程の統一の仕組みであり，依然としていくつかの評価の形式の開発で一定の役割を果たしている．しかし，教育評価においては，評価の質を示す別の指標を必要としている．私はまず，これらについて論じたうえで，評価の質を検討するための，これまでと異なったの基準のチェックリストを提案する．

教育評価の質を判断する新しい基準

カリキュラム適合性（curriculum fidelity）は，評価が規定されたカリキュラムやナショナル・カリキュラムに対応する場合，その評価の質を検討する新しい基準として有効である．しばしば指摘される測定しやすいものだけを評価しようとする問題を考えれば，カリキュラムのできるだけ広い範囲を対象とすることを必要とする．カリキュラム適合性の概念は，教師の評価（とオーセンティック評価）に対して特に役に立つものである．それは，カリキュラムの方が，基礎となっている構成概念よりもはっきりしているので，妥当性よりも具体的に示しやすい利点があるからである．カリキュラム適合性の概念は，事実上，構成妥当性と一致している．構成概念非代表性は，カリキュラム適合性の低い場合と類似している．

信任性は，蘇生した用語である．これは，信頼性と妥当性との対立を認めようとするものである．信任性は「信頼性と妥当性の交差点にある」（ウィリアム，1993）．言い換えれば，評価は内容妥当性と信頼性の両者の程度に応じて信任性を持つ．ハーレン（1994）は，評価の質について同じように定義して「特定の目的やコンテキストにみあった最大限の妥

当性と相応の信頼性を持った情報を提供すること」としている．このような定義は，目的への適合性に関して役に立つものである．しかし，伝統的な信頼性の検証方法が適合しない評価の場合には，この代わりに，信任性を，特定の目的に対する最大限の妥当性と，相応の評価の一貫性と統一性と定義していい．

　パフォーマンス評価と教師の評価に関して，評価の統一を確保し，平等と公平のために私たちのなすべきことは，評価基準と結びついた評価を実施し，教師の観察や質問の技能を向上させる訓練を行い，学校内や学校間の評価の一貫性を保ち，教師の固定観念による被害を減らし，グループ・モデレーションを支援することにある（ギップスとマーフィー，1994）．

　社会的信用性（puplic credibility）は，特にハイ・ステイクスなテストや，アカウンタビリティーのためのテストで重要となる基準である（ミックガー，1993）．これはギュバやリンカーンの確実性の概念とは異なったものである．この基準は，テストの使用者や一般の人々によって，テストの結果の一貫性（実施された回数ごとの）と統一性（学校間，採点者間の）が，信用されるために必要である．

　パフォーマンス評価での一般化可能性は疑わしい．パフォーマンス評価は課題の内容やコンテキストに依存することが大きいだけでなく，これを実施するのに要する時間のことを考えると，領域全体への一般化を可能にするほど十分な課題を実施することができない．領域の外部に対しては論外ということになる．生徒のパフォーマンスは予想がつかないものである．これは認知心理学と学習理論の研究から言えることである．そのため，広く一般化ができると見せかけることは，私たち自身をも，他の人々をも欺くことになる．一般化可能性の代わりに，私たちは転移可能性に注目し，そのために評価の実施されたコンテキストに関してより詳しく記述しなければならない．これはパフォーマンスがきわめてコンテキストに依存するため，特定のパフォーマンスが示されたコンテキ

ストを具体的に述べる必要のあるためである．パフォーマンスは評価の行なわれたコンテキストを越えて一般化することができないにもかかわらず，評価の使用者はしばしばそうするのである．コンテキストを記述することによって，少なくとも転移可能性について，より根拠を持った判断が可能となる．複合的な構成概念や技能に関しては，領域内で一般化しないで，また例えば大学の学位論文のように領域を越えての一般化もしないで，特定の複合的な達成事項そのものとして認めるべきである．

　それゆえに，優れた質を持った評価に期待するのは，きちんと規定されたコンテキストで，質の高いパフォーマンスを引き出すことである．それから，公正に採点されること（生徒の理解できるように），一貫性（教師間でも，生徒間でも）を必要とする．

　以上のことから，私たちはいまここに，教育評価の定義に対して，教育評価の質を確保するための，これまでと違った指標を提示したチェックリストを加えることができる．

* カリキュラム適合性——これは構成概念，領域，またはカリキュラムが明確に規定され，評価がカリキュラム全体（各領域でなくても）をカバーしていることを意味する
* 評価の統一性——これは教師が評価を実施する場合の一貫性により達成される．その内容は，まず評価基準が共通理解されている．そして，パフォーマンスが公平に評価される．これはつまりすべての採点者が同じ採点規則にしたがっていることになる．このようなことは，訓練，モデレーション，事例集の提供によって可能になる．
* 信任性——これはカリキュラム適合性，評価の一貫性と統一性を示す証拠によって得られる
* 社会的信用性——前者と同じ
* コンテキストの記述——これは転移可能性に関する根拠を持った判断を可能とするために，評価のコンテキストに関する詳しい情報を

必要とする
* 公平——これには，評価において様々な指標を用いることにより，生徒に対して多面的な機会を提供することが必要である

　教育評価の質に関するこれらの新しい基準と，信頼性と一般化可能性に関する再考は，まだそれほど試みられていない．これらに関する論争は，ここ数年にわたって関連分野で行なわれているが，教育評価の調査は全体的に歩調が合っておらず，技術的な基礎もやや脆弱であり，十分に概念化されていない．この本の各章やこの枠組みが，質の高い教育評価の開発の過程での刺激になることを願うものである．

　教育評価の基礎をなす理論的な根拠づけのないことを批判する人々（例えば，ハンセン，1993）がいる．教育評価はしかるべき何らかの実体や実績を有していないのに，測定学を批判する新手の便乗者と見られている．私が本書で示してきたように願っているのは，教育評価は学習者が中心におかれ，学習，モチベーション，評価の理論に根拠を持っていることである．これからの研究開発の必要な主な分野は，技術的なものであるが，本当に必要なのは技術というより，評価の目的や質の概念についてのこれまでとは根本的に異なる方法である．

　高度に標準化されたテスト，教師によって使われるか，または外部テストの一部として行なわれるパフォーマンスを基礎とした課題と教師の評価の違いを認めなければならない．伝統的な信頼性を満足させるために，教師の評価とパフォーマンス評価を最大限に標準化してしまうことは，あまりにも乱暴なことである．評価の客観性を追求することは，実りもないし不毛である．代わりに提案された基準は，高度に標準化された狭い範囲を対象とするテストの手続きに依存することなく，指導や学習に与える影響とともに，教育評価の質を確保することを可能とする．

　これらの基準のいくつかは量的なものというよりも，質的なものであることは，すべて好都合である．それは，評価を客観的な活動であると

か，科学そのものであるという考えを放棄させるからである（ブロードフット，1994）．もしパフォーマンス評価や教師の評価を，評価計画の一部として継続させようとするならば，これらの基準とその使用を広げていかなければならない．さもなければ，新しく開発されたものの多くが，質を判断するための伝統的な基準を満足させないため，公式の評価の中から排除されてしまうであろう．これらの新しい形式の評価は，それが指導や学習に実践に与える影響を持ち，広くカリキュラムの目的を対象とすることができる点で，重要なものである．

政策決定者への提言は，その評価の取り組みについてである．アカウンタビリティーのための目的であっても，時間と費用を考慮すれば，実行可能であり，構成概念を十分に反映し，領域を深くかつ広く対象とし，様々なグループの生徒に対して公平であるために，様々な種類の評価を用いるべきである．

私たちは，できるかぎり絶えず，政治家や政策決定者に，評価に関わるステイクス，特に教師や学校レベルでのステイクスを低めることの重要性を説かなければならない．資格付与や選抜の目的の評価の場合には，ハイ・ステイクスの低下することはないであろうから，評価の方式と内容がとりわけ重要である．私たちはまた，すべてのレベルで，テストの使用による教育的，社会的な結果の検討の重要性を，政策決定者に説く必要がある．

テストの開発者への提言は，特に選抜や資格付与の評価に関して，幅広い回答を求める質の高い課題や，様々な方式を使うことが，指導やカリキュラムに好ましい影響を与えるということである．好ましい学習指導を損なうことなく，生徒のパフォーマンスに関する質の高い情報を提供できるような，アカウンタビリティーのための評価を作らなければならない．これらのことは，前の章で述べてきたように，不可能なことではない．さらに，評価対象となる構成概念と適切なテストの使用を，常に明確にするべきである．アカウンタビリティーのための評価と平行し

て用いることのできる，学習を支援する新しい方式の評価の開発を続けなければならない．

　最後に，どのような評価のモデル，政策，計画であろうと，教師がそれを用いることによってのみ優れたものとなる．教師の役割を低下させ，専門家としての訓練を怠れば，どのような評価の技術であろうと，その代わりを務めることはできない．概念や技能を教え，評価に対して生徒を準備させ，生徒や父兄にフィードバックし，学習者を適切な方向へ誘導するのは教師である．評価での教師の役割を制限することは，指導と学習の過程についての全くの考え違いである．評価に対して，よく訓練された教師の専門家としての参加を求めてこそ，学習の向上への強力な武器の活用となるのである．

用語解説

第1章

(1) **標準課題**（Standard Tasks）
　英国のナショナル・カリキュラムで主として7歳児に対して実施される全国テストのことである．パフォーマンス評価であることが特徴である．例えば，ものの浮き・沈みについて，ペーパーテストではなく，実際に様々なものを浮かべてみる実験をとおして，子供がこれについての知識や原理を理解しているかを評価しようとするものである．元々はStandard Assessment Tasks (SATs)「標準評価課題」と呼ばれていたが，アメリカのSATと紛らわしいとの批判を受け，1993年から Standard Tasks と呼ばれるようになった．本文では，SATsという名称を使って言及している場合が多い．⑺「パフォーマンス評価」参照．

(2) **コースワーク**（course work）
　英国の中等教育修了資格試験（GCSE試験）の構成要素のうち，パフォーマンス評価の部分を言う．⑾「GCSE試験」参照．

(3) **ポートフォリオ**（portfolio）
　ポートフォリオとは，元々は書類を入れる紙挟みや，ファイルのことをいう．評価の用語としてのポートフォリオとは，ファイルに生徒が学習活動の中で示した学習成果を示す事例や作品を入れて保存することである．評価といえば，点数や順位という考え方が従来の評価の中心であったが，ポートフォリオの場合は，ファイルに事例や作品を入れることが評価となる．つまり，ファイルに入れて保存することで，その保存したものの価値を認めることになる．

(4) **ノルム準拠テスト**（norm-referenced testing）
　ノルム準拠テストとは，テストの結果をテストを受けた受験者全体の得点分布と関連させて示す方法である．具体的には，偏差値や順位などでテストの結果を示すことである．わが国で一般的に相対評価によるテストといわれ

るものである．

(5) **クライテリオン準拠評価**（criterion-referenced assessment）
　一定の基準（criterion）と比較して，評価の結果を示す評価である．わが国では，絶対評価とか，到達度評価という用語がこの意味で用いられているが，わが国のこれまでの用語では，意味のずれが生じるため，原語に近いクライテリオン準拠評価と訳すこととした．

(6) **形成的評価**（formative assessment）
　学習過程の途中で，評価によって得られた情報を，生徒の学習の改善や向上に用いるための評価を形成的評価という．これと対照的に，成績をつけたり，資格を付与したりするための評価を総括的評価という．

(7) **パフォーマンス評価**（performance assessment）
　生徒の学習の達成状況を評価する場合，求める技能や能力を実際に用いることができるかを評価しようとするものをパフォーマンス評価という．例えば，理科で実験器具の扱い方を知っているかを，ペーパーテストの問題により評価するのではなく，実際に実験器具を扱わせるなかで評価することである．本書の第6章参照．

(8) **アカウンタビリティー**（accountability）
　学校がその運営資金を拠出する納税者（費用負担者）にたいして，それをどのように有効に使っているかを説明する責任のことをいう．具体的には，進学成績や全国テストの結果，その他の活動成果について説明する責任である．

(9) **16才と18才での公的資格試験**
　英国では，義務教育の修了段階の16才の生徒の多くがGCSE試験を受ける．さらに高等教育進学希望者は18才でAレベル試験を受験する．これらの試験の成績によって，一定の資格を与えられ，高等教育への進学には，一定の資格を得ることが求められる．いずれの試験も，国の監督下にある試験機関によって実施され，資格付与が行なわれる．

(10)　**HMI**（Her Majesty's Inspectors）

　英国の視学官のことであり，学校の運営状況について調べ，学校の運営状況の調査，改善の勧告をする国の機関である．

(11)　**GCSE試験**（General Certificate of Secondary Education）

　GCSE試験（中等教育修了資格試験）は，1988年から始まった英国の義務教育修了段階の16才の生徒が受験する資格試験である．科目ごとに成績によってA．B．C．D．E．F．Gのグレードで資格認定される．高等教育への進学を目指すシックスズ・フォームや各種職業教育カレッジへの進学に際して，GCSE試験の一定の科目で特定のグレード以上の資格を，各進学先の機関は求めている．GCSE試験の最大の特徴は，ペーパー試験だけでなく，パフォーマンス評価を試験のなかに組み込んだ点である．GCSE試験でのパフォーマンス評価の部分をコースワークという．ペーパー試験が16才で受験するのに対して，コースワークは16才までの2年にわたり，生徒の所属する学校内で担当教師が評価することになっている．ペーパーテストの得点と，コースワークでの得点が合計されて，最終的な資格を示すグレードが決定される．コースワークの得点の比重は，当初20％～100％（この場合はペーパーテストはない）であったが，その後最大30％までに制限された．コースワークの実際の内容は科目によって異なるが，ペーパー試験では評価できない生徒の能力や技能を評価することを目的として，パフォーマンス評価を導入した．例えば，科学では実験・観察活動，地理ではフィールド・ワークに基づくレポート，美術や音楽では作品や実際の演奏である．コースワークの評価は各学校の教師が実施するため，教師の評価を統一するために，モデレーションの手続きが行なわれる．モデレーションについては，本文の第7章参照．

(12)　**ラッシュモデル**（Rasch model）

　精神測定学の分野で，デンマークのG．ラッシュが作成した，確率モデルを用いたテスト項目に関する1パラメーターモデルである．本文では，1つの要因だけに限定して分析する代表例としてあげられている．

　　（参考文献）「心理テストの確立モデル」（G．ラッシュ，内田良男監訳，名古屋大学出版会）

⒀　イレブン・プラス試験（eleven plus）
　英国の初等教育修了年令11才で受験するテストで，高等教育への進学を目指すグラマー・スクールと就職を目指す生徒を対象とするモダーン・スクールへの進学者を振り分ける働きをしていた．1965年から，中等教育でグラマースクールとモダーンスクールを統合したコンプリヘンシブ・スクールが広まるにつれ，選抜の必要がなくなり，多くの地域で消えていった．しかし，グラマー・スクールの残っている地方では，存続している．

⒁　ノルム（norm）
　テストの結果を示すため，集団の得点分布をもとに作られた評価基準．

⒂　グレード別評価（grade related assessment）
　GCSE試験のA～Gのグレードでは，A，C，Fだけに文章表現でグレード付与の基準が決められており，他のグレードはA，C，Fの基準となる点数をもとに，数学的に計算する方式となっている．そこで，すべてのグレードに詳細な達成基準を設定し，グレードの意味をより明確に示そうとした試みがグレード別評価である．しかし，本文にあるように（第5章）技術的に困難であったため中止された．

⒃　スタンダード準拠評価（standard-referenced assessment）
　オーストラリアのR．サドラーによって理論化された評価方法．言語表現と評価事例集で評価基準を示す，クライテリオン準拠評価法の1種と考えられる．正解／誤りというような2分法的な採点のできない課題の評価に適している．本文第5章参照．

⒄　実行能力（competence）
　特定の課題を遂行するために必要な必要な知識や技能，態度を総合した能力のこと．特に，職業に関係した活動を遂行する能力をさす場合に用いられることが多い．

⒅　オーセンティック評価（authentic assessment）
　教育の目的とする能力や技能を，通常の授業過程の中で評価しようとする

ものである．その目的は，求める能力や技能を実際に使うような学習活動の中で評価することで，ペーパーテストに向けた（特に択一式のテスト）学習指導の改革を求めるものである．学習の活動は，できるかぎり現実社会で必要とされる能力や技能に合わせた活動を使って評価すべきであるとする．本文第6章参照．

(19) **達成事項を記録したポートフォリオ評価**
生徒が学習過程で一定の成果をあげたら，そのことを示す事例や記録をポートフォリオに入れて評価すること．

(20) **標準評価課題**
(1)「標準課題」を参照．

(21) **達成事項の記録**（Records of Achievement）
英国の初等学校，中等学校で用いられているRecords of Achievement（RoA）のことである．学校での学習の記録や，学習以外の活動の成果，学校外での活動などを，ポートフォリオに記録を累積していく評価である．生徒が様々な分野で成功した事項を累積することで，生徒に自信を付けさせようという目的で作られている．

第2章

(1) **ブロック積み学習モデル**
複合的な能力や技能を，細分化された構成要素に分解し，各要素を個別的に学習していけば，複合的な能力や技能を獲得できると考える学習理論．例えば，すぐれた文章は，文章を構成する，単語，句読点の使い方，段落の構成方法を個別に学習すれば書けるようになると考えるのである．

(2) **行動主義**（behaviourlism）
人間の発達に関するいかなる判断も，観察可能な行動をもとに行なわれるべきであるとする心理学の一派．評価において行動主義の立場をとることは，観察可能な行動を強調することにより，評価対象を個別化された，正解／誤

りのような判断が可能な課題を用いた評価になる．これにより，きわめて狭い範囲の能力や技能だけを評価する欠点をもつことになる．

(3) **認知心理学**（cognitive psychology）
事物や事象に関する人間の思考や判断の内容やその過程について研究する心理学．B・ブルームによる認知的領域の6つの分類，すなわち知識，解釈，分析，応用，総合，評価の6つの分類は，教育評価の基本的な枠組みを構成する出発点となった．

(4) **構成主義**（constructivism）
学習理論の1つであり，学習とは知識を数多く吸収することではなく，既存の知識の構造を作り替えていくことであるとする．小さな子供でも，日常生活での経験を秩序付けるための説明を持っており，学習とは既に持っている説明と矛盾する事実にぶつかることにより，最初に持っていた説明をより現実に即した内容に変えていくことであるとする．

(5) **オーセンティックな評価**
第1章(18)「オーセンティック評価」参照．

(6) **メタ認知的な役割**
教師の役割を，学習内容を直接教えるのではなく，学習の仕方や，問題への取り組みの仕方，学習上の問題点などを指摘することであるとすること．

(7) **クライテリア**（criteria）
基準の意味のクライテリオン（criterion）の複数形．第1章(5)「クライテリオン準拠評価」参照．

(8) **スタンダード**（standard）
この場合のスタンダードとは，スタンダード準拠評価での，スタンダードのことである．第1章(16)「スタンダード準拠評価」参照．

(9) **生態的妥当性**（ecological validity）
　通常の妥当性がテストの問題や評価に用いる課題が，目的とする能力や技能を実際に評価しているかを問うのに対し，生態的妥当性はもっと広く学習指導の在り方や教育環境全般の特徴と適合しているかを問題とすること．

(10) **発達の最近接領域**（zone of proximal development）
　L・S・ヴィゴツキーの提唱した生徒の学習可能性に関する概念である．生徒が大人の手助けを受ければ到達する学習レベルと，独立して到達できる学習レベルの差を表す概念である．発達の最近接領域は，生徒が学習指導によって到達可能な水準を示すものとされた．

(11) **学習可能性評価手段**（Learning Potential Assessment Device）
　(12)「動的評価」参照．

(12) **動的評価**（dynamic assessment）
　経済学の需要と供給に関する動学理論にヒントをえて，評価の過程と学習指導を一体化して，学習指導を通して評価もするという考え方．本文にあるように，ヴィゴツキーの足場組評価の概念は，生徒に支援を与えつつその支援の程度によって，生徒の学習の到達可能性の範囲を調べるものである．動的評価は，この支援を学習指導として，学習指導の場面での生徒の反応を調べることによって評価していこうとするものである．このような学習指導の場面での生徒の反応を評価する場合のほうが，通常のテストよりも，生徒の将来の学習の可能性を正確に予測できると言われいる．このような生徒の学習可能性を調べるための評価を，学習可能性評価手段と言い，フエーアステインによって提唱された．
　　（参考文献）Wood,R.（1991）Assessment and Testing,Cambridge University Press, Cambridge.

第3章

(1) **測定主導の学習指導**（measurement driven instruction）
　テストの実施を梃子として，学力の水準を高めようという考え方であり，

1980年代後半アメリカでは，州内テストの実施によって学力水準を高めよとする動きが広がった．本文にもあるように，提唱者たちは単なるテストの実施による学力水準の向上だけでなく，学習指導の在り方の改善も意図していたのであるが，テストの実施＝学力の向上という短絡的な動きにつながったことも否めない．

(2) ハイ・ステイクス（high-stakes）

テストや評価の結果が，生徒の将来の進路や学校の評価となる結果，社会全体の注目を浴びるようになることを，ハイ・ステイクスという．わが国では，高校入試やセンター試験，大学試験などがこれに相当する．これに対して，そのような社会的な関心をよばないテストや評価をロー・ステイクスという．

(3) デブラP裁判

いろいろと調べたが，不明である．読者のご指摘を乞う．

(4) Oレベル試験

1988年にGCSE試験が始まるまで，16才で実施されていた資格試験．主として高等教育への進学希望者が受験した．内容が高度であるため，16才の生徒の一部しか受験できず，就職希望者や職業教育希望者はCSE試験という資格試験を受験した．GCSE試験は，16才の生徒が2つの別の試験を受験するのでなく，同じ試験を受験するように両者を統一する目的で設立された．GCSE試験の特徴であるコースワークは，もともとCSE試験で実施されていたものである．第1章(11)「GCSE試験」参照

(5) 成果に基づく支払い（payment by result）

英国では1832年のロバート・ロウ改正規則によって，学校の財政資金は，各生徒の試験の結果（読み，作文，算数）で決められることになった．これによって，学力水準を上げなければ教師は，金銭面でのペナルティーを受けることになり，テストの点数を上げるために徹底的にテストの問題に合わせた練習を強いられることになった．これを成果に基づく支払いという．この仕

組みはその後30年間続いた．本書では，テストに向けた学習指導の最悪の事例として紹介されている．

　　（参考文献）Stobart, G.and Gipps, C.（1997）Assessment : A teacher's guide to issues, London, Hodder & Stoughton.

(6)　**協同学習**（cooperative learning）

　生徒がグループを作って問題解決学習などに取り組む学習のことである．教室での一斉学習への対案として提唱され，特に生徒の学習に対する動機づけの点ですぐれていると言われるが，その他の影響について，例えば生徒の思考過程でどのような影響があるかなどについては研究課題となっている．

(7)　**自己制御学習**（self-regulated learning）

　生徒が自分の学習を自己コントロールする学習活動のこと．教育の最終的な目標は，自分で学習上の課題を発見し，学習していく生徒の育成であるとして，学校教育で生徒自身に自分の学習をコントロールする能力，つまりメタ認知能力を育成しようとすることが目標となる．

(8)　**初期の達成事項の記録**

　第1章(21)「達成事項の記録」参照．

(9)　**等級別評価**（graded assessment）

　一定の等級を得るための基準を決め，この基準に適合することを示せば，該当の等級を得て，次の等級に進むことができるようにした価値方法．英国のなかでも，スコットランドがこの方式を採用している．

(10)　**2年間を対象とした公的試験**

　GCSE試験のこと．GCSE試験のコースワークは，学校内での学習活動を使ってペーパーテストで評価できない能力を評価するため，ペーパーテストで実施される最終試験の前2年間も試験の対象期間となる．また，ペーパー試験もこの2年間の学習内容を対象としているのでこのような表現となった．

⑾　**Aレベル試験**
　英国で18才の生徒が受ける資格試験であり，この試験の成績によって高等教育への進学の可否が決まる．多くの大学はこの資格試験で最低限3科目以上にわたってC以上の成績をあげることを要求している．わが国の大学入試に相当するが，内容は極めて高度である．

⑿　**学校内評価**（school-based assessment）
　外部作成のペーパーテストに対して，教師が作成したテストや，教師は日常的におこなうインフォーマルな評価のこと．本文では特にGCSE試験のコースワークを念頭に置いている．

⒀　**初等学校全国評価**（National Assessment in Primary School）
　英国のナショナル・カリキュラムに関して，7才段階での全国テストと教師の評価の実施が，学校のカリキュラムや教師の評価の在り方に与えた影響について，1991年と1992年の場合についての調査のこと．

⒁　**最低修得度テスト**（minimum competency testing programmes）
　アメリカで1960年代から行なわれたテストであり，生徒に基礎的な能力や技能を身に付けさせるために，このテストにおいて一定の点数以上をとらなければ，次の学習に進めないようにして，もう一度該当の学習内容を繰り返して学習させることとした．

第4章

(1)　**心理テストの標準**（AERA, APA, NCME）
　心理テストに必要な信頼性や妥当性などについて定めた基準であり，アメリカでの代表的な例として，AERA（American Educationl Research Association），APA（American Psycological Association），NCME（National Council on Measurement in Education）が1985年に定めた標準がある．これらの心理テストの標準の変化については本文第8章参照．

(2) **APU**（Assessment of Performance Unit）

英国で1974年から1988年まで実施されていた全国学力調査．対象分野は，数学，英語，科学，外国語，技術の分野である．1つの学校で30人程度を抽出して，マトリックス・サンプリングの手法で調査したものである．特に重要な点は，通常のペーパーテストに加えて，パフォーマンス評価を組み込んでいることである．例えば，科学では与えられた実験器具を実際に使って，特定のテーマについての実験計画の作成やその実施が出来るかも調査の対象となっていた．

(3) **参照テスト**（reference test）

あるテストの得点や評価の結果を，別のテストの結果で修正する場合，この修正の基準として用いられるテストを参照テストという．特に学校内で教師が行なった評価について，学校間の評価の統一のために，別に実施したペーパーテストを参照テストとして用いることが多い．

(4) **オーストラリア学習適性テスト**（Australian Scholastic Aptitude Test）

オーストラリアのクイーンズランド州では，学校の教師によって行なわれた評価に加えて，大学教育への進学を希望する者は，オーストラリア学習適性テストを受験することになっている．このテストによって，学校の教師の行なった評価の合計点は学校ごとに調整され，大学は調整後の評価の合計点を使って学生を選抜する．そのためこのテストはスケーリングの役割を果たしていることになる．

（参考文献）Broadfoot, P. (1994) 'Approaches to Quality Assurance and Control in Six Contries' in Harlen, W. (Ed.) Enhancing Quality in Assessment London, Paul Chapman.

(5) **スケーリング**（scaling）

難易の差のあるテストの得点を統計的な手法を用いて，同じ基準で測定するように調整すること．本文中の第4章「モデレーションの方法」で「科目間の難易の調整」とされているが，実際には調整されるのは（スケーリングの対象は）科目間の調整に限定されるわけではない．例えば，各学校の教師の評価を，他の資料（テスト等）で修正することもこれにあたる．

(6) グレード（grade）

英国のGCSE試験やAレベル試験での資格の段階のこと．第1章 (11)「GCSE試験」参照．

(7) **Key Stage 1**（英国のナショナル・カリキュラム）

英国では，1988年の教育改革法によって，ナショナル・カリキュラムが初めて導入された．英国のナショナル・カリキュラムでは5才から16才までの義務教育の期間を4つに大きく区分している．5才から7才までを key Stage 1, 8才から11才までをKey Stage 2, 12才から14才までをKey Stage 3, 15才から16才までをKey Stage 4として，この各Key Stageごとにカリキュラムの内容を定めている．各Key Stageの最後には，全国テスト（英語，数学，科学のコア科目）と教師の評価（コア科目とその他の科目）が行なわれる．テストの結果と教師の評価とも10レベルの段階で表示されることになっていた．つまり，5才から16才までの達成段階をレベル1からレベル10までの連続した段階で表示することにしたのである．例えば，7才では多くの生徒がレベル2となることを目標とし，11才ではレベル4, 14才ではレベル5または6を目標とした．

全国テストの結果は，一般に公表されるため，この結果をもとに学校の番付表（League Table）が作成され，学校の序列化を引き起こしているとの批判がなされている．なお，1993年以降, Key Stage 4の学習内容は，GCSE試験のシラバスによって決められており，試験もGCSE試験として行なわれ，評価も10のレベルではなく元々のGCSE試験のグレードを用いることに変更された．

7才の生徒の全国テストは，ペーパーテストではなく標準課題と呼ばれるパフォーマンス評価を一部用いている．全国テストと教師の評価は別々に行なわれ，1994年までは，教師の評価と全国テストの結果が一致しない場合には，全国テストの結果が原則として優先された．全国テスト，教師の評価に要する膨大な時間，番付表に対する反発が合わさって，1993年に全国テストに対する教師のボイコットが起こり，これを契機としてナショナル・カリキュラムの大幅な再検討が行なわれ，改訂の勧告がなされた．この勧告をディアリング報告という．その結果，1995年以降，全国テストと教師の評価はまったく別のものとして別々に表示されることになった．10レベルも8レベルに減らされて，Key Stage 3までの使用に改められた．

(8) **全国職業資格**（National Vocatinal Qualification）
英国での職業上の技能を証明する資格試験であり，主として16才以上の勤労青少年を対象としており，働きながら一定の時間だけ職場を離れて職業教育カレッジで学習することによって，資格を得ることが出来る．レベル1からレベル5まであり，レベル5は大学教育修了と同等レベルとされている．

(9) **TGAT**（Task Group on Assessment and Testing）
英国のナショナル・カリキュラムでのテストと評価の方法を検討した委員会．1987年に設立され，翌年英国の教育科学省（当時の名称）に答申をだした．このTGATレポートがナショナル・カリキュラムでの評価の方法の基本的な枠組みを作ることとなった．しかし，レポートのすべてが教育科学省に受け入れられたわけではなく，この点がその後，ナショナル・カリキュラムでの論議の焦点となった．

第5章

(1) **ノーテンスカラ**（notenskala）
ドイツでは，初等教育の最終の2学年にわたる学業を，教師が6段階で評価する．これがノーテンスカラであり，この成績評価をみて，中等学校では該当生徒の入学を認めるかを判断する．教師による各学校内での評価であるが，教師間，学校間での評価基準の統一性について，これを確保するシステムがないことを特徴とする．

(2) **ドメイン準拠テスト**（domain-referenced testing）
クライテリオン準拠評価（テスト）におけるクライテリオンの解釈として，J・W・ポファムによって提唱されたテストである．テストの対象とする範囲を明確に規定し，そのテストの範囲を評価するための問題を数多く作成したうえで，これらの問題群から一定のサンプリングの手法で問題を選択して，テスト問題を作成する．生徒がこれらの問題をできた割合が，そのまま該当の学習領域での生徒の理解した割合を示すことになるとした．この割合が一定以上であれば，該当の領域での学習の目標を達成したと判断されるのである．このような方法は，テストの問題が正解／誤りといった2分法的に採点で

きるものに限定することになりがちであり，カリキュラムの目標のごく一部の内容にしか適合しない評価方法であるとの批判がなされている．この問題を克服しようとしたのが，R・サドラーのスタンダード準拠評価である．第1章(16)「スタンダード準拠評価」参照．

(3) **グレード記述**（grade description）

GCSE試験での資格付与の基準として採用されている評価基準．グレードA, C, Fについて，かなり長い文章でこのグレードの特徴を示している．このような文章表現では評価基準が明確でないこと，さらに3つのグレードだけで，他のグレードの基準がないことなどの問題を解決するために，各グレードすべてに詳しい評価基準を設定しようとしたのがグレード別評価であったが，結局各グレードに膨大な評価基準を盛り込まざるをえなくなり，使えないことがわかって開発は中断された．

(4) **信任性**（dependability）

テストが受験者の能力や技能を正確に反映するかを考えた場合，これを従来は信頼性と妥当性に分解して論じてきたが，テストの結果を信用できるかは，どちらか一方を確保するだけでなく，両者が一定程度確保される必要がある．この両者を統合した概念が信任性である．

(5) **SATs**（Standard Assessment Tasks）

第1章(1)「標準課題」参照．

(6) **ENCA評価**

英国のナショナル・カリキュラムのkey Stage1の評価について，リーズ大学が中心となって1992年に実施した調査のために開発された評価方法のこと．

(7) **各レベルの差は非常に大きく**

英国のナショナル・カリキュラムでは5才から14才までの生徒をレベル1からレベル8までの8段階のレベルで評価することになっているが，平均的な生徒は2年間で1つのレベルの向上がみられることを目指している．7才の生徒でレベル2，11才でレベル4，14才でレベル5ないし6が目標となっている．

（参考文献）Baker, M.（1992）A parent's guide to the new Curriculum, BBC, London.

(8) **レベル9の最初の達成基準**
　英国のナショナル・カリキュラムは，当初レベル1～10までの10段階の評価を予定していたが，1993年に15才から16才の評価はGCSE試験のグレードを使うこととなり，レベル9と10の2つのレベルは使われなくなった．

(9) **CSE試験**（Certificate of Secondary Education）
　英国では，1988年にGCSE試験が始まるまで，16才の義務教育修了段階の生徒は，OレベルかCSE試験かを受験していた．Oレベル試験は高等教育進学希望者を中心とした試験で，多くの生徒がOレベル試験では難しすぎて受験を敬遠していた．そのため，これらのOレベルでは程度が高すぎる生徒のために，1965年からはじめられたのがCSE試験である．このため2つの資格試験制度が存在していたが，この両者を統合し，すべての生徒に同じ試験を提供する目的でGCSE試験が設置された．

(10) **パフォーマンス・マトリックス**（performance matrix）
　GCSE試験の各グレードを得るために必要な，知識，理解，技能等の能力を一覧表にして作成したもの．

(11) **シラバス**（syllabus）
　ここでのシラバスとは，GCSE試験の科目ごとの試験の内容等を規定した文書をさしている．

(12)(13) **Key Stage 4 / Key Stage 3**
　第4章(7)「Key Stage 1」参照．

第6章

(1) **格子状計画手法**（grid design approach）
　枠組みは想像できるのだが，説明することは手に余る．読者のご指摘を乞う．

(2) **マトリックス・サンプリング**（matrix sampling）
　学力の全国調査を行なう場合，サンプルとして抽出した生徒に全問題を解答させるのでなく，問題の一部だけを解答させる方法．この方法では，必要なサンプルとなる生徒の数はふえるが，一人の生徒が解く問題数が減るため，生徒一人に必要な時間数は減少する．このような方法が必要なのは，調査に時間のかかるパフォーマンス評価を用いるAPUのような調査の場合である．

(3) **職業適性ポートフォリオ**（employability portfolio）
　生徒が自分の職業につくにあたり必要な様々な技能や能力を獲得したことを示す資料や証拠を，ポートフォリオにまとめたもの．

(4) **新スタンダード計画**（New Standard Project）
　1990年ピッツバーグ大学のレズニックとタッカーによって提案された新しい評価システムの提案のこと．それまでアメリカで支配的であった択一式の標準テストにかわって，パフォーマンス評価やポートフォリオ評価を用いて，選抜の目的にも用いられる評価システムを提案した．この提案ではパフォーマンス評価を組み込んだ全国試験システムを提案している．

(5) **全国試験システム**（national examination syatem）
　前項「新スタンダード計画」参照．

(6) **コア科目**（core subuject）
　英国のナショナル・カリキュラムでの，英語，数学，理科のこと．これらの科目については，7才（Key Stage1），11才（Key Stage2），14才（Key Stage3）で全国テストが実施される．

(7) **教師の評価**（teacher assessment）
　英国のナショナル・カリキュラムにおいて，コア科目では全国テストと同時に，教師が生徒の学習状況を日常的に観察した教師の評価も行なわれる．1995年以降，全国テストの結果と，教師の評価の結果は別々に表示されることとなった．それ以前は，全国テストの結果が優先された．

(8) モデレーター (moderator)

英国で評価の統一を確保するための指導・助言者をいう．各種の評価に応じてその実施に責任をもつ機関がモデレーターを設置している．モデレーターの中で最もその役割が確立しているのが，GCSE試験のコースワークのモデレーターである．

第7章

(1) PRAISEチーム

英国では1984年，新しい評価方法として「達成事項の記録」を推進することを教育科学省が表明した．これを契機に，それまでいろいろな学校で研究されてきた「達成事項の記録」の調査とその効果，問題点について公式に調査するために設けられたのがPRAISチーム (Pilot Records of Achievement in School Evaluation) である．

(2) 達成事項の記述 (statement of attainment)

英国のナショナル・カリキュラムで1993年まで用いられていた評価基準のこと．

第8章

(1) スクール・カリキュラム・アセスメント機関 (School Curriculum Assessment Authority)

英国でのナショナル・カリキュラムの作成，各種の試験の質の確保に責任をもつ機関．

第9章

(1) アイテムバンク (item bank)

多くの試験問題を集めて保存しておき，必要な場合にこの保存した問題から選択してテストを実施できるようにするために作られる試験問題収集機関．国レベルの機関として著名なのはオランダである．

参考文献

AIRASIAN, P. (1988a) 'Measurement driven Instruction: A closer look', *Educational Measurement: Issues and Practice*, winter, pp. 6-11.

AIRASIAN, P. (1988b) 'Symbolic validation: The case ofstate-mandated, high-stakes testing', *Education Evaluation and Policy Analysis*, 10, 4.

ALEXANDER, R., RosE, J. and WOODHEAD, C. (1992) *Curriculum Organisation and Classroom Practice in Primary Schools*, London, DES.

AMERICAN EDUCATIONAL RESEARCH ASSOCIATION, AMERICAN PsYCHO-LOGICAL ASSOCIATION, NATIONAL CoUNaL ON MEASUREMENT IN EDUCATION (1985) *Standardsfor educational and psychological testing*, Washington, DC, AERA, APA, NCME.

AMERICAN PSYCHOLOGICAL AssoaATION (1974) *Standardsfor Educational and Psychological Tests*, Washington, DC, APA.

AMERICAN PSYCHOLOGICAL ASSOCIATION (1985) *Joint Technical Standards for Educational and Psychological Testing*, Washington, DC, APA.

APPLE, M. W. (1989) 'HOW equality has been redefined in the Con-servative restoration', in SECADA, W. (Ed) *Equity and Education*, New York, Falmer Press.

ATKINS, M., BEATTIE, J. and DOCKRELL, B. (1992) *Assessment Issues in Higher Education*, Newcastle School of Education, University of Newcastle.

BAKER, E. (1992) *The Role of Domain Spectfications in Improving the Technical Quality of Performance Assessment*, CRESST/UCLA.

BAKER, E. and O'NEIL, H. (1994) 'Performance assessment and equity: A view from the USA', *Assessment in Education*, I, 1.

BAKER, E., O'NEIL, H. and LINN, R. (1991) *'Policy and validity prospects for performance-based assessment'*, paper presented at APA annual meeting, August.

BENNETT, S. N. (1982) 'Time to teach: Teaching-learning processes in primary schools', in WILKINSON, W. J. and GEORGE, N. J. (Eds) *Pupil Behaviour and Performance: Recent Theory and Research*, Hull, Uni-versity of Hull.

BENNETT, S. N. and DESFORGES, C. (1985) 'Recent advances in class.room research', *British Journal of Educational Psychology Monograph Series No 2*, Scottish Academic Press.

BENNETT, S. N., DESFORGES, C., COCKBURN, A. and WILKINSON, B. (1984) *The Quality of Pupil Learning Experiences,* London, Law-rence Erlbaum Associates.

BENNETT, N. and KELL, J. (1989) *A Good Start? Four Year Olds in Infant Schools*, Oxford, Blackwell.

BEREITER, C. and SCARDAMALIA, M. (1989) 'Intentional learning as a goal ofinstruction', in RESNICK, L. (1989) (Ed.) *Knowing, Learning and Instruction. Essays in honour of R Glaser*, NewJersey, Lawrence Erlbaum Associates.

BERLAK, H., NEWMANN, F., ADAMS, E., ARCHBALD, D., BURGESS, T., RAVEN, J. and ROMBERG, T. (1992) *Towards a New Science of Educational Testing and Assessment*, New York, State University of New York Press.

BLACK, P. (1993a) 'The shifting scenery of the National Curriculum', in CHITTY, C. and SIMON, B. (Eds) *Education Answers Back*, Lon-don, Lawrence Wishart.

BLACK, PJ. (1993b) 'Formative and summative assessment by teach-ers', *Studies in Science Education*, 21, pp. 49-97.

BLATCHFORD, P. (1992) 'Academic self-assessment at 7 and 1 1 years: Its accuracy and association with ethnic group and sex', *BritishJournal of Educational Psychology*, 63, pp. 35-44.

BLOOM, B. S. (1976) *Human Characteristics and School Learning*, New York, McGraw-Hill.

BROADFOOT, P. (1993) *'Performance assessment in perspective: Some international insights'*, paper presented at the AERA Conference, Atlanta.

BROADFOOT, P. (1994) *Educational Assessment: The Myth of Measurement*, Inaugural Lecture, University of Bristol.

BROADFOOT, P., JAMES, M., MCMEEKING, S., NUTTALL, D. and STIERER, S. (1988) *Records of Achievement: Report of the National Evaluation of Pilot Schemes* (PRAISE), London, HMSO.

BROWN, A., ASH, D., RUTHERFORD, M., NAKAGAWA, K., GORDON, A. and CAMPIONE, J. (1993) 'Distributed expertise in the classroom', in SALOMON, G. (Ed) *Distributed Cognitions*, New York, Cambridge University Press.

BROWN, A., CAMPIONE, J., WEBBER, L. and MCGILLY, K. (1992) 'In-teractive learning environments: A new look at assessment and instruction' in GIFFORD, B. and O'CONNOR, M. (Eds) Changing Assessments: Alternative Views of Aptitude, Achievement and Instruc-tion, Boston, Kluwer Academic.

BROWN, M. (1988) 'Issues in formulating and organising attainment targets in relation to their assessment', in TORRANCE, H. (Ed) National Assessment and Testing: A Research Response, London, British Educational Research Association.

BROWN, M. (1991) 'Problematic issues in national assessment', *Cambridge Journal of Education*, 21, 2.

BROWN, M. (1992) 'Elaborate nonsense? The muddled tale of SATS in mathematics at KS 3', in Glpps, C. (Ed) *Developing Assessment for the National Curriculum*, London, ULIE/Kogan Page.

BUTKOWSKY, I. S. and WILLOWS, D. M. (1980) 'Cognitive-motivational characteristics of children varying in reading ability: Evidence of learned helplessness in poor readers', *Journal of Educational Psychology*, 72, pp. 408-22.

CANNELL, J. J. (1987) *Nationally Normed Elementary Achievement Testing in America's Public Schools: How all 50 States are above the National Average*, WV Daniels, Friends for Education.

CANNELL, J. J. (1988) 'Nationally normed elementary achievement test-ing in America's public schools: How all 50 states are above the national average', *Educational Measurement: Issues and Practice*, 7, 2, pp. 5-9.

CANNELL, J. J. (1989) *The Lake Wobegon Report: How Public Educators Cheat on Standardised Achievement Tests*, Albuquerque, NM, Friends for Education.

CHAPMAN, J. W. (1988) 'Learning disabled children's self-concepts', Review of Educational Research, 58, 3, pp. 347-71.

CHITTY, C. and SIMON, B. (Eds) (1993) *Education Answers Back*, Lon-don, Lawrence Wishart.

CLARK, J. L. (1993) *'Targets and target-related assessment: Hong Kong's curriculum and assessment project'*, paper presented at IAEA Con-ference, Mauritius.

CoLE, N. and Moss, P. (1989) 'Bias in test use', in LINN, R. (Ed) (3rd edn) *Educational Measurement*, AERA/NCME, Macmillan.

COOPERSMITH, S. (1967) *The Antecedents of Self-Esteem*, San Francisco, CA, WH Freeman.

CORBETT, D. and WILSON, B. (1988) 'Raising the stakes in state-wide minimum competency testing', *Politics of Education Association Yearbook*, pp. 27-39.

CORBETT, D. and WILSON, B. (1990) *'Unintended and unwelcome: The local impact of state testing'*, paper presented at the AERA Confer-ence, April, Boston.

CRASKE, M. L. (1988) 'Learned helplessness, self-worth motivation and attribution retraining for primary school children', *British Journal of Educational Psychology*, 58, pp. 152-64.

CROCKER, A. C. and CHEESEMAN, R.G. (1988a) 'The ability of young children to rank themselves for academic ability', *Educational Studies*, 14, 1, pp. 105-10.

CROCKER, A. C. and CHEESEMAN, R.G. (1988b) 'Infant teachers have a major impact on children's self-awareness', *Children and Society*, 2, pp. 3-8.

CRONBACH, L. (1988) 'Five perspectives on validity argument', in WEINER, H. and BRAUN, H. (Eds) Princeton, NJ, *Test Validity*, Erlbaum.

CRONBACH, L. J. (1980) 'Validity on parole: How can we go straight?', *New Directions for Testing and Measurement: Measuring Achievement over a Decade*, proceedings of the 1979 ETS Invitational Confer-ence, San Francisco, CA, Jossey-Bass.

CROOKS, TJ. (1988) 'The impact of classroom evaluation practices on students', *Review of Educational Research*, 58, 4.

DAUGHERTY, R. (1994) *National Curriculum Assessment: A Review of Policy 1987-1993*, London, Falmer Press (in Press).

DEPARTMENT OF EDUCATION, N.Z. (1989) *Assessment for Better Learning: A Public Discussion Document*, Wellington, NZ, Government Printer.

DES (1986) *Education in the Federal Republic of Germany: Aspects of Curriculum and Assessment*, an HMI Report, London, HMSO.

DES (1987a) *The National Curriculum 5-16: A Consultation Document*, London, DES/WO. (the TGAT Report)

DES (1987b) *'Improving the basis for awarding GCSE grades'*, unpublished paper, September (made available to TGAT).

DES (1988) *National Curriculum Task Group on Assessment and Testing: A Report*, London,

DES/WO. (the TGAT Report)

DFE (1993) The Education (*Assessment Arrangementsfor the Core Subjects*)(*Key Stage 1*) *Order 1993* (Circular 11/93), London, DFE.

DREVER, E. (1988) 'Criterion-referencing and grade-related criteria: The experience of standard grade', in BROWN, S. (Ed) *Assessment: A Changing Practice*, Edinburgh, Scottish Academic Press.

DUNBAR, S., KORETZ, D. and HoovER, H.D. (1991) 'Quality control in the development and use of performance assessments', *Applied Measurement in Education*, 4, 4, pp. 289-303.

DwECK, C. S. (1986) 'Motivational processes affecting learning', *American Psychologist*, 41, pp. 1040-8.

DwECK, C.S., DAVIDSON, W., NELSON, S. and ENNA, B. (1978) 'Sex differences in learned helplessness: 11 The contingencies ofevaluative feedback in the classroom and 111, An experimental analysis', *Developmental Psychology*, 14, 3, pp. 268-76.

DwECK, C.S. and GILLIARD, D. (1975) 'Expectancy statements as de-terminants of reactions to failure: Sex differences in persistence and expectancy change', *Journal of Personal and Social Psychology*, 32, pp. 1077-84.

EDUCATIONAL TESTING SERVICE (1986) *ETS Standards for Quality and Fairness*, Princeton, NJ, ETS.

EDWARDS, D. and MERCER, N. (1989) *Common Knowledge*, London, Routledge.

EISNER, E. (1993) 'Reshaping assessment in education: Some criteria in search of practice', Journal Curriculum Studies, 25, 3, pp. 219-33.

ENTWISTLE, N. (1992) *The Impact of Teaching on Learning Outcomes in Higher Education*, Sheffreld, CVCP, Staff Development Unit.

FILER, A. (1993) 'Contexts ofassessment in a primary classroom', *British Educational Research Journal*, 19, 1.

FRECHTLING, J. (1991) 'Performance assessment: Moonstruck or the real thing?', *Educational Measurement: Issues and Practice*, winter.

FREDERIKSEN, J. and COLLINS, A. (1989) 'A systems approach to educa-tional testing', *Educational Researcher*, 18, 9, pp. 27-32.

FREDERIKSEN, N. (1984) 'The real test bias: Influences of testing on teaching and learning', *American Psychologist*, 39, 3, March, pp. 193-202 .

GIPPS, C. (1990) *Assessment: A Teachers' Guide to the Issues*, London, Hodder and Stoughton.

GIPPS, C. (1991) unpublished report of ULIE visit to Academy of Pedagogical Science, Moscow, March.

GIPPS C. (1992a) '*National testing at seven: What can it tell us?*', paper presented at the AERA conference, April, San Francisco.

GIPPS, C. (1992b) *What We Know About Effective Primary Teaching,* London File, Tufnell Press.

GIPPS, C. (1993a) '*Reliability validity and manageability in large scale performance assessment*', paper presented at the AERA conference, April, Atlanta.

GIPPS, C. (1993b) 'The profession of educational research', BERA Presidential Address, *British Educational Research Journal*, 19, 1, pp. 3-16.

GIPPS, C. and GOLDSTEIN, H. (1983) *Monitoring Children: An Evaluation of the Assessment of Performance Unit*, London, Heinemann Educa-tional Books.

GIPPS, C., MCCALLUM, B., MCALISTER, S. and BROWN, M. (1992) 'National assessment at seven: Some emerging themes', in GIPPS, C. (Ed) *Developing Assessmentfor the National Curriculum*, London, Bedford Way Series, ULIE/Kogan Page.

GIPPS, C. and STOBART, G. (1993) *Assessment: A Teachers' Guide to the Issues* (2nd edn), London, Hodder and Stoughton.

GIPPS, C. and MURPHY, P. (1994) *A Fair Test? Assessment, Achievement and Equity*, Milton Keynes, Open University Press.

GIPPS, C., STEADMAN, S., STIERER, B. and BLACKSTONE, T. (1983) *Testing Children, Standardised Testing in Schools and LEAs*, London, Heinemann Educational Books.

GIPPS, C., BROADFOOT, P., DOCKRELL, B., HARLEN, W. and NUTTALL, D. (1993) 'Problems in national assessment: A research critique', in BROADFOOT, P., DOCKRELL, B., GIPPS, C., HARLEN, W. and NUTTALL, D. (Eds) *Policy Issues in National Assessment*, BERA Dialogues 7, Multilingual Matters.

GLASER, R. (1963) 'Instructional technology and the measurement of learning outcomes: Some questions', *American Psychologist*, 18, pp. 519-21.

GLASER, R. (1990) 'Toward new models for assessment', *International Journal of Educational Research*, 14, 5, pp. 475-83.

GODDARD-SPEAR, M. (1983) *Sex Bias in Science Teachers' Ratings of Work*, Contribution to the Second GASAT Conference, Oslo, Norway.

GOLDSTEIN, H. (1992) *Recontextualising Mental Measurement*, London, ICRA Research Working Paper, ULIE. [Published in *Educational Mreasurement: Issues and Practice* 1994, Vol. 13, 1]

GOLDSTEIN, H. (1993) 'Assessing group differences', *Oxford Review of Education*, 19, 2, pp. 141-50.

GOLDSTEIN, H. and WOOD, R. (1989) 'Five decades of item response modelling', *British Journal of Mathematical and Statistical Psychology*, 42, pp. 139-67.

GROSVENOR, R.W. (1993) '*Developing a new certlfication programme incorporating internal and external criterion-based assessment*', paper presented at the IAEA Conference, Mauritius.

GUBA, E. and LINCOLN, Y. (1989) *Fourth Generation Evaluation*, London Sage.

GUION, R. M. (1980) 'On trinitarian doctrines of validity' *Professional Psychology*, 11, pp. 385-98.

GURNEY, P. (1987) 'Self-esteem enhancement in children: A review of research fmdings', *Educational Research*, 29, 2, pp. 130-6.

GURNEY, P. (1988) *Self Esteem in Children with Special Educational Needs*, London, Routledge.

HAERTEL, E. (1991) 'New forms of teacher assessment', Review of *Research in Education*, 17, pp. 3-29.

HAERTEL, E. (1992) 'Performance measurement', in ALKIN, M. (Ed) *Encyclopedia of Educational Research* (6th edn), London, Macmillan Publishing.

HAERTEL, E. (1993) *'Evolving conceptions ofthe generalisability ofperform-ance assessments'*, paper presented at the AERA conference, April, Atlanta.

HALADYNA, T., NOLEN, S. and HAAS, N. (1991) 'Raising standardised achievement test scores and the origins of test score pollution', *Educational Researcher*, 20, 5, pp. 2-7.

HAMBLETON, R. K. and ROGERS, H. J. (1991) 'Advances in criterion-referenced measurement', in HAMBLETON, R.K. and ZAAL, J.N. (Eds) *Advances in Educational and Psychological Testing: Theory and Applications*, London, Kluwer Academic Publishers.

HANEY, W. and MADAUS, G. (1989) 'Searching for alternatives to standardised tests: The whats, whys and whithers', *Phi Delta Kappa*, 70, 9, pp. 683-7.

HANEY, W. and MADAUS, G. (1991) 'The evolution ofethical and tech-nical standards for testing', in HAMBLETON, R.K. and ZAAL, J. N. (Eds) *Advances in Educational and Psychological Testing: Theory and Applications*, London, Kluwer Academic Publishers.

HANEY, W., MADAUS, G. and LYONS, R. (1993) *The Fractured Mar-ketplace for Standardized Testing*, London, Kluwer Academic Publishers.

HANSEN, J. (1993) *'Assessment in the year 2001 ; The darkness and the light'*, paper presented at the NCME Conference, April, Atlanta.

HARGREAVES, A. (1986) 'Record breakers?' in BROADFOOT, P. (Ed) *Profiles and Records of Achievement*, London, Holt, Rinehart and Winston.

HARGREAVES, A. and REYNOLDS, D. (1988) 'The crisis of motivation and assessment' in *Education Policies: Controversies and Critiques*, London, Falmer Press.

HARLEN, W. (Ed) (1994) *Enhancing Quality in Assessment*, BERA Policy Task Group on Assessment, Paul Chapman Publishers.

HARLEN, W., Glpps, C., BROADFOOT, P. and NUTTALL, D. (1992) 'Assessment and the improvement of education', *The Curriculum Journal*, 3, 3.

HARNISCH, D. and MABRY, L. (1993) 'Issues in the development and evaluation of alternative assessments' ,*Journal of Curriculum Studies*, 25, 2, pp. 179-87.

HMI (1979) *Aspects of Secondary Education in England*, London, HMSO.

HMI (1988) *The Introduction of the GCSE in Schools 1986-1988*, Lon-don, HMSO.

HOLMES, E. (1911) *What Is and What Might Be*, London, Constable and Co Ltd.

IVIC, I. (1991) *'Theories of mental development and the problem of education outcomes'*, paper presented at the General Assembly of the ANES Project September, Switzerland, CERI/OECD.

JAMES, M. and CONNER, C. (1993) 'Are reliability and validity achievable in National Curriculum assessment? Some observations on mod-eration at Key Stage One in 1992', The CurriculumJournal, 4, I .

JENSEN, M. (1985) 'Development of a pre-school self-concept scale', *Early Child Development and Care*, 22, pp. 89-107.

JESSUP, G. (1991) *Outcomes: NVQs and the Emerging Model of Education and Training*, London, Falmer Press.

JOHNSON, C. and BLINKHORN, S. (1992) *Validating NVQ Assessment*, Technical Report No 7, Employment Department Methods Strategies Unit.

JOINT COMMITTEE ON TESTING PRACTICES (1988) *Code of Fair Testing Practices in Education, Washington*, DC, JCTP.

KELLAGHAN, T. and MADAUS, G. (1993) *'Using public examinations to improve motivation'*, paper prese nted at the AERA conference, April, Atlanta.

KELLAGHAN, T., MADAUS, G. and AIRASIAN, P. (1982) *The Effects of Standardised Testing*, Boston, MA, Klumer Nijhoff Publishing.

KINGDON, M. and STOBART, G. (1987) *The Draft Grade Criteria: A Review of LEAG Research*, LEAG Discussion Paper.

KORETZ, D. (1988) 'Arriving in Lake Wobegon: Are standardised tests exaggerating achievement and distorting instruction?', *American Educator*, 12, 2.

KORETZ, D., LINN, R., DUNBAR, S. and SHEPARD, L. (1991) *'The effects of high stakes testing on achievement: Preliminary findings about generalization across tests'*, paper presented to the AERA/NCME, April, Chicago.

KORETZ, D., MCCAFFREY, D., KLEIN, S., BELL, R. and STECHER, B. (1993) *The Reliability of Scoresfrom the Vermont Portfolio Assessment Program*, CSE Technical Report 355, CRESST, UCLA.

KORETZ, D. , STECHER, B. and DIEBERT, E. (1992) *The Vermont Portfolio Assessment Program: Interim Report*, CRESST, February.

KUHN, T. S. (1970) *The Structure of Scientlfic Revolutions*, Chicago, IL, University of Chicago Press. ［クーン，トーマス『科学革命の構造』中山茂訳，みすず書房］

KULHAVEY, R. W. (1977) 'Feedback in written instruction', *Review of Edacational Research*, 47, 1, pp. 211-32.

KULIK, J. A., KULIK, C-L.C. and BANGERT-DROWNS, R. L. (1990) 'Ef-fectiveness of mastery learning programs: A meta-analysis', *Review of Educational Research*, 60, pp. 265-300.

LANE, S., STONE, C., ANKENMAUM, R. and LIU, M. (1992) *'Empirical evidence for the reliability and validity of performance assessments'*, paper presented at the AERA conference, San Francisco.

LAWRENCE, D. (1988) *Enhancing Self-Esteem in the Classroom*, London, Chapman.

LE UNES, A. K., NATION, J. R. and TURLEY, N. M. (1980) 'Male-female performance in learned helplessness', *Journal of Psychology*, 104, pp. 255-8.

LINDQUIST, E. F. (1951) 'Preliminary considerations in objective text construction', in LINDQUIST, E. F. (Ed) *Educational Measurement*, American Council on Education, Washington, Macmillan. pp. 119-184.

LINN, M. C. (1992) 'Gender differences in educational achievement' in Educational Testing

Service *Sex Equity in Educational Opportunity, Achievement and Testing*, Princeton, NJ, E.T.S.

LINN, R. L. (1980) 'Issues of validity for criterion-referenced measures', *Applied Psychological Measurement*, 4, 4, Fall.

LINN, R. L. (1981) *'Curricular validity: Convincing the courts that it was taught without precluding the possibility of measuring it'*, paper pre-sented at the Ford Foundation conference, October, Boston College, MA.

LINN, R. L. (Ed) (1989) *Educational Measurement* (3rd edn), American Council on Education, Washington Macmillan. [リン・ロバート『教育評定学』上・下, 池田央訳, みくに出版]

LINN, R. L. (1992) *'Linking results of distinct assessments'*, unpublished, August.

LINN, R. L. (1993a) 'Educational assessrnent: Expanded expectations and challenges', *Educational Evaluation and Policy Analysis*, 15, 1.

LINN, R. L. (1993b) *'Criterion-referenced measurement: A celebrated and frequently elaborated concept needed for the 21st century*, paper pre-sented at the AERA conference, April, Atlanta.

LINN, R. L. , BAKER, E. and DUNBAR, S. (1991) 'Complex, performance-based assessment: Expectations and validation criteria', Educational Researcher, 20, 8, pp. 15-21.

LINN, R. L., GRAVE, E. and SANDERS, N. (1990) 'Comparing state and district test results to national norms: The validity of the claim that "everyone is above average" ', *Educational Measurement: Issues and Practice*, 5, 14, Fall.

MCCALLUM, B., MCALISTER, S., BROWN, M. and GIPPS, C. (1993) 'Teacher assessment at Key Stage One', *Research Papers in Education*, 8, 3, pp. 305-27.

McGAW, B. (1993) *Presidential Address*, IAEA Conference, May, Mauritius .

MCINTYRE, D. and BROWN, S. (1978) 'The conceptualisation of attain-ment', *British Educational Research Journal*, 4, 2, pp. 41-50.

MADAUS, G. (1988) 'The influence of testing on the curriculum' in Tanner (Ed) *Critical Issues in Curriculum*, 87th Yearbook of NSSE Part I , Chicago, IL, University of Chicago Press.

MADAUS, G. (1992a) *'Educational measurement in America: What's right, what's wrong? A proper-use perspective'*, paper presented at the AERA conference, April, San Francisco.

MADAUS, G. (1992b) 'An independent auditing mechanism for testing', *Educational Measurement: Issues and Practice*, Spring, pp. 26-31.

MADAUS, G. (1992c) *'A technological and historical consideration of equity issues associated with proposals to change the nation's testing policy'*, paper presented at the symposium on Equity and Educational Testing and Assessment, March, Washington, DC.

MEHRENS, W. (1992) 'Using performance assessment for accountabil-ity purposes', *Educational Measurement: Issues and Practice*, spring, pp. 3-20.

MEHRENS, W. and KAMINSKI, J. (1989) 'Methods for improving stand-ardised test scores: Fruitful, fruitless or fraudulent?', *Educational Measurement: Issues and Practice*, Spring, pp. 14-22.

MESSICK, S. (1981) 'Constructs and their vicissitudes in educational and psychological measurement', *Psychological Bulletin*, 89, pp. 575-88.

MESSICK, S. (1984) 'The psychology of educational measurement', *Journal of Educational Measurement*, 21, pp. 215-38.

MESSICK, S. (1989a) 'Validity', in LINN, R. (Ed) *Educational Measurement* (3rd edn) American Council on Education, Washington, Macmillan.

MESSICK, S. (1989b) 'Meaning and values in test validation: The science and ethics of assessment', *Educational Researcher*, 18, 2, pp. 5-11.

MESSICK, S. (1992) *The Interplay of Evidence and Consequences in the Validation of Performance Assessments*, Research Report ETS, July.

MEYER, C. A. (1992) 'What's the difference between authentic and performance assessment?', *Educational Leadership*, 49, 8.

MILLER, D. and SERAPHINE, A. (1992) *'Teaching to the test with alternative assessment'*, paper presented at the NCME conference, April, San Francisco.

MISLEVY, R. J. (1992) *Linking Educational Assessments. Concepts, Issues, Methods and Prospects*, Princeton, NJ, ETS.

MISLEVY, R. J. (1993) *'Test theory reconceived'*, paper presented at the NCME conference, April, Atlanta.

MITCHELL, R. and KANE, M. (1992) *Evaluating Edacational Reform: Assessment of Student Performance*, Draft Report Pelavin Associates Inc. Washington, DC.

MORTIMORE, P., SAMMONS, P., STOLL, L., LEWrs, D. and EcoB, R. (1988) *School Matters: The Junior Years*, Wells, Open Books.

MOSS, P. A. (1992) 'Shifting conceptions of validity in educational measurement: Implications for performance assessment', *Review of Educational Research*, 62, 3, pp. 229-58.

MURPHY, P. (1993) *'Some teacher dilemmas in practising authentic assess-ment'*, paper presented to the AERA Conference, April, Atlanta.

MURPHY, R. (1982) 'A further report ofinvestigations into the reliability of marking of GCE examinations', *BJEP*, 52, pp. 58-63.

MURPHY, R. (1986) 'The emperor has no clothes: Grade criteria and the GCSE' in GIPPS, C. (Ed) *The GCSE: An Uncommon Exam* Lon-don, ULIE, Bedford Way Paper No 29.

MURPHY, R. (1990) 'National assessment proposals: Analysing the debate' in FLUDE, M. and HAMMER, M. (Eds) *The Education Re-form Act 1988*, London, Falmer Press.

NATIONAL FORUM ON ASSESSMENT (1992) 'Criteria for evaluation of student assessment systems', *Educational Measurement: Issues and Practice*, Spring, p. 32.

NEEDS (1990) *GCSE Coursework and its Management*, The NEEDS project, London, ULEAC.

NFER/BGC (1991) *An Evaluation of National Curriculum Assessment: Report 3*, June.

NFER/BGC (1992) *An Evaluation of the 1992 National Curriculum As-sessment at KSI*, September.

NISBET, J. (1993) 'Introduction' in *Curriculum Reform: Assessment in Question* Paris, OECD.

NISEAC (1991) *Pupil Assessment in Northern lreland*, Advice to Lord Belstead, Paymaster

General, January.
NORRIS, S. P. (1989) 'Can we test validly for critical thinking?', *Educational Researcher*, 18, 9, pp. 21-6.
NUTTALL, D. (1987) 'The validity ofassessments', *European Journal of Psychology of Education*, 11, 2, pp. 109-18.
NUTTALL, D. (1992) 'Performance assessment: The message from England', *Educational Leadership*, 49, 8.
NUTTALL, D., BACKHOUSE, G. and WILLMOTT, A. (1974) *Comparability of Standards Between Subjects*, Schools Council Bulletin 29, Methuen.
OAKES, J. (1991) 'The many-sided dilemmas of testing' in *Voices from the Field: 30 Expert Opinions on America 2000, the Bush Administration Strategy to 'Reinvent' America's Schools*, William T Grant Foundation Commission.
OERI (1992) *Hard Work and High Expectations: Motivating Students to Learn?* Washington, D.C., OERI.
ORR, L. and NUTTALL, D. (1983) *Determining standards in the proposed system of examining at 16+*, Comparability in Examinations Occasional Paper 2, London, Schools Council.
PHILLIPS, D. (1991) 'Assessment in German schools', *Journal of Curriculum Studies*, 23, 6.
PHILLIPS, G. (1990) 'The Lake Wobegon effect', *Educational Measurement: Issues and Practice*, Fall, p. 3 and 14.
PILLINER, A.E.G. (1979) 'Norm-referenced and criterion-referenced tests An evaluation' in *Issues in Educational Assessment*, Edinburgh, Scottish Education Department, HMSO.
PINTRICH, P.R. and BLUMENFELD, P.C. (1985) 'Classroom experience and children's self-perceptions ofability, effort and conduct', *Journal of Educational Psychology*, 77, 6, pp. 646-57.
PIPHO, C. (1985) 'Tracking the reforms, Part 5: Testing can it meas-ure the success ofthe reform movement?', *Education Week*, 22 May, p. 19, quoted in HANEY, W. and MADAUS, G. (1989).
POLLARD, A. (1985) *The Social World ofthe Primary School*, London, Holt, Rinehart and Winston.
POLLARD, A. (1990) 'Toward a sociology oflearning in primary school', *British Journal of Sociology of Education*, 1 1, 3.
POPHAM, J. (1984) 'Specifying the domain ofcontent or behaviours', in BERK, R. A. (Ed) *A Guide to Criterion-Referenced Test Construction*, Baltimore, MD, John Hopkins University Press.
POPHAM, J. (1987a) 'The merits of measurement-driven instruction', *Phi Delta Kappa*, May, pp. 679-82.
POPHAM, J. (1987b) 'Two-plus decades of educational objectives', *International Journal of Educational Research*, 11, 1.
POPHAM, J. (1992) Educational testing in America: What's n~ht, what's wrong?, paper presented at the AERA conference, April, San Francisco.

POPHAM, J. (1993a) *The instructional consequences of criterion-referenced clarity*, paper presented at the AERA conference, April, Atlanta.
POPHAM, J. (1993b) 'Circumventing the high costs of authentic assess-ment', *Phi Delta Kappan*, February.
RADNOR, H. and SHAW, K. (1994) 'Developing a colaborative approach to moderation: The moderation and assessment project-southwest', in TORRANCE, H. (Ed) *Evaluating Authentic Assessment*, Buckingham, Open University Press.
RESNICK, L. (1989) 'Introduction' in RESNICK, L. (Ed) (1989) Knowing, Learning and Instruction. Essays in honour ofR Glaser, NewJersey Lawrence Erlbaum Associates.
RESNICK, L.B. and RESNICK, D.P. (1992) 'Assessing the thinking cur- riculum: New tools for educational reform', in GIFFORD, B. and O'CONNOR, M. (Eds) *Changing Assessments: Alternative Views of Aptitude, Achievement and Instruction*, London, Kluwer Academic Publishers .
SADLER, R. (1987) 'Specifying and promulgating achievement stand-ards', *Oxford Review of Education*, 13, 2.
SADLER, R. (1989) 'Formative assessment and the design ofinstructional systems', *Instructional Science*, 18, pp. 119-44.
SADLER, R. (1992a) 'Scaled school assessments: The effect of measure- ment errors in the scaling test', *Australian Journal of Education*, 36, 1, pp. 30-7.
SADLER, R. (1992b) '*Standards-based assessment in the secondary school: The Queensland experience*', paper presented at the conference 'Quali-fications for the 2lst Century', January, Wellington, New Zealand Qualifications Authority.
SALMON-COX, L. (1981) 'Teachers and standardised achievement tests: What's really happening?', *Phi Delta Kappa*, May.
SATTERLY, D. (1994) 'The quality of external assessment', in HARLEN, W. (Ed) *Enhancing Quality in Assessment*, Paul Chapman Publishers.
SCHAGEN, I. and HUTCHISON, D. (1991) *Reliability and Allied Measure-ments for Criterion-Referenced Assessment*, Final Report to ESRC, December, Windsor, NFER.
SEAC (1989) *Progress Report on the GCSE*, July.
SEAC (1991) *National Curriculum Assessment at Key Stage 3: A Review of the 1991 Pilots with Implications for 1992*, EMU, SEAC.
SEAC (1992) 'National Curriculum assessment: Assessment arrange-ments for core and other foundation subjects', *A Moderator's Hand-book 1991/2*, London, SEAC.
SEAC (1993) *School Assessment Folder*, London, SEAC.
SEC (1984) *The Development of Grade-Related Criteria for the GCSE: A briefing Paperfor Working Parties*, London, SEC.
SEC (1985) *DIfferentiated Assessment in GCSE*, Working Paper One, London, SEC.
SENIOR SECONDARY ASSESSMENT BOARD OF SOUTH AUSTRALIA (1988) *Assessment and Moderation Policy*, Information Booklet No 2.
SHAVELSON, R., BAXTER, G. and PINE, J. (1992) 'Performance assess-merits: Political

rhetoric and measurement reality', *Educational Researcher*, 21, 4.
SHEPARD, L. (1990) 'Inflated test score gains: Is the problem old norms or teaching to the test?', *Educational Measurement: Issues and Practice*, Fall, pp. 15-22.
SHEPARD, L. (1991) 'Psychometricians' beliefs about learning', *Educational Researcher*, 20, 7.
SHEPARD, L. (1992a) 'What policy makers who mandate tests should know about the new psychology of intellectual ability and learn-ing', in GIFFORD, B. and O'CONNOR, M. (Eds) *Changing Assess-ments: Alternative Views of Aptitude, Achievement and Instruction* London, Kluwer Academic Publishers.
SHEPARD, L. (1992b) *Will National Tests Improve Student Learning?*, CSE Technical Report 342, CRESST, University of Colorado, Boulder.
SHEPARD, L. (1993) 'Evaluating test validity', *Review of Research in Education*, 19, pp. 405-50.
SHORROCKS, D., DANIELS, S., FROBISHER, L., NELSON, N., WATERSON, A. and BELL, J. (1992) *ENCA I Project Report*, London, SEAC.
SMITH, M.L. (1991a) 'Put to the test: The effects of external testing on teachers', *Educational Researcher*, 20, 5, June-July, pp. 8-11.
SMITH, M.L. (1991b) 'Meanings of test preparation', *American Educa-tional Research Journal*, 28, 3.
STERNBERG, R. J. (1981) 'Testing and cognitive psychology', *American Psychologist*, 36, pp. 1181-9.
STIGGINS, R. J. (1992) 'TWO disciplines of educational assessment', Ra-per presented at ECS Assessment Conference June 1992, Boulder, Colorado. In Press: *Measurement and Evaluation in Counseling and Development*.
STIGGINS, R. and BRIDGEFORD, N. (1982) *'The role of performance assess- ment in day to day classroom assessment and evaluation'*, paper pre-sented at the NCME conference, March, New York.
SwAIN, M. (1990) 'Second language testing and second language acquisition: Is there a conflict with traditional psychometrics?', in *Georgetown University Round Table on Languages and Linguistics*, Washington, DC, Georgetown University Press.
TITTLE, C. K. (1989) 'Validity: Whose construction is it in the teaching and learning context?', *Educational Measurement: Issues and Practice*, 8, 1, Spring.
TIZARD, B., BLATCHFORD, P., BURKE, J., FARQUHAR, C. and PLEWls, I. (1988) *Young Children at School in the Inner City*, Hove, Lawrence Erlbaum Associates.
TORRANCE, H. (1991) 'Records of achievement and formative assess-ment: Some complexities of practice', in STAKE, R. (Ed) *Advances in Program Evaluation*, 1, Part A, London, JAI Press.
TORRANCE, H. (1993a) 'Formative assessment Some theoretical problems and empirical questions', *Cambridge Journal of Education*, 23, 3.
TORRANCE, H. (1993b) *'Assessment, curriculum and theories of learning: Some thoughts on assessment and postmodernism'*, paper presented to ESRC/BERA Seminar, June Liverpool.

VAN OUDENHOVEN, J.P. and SIERO, F. (1985) 'Evaluative feedback as a determinant of the Pygmalion effect', *Psychological Reports*, 57, pp. 755-61.

WALKERDINE, V. (1984) 'Developmental psychology and the child centred pedagogy' in HENRIQUES, J. et al. (Eds) *Changing the Subject: Psychology, Social Regulation and Subjectivity*, London, Methuen.

WHITE, R.T. (1992) 'Implications of recent research on learning for curriculum and assessment', *Journal of Curriculum Studies*, 24, 2, pp. 153-64.

WIGGINS, G. (1989a) 'A true test: Toward more authentic and equitable assessment' *Phi Delta Kappa*, 70, pp. 703-13.

WIGGINS, G. (1989b) 'Teaching to the (authentic) test', *Educational Leadership*, 46, 7, pp. 41-7.

WIGGINS, G. (1992) 'Creating tests worth taking', Educational Leader-ship, 49, 8.

WILIAM, D. (1992) 'Some technical issues in assessment: A user's guide, *British Journal of Curriculum and Assessment*, 2, 3, pp. 11-20.

WILIAM, D. (1993) *'Reconceptualising validity, dependability and reliability for National Curriculum assessment*, paper given to BERA Confer-ence, Liverpool.

WILLIS, D. (1992a) 'Educational assessment and accountability: A New Zealand case study', Journal ofEducation Policy, 7, 2.

WILLIS, D. (1992b) *'Learning and assessment: Exposing the inconsistencies of theory and practice'*, paper presented at ULIE, March.

WILSON, M. (1992) 'Educational leverage from a political necessity: Implications of new perspectives on student assessment for chap-ter I evaluation', *Educational Evaluation and Policy Analysis*, 14, 2, pp. 123-44.

WITTROCK, M.C. and BAKER, E.L. (1991) *Testing and Cognition*, Englewood Cliffs, NJ, Prentice Hall.

WOLF, A. (1993) *Assessment Issues and Problems in a Criterion-Based System*, FEU Occasional Paper.

WOLF, A., KELSON, M. and SILVER, R. (1990) *Learning in Context: Patterns of Skills Transfer and Training Implications*, Sheffreld, The Training Agency.

WOLF, D., BIXBY, J., GLENN, J. and GARDNER, H. (1991) 'To use their minds well: Investigating new forms ofstudent assessment', *Review of Research in Education*, 17, pp. 31-74.

WOOD, R. (1986) 'The agenda for educational measurement', in NUTTALL, D. (Ed) *Assessing Educational Achievement*, London, Falmer Press.

WOOD, R. (1987) *Measurement and Assessment in Education and Psychology*, London, Falmer Press.

WOOD, R. (1991) *Assessment and Testing. A Survey of Research*, Cam-bridge, Cambridge University Press.

第二版への訳者あとがき

　本書が最初に出版された頃には，パフォーマンス評価とか，ポートフォリオ評価といった新しい評価方法に関する議論はほとんどなかった．現在では，国の政策文書にまでパフォーマンス評価などの用語が登場するようになった．大学入試においては，2020年度（2021年1月実施，2021年度入学生対象）より，一部に記述式を導入した大学入学共通テストが実施されることになっている．外国語に関しては，民間機関の資格試験を利用するという形での4技能（話す・書く・聞く・読む）の評価を入試に使うことになる．これまでのマークシートによる択一式の試験からの転換がようやく始まろうとしている．

　小学校から高等学校までの学習評価に関しても，国立教育政策研究所が作成する「評価規準作成のための参考資料」に評価事例が示されるようになった．これは本書中で言及しているスタンダード準拠評価が一部導入され始めたことを意味する．原著は1994年に書かれたものではあるが，わが国の評価は欧米での評価の学問的水準から30年以上遅れており，本書の内容は我が国にとってこれから理解される必要のあるものが多数ある．例えば，大学入学共通テスト導入の議論の中で，わが国の評価の専門家と言われる人物が「国語の書く能力と，センター試験の択一式問題の結果は相関関係にあるから，わざわざ採点の難しい記述式問題を出題しなくても，択一式で十分である」と堂々と主張して何の批判も受けないことに驚くのである．本書の妥当性に関する章を読めば，これがいかにとんでもない主張であるか分かるはずである．

　本書は精神測定学に立脚した評価から，教育評価への転換を目指したものである．この転換はわが国の学校教育でいま最も必要としていることであり，本書が欧米に比べて30年以上遅れてしまった我が国の評価の改善に寄与するものであると考える．

　　　2018年4月

　　　　　　　　　　　　　　　　　　　　　　　　　　　　　　　　訳　者

キャロライン・V・ギップス(Carolaine V. Gipps)

　ロンドン大学教育学部・ディーン研究所教授．心理学を専攻，初等学校教師として勤務後，研究職に転じる．パフォーマンス評価を組み込んだ全国学力調査（APU），標準テスト，特別な教育プログラムに生徒を振り分ける手続き，ナショナル・カリキュラムの評価方法，評価での公平性の問題，形成的評価などについての研究で著名である．1992年から1993年まで，英国教育研究学会（BERA）会長，パトリシア・マーフィーとの共著 "Fair Test? Assessment, Achievement and Equity"（『テストは公平か？　評価，達成事項，公平の問題』）は，1994年教育関係書籍でSCSE賞を受ける．代表作著作として，本書の他に "Intuition or Evidence"（『直観的，それとも証拠の収集による評価か』）や "Teachers and National Assessment of Seven Years Olds"（『英国のナショナル・カリキュラムでの7歳児の評価と教師の対応の在り方』）などがある．

鈴木秀幸（訳者）

　1953年生まれ．早稲田大学政治経済学部卒業，2000年中央教育審議会教育課程審議会「指導要録検討のためのワーキンググループ」専門委員，2006年〜2008年国立教育政策研究所客員研究員，2009年中央教育審議会教育課程部会「児童生徒の学習評価の在り方に関するワーキンググループ」専門委員，2016年中央教育審議会教育課程部会「総則・評価特別部会」委員，2017年中央教育審議会教育課程部会「児童生徒の学習評価に関するワーキンググループ」委員．
（著書）『スタンダード準拠評価』（図書文化，共著），『観点別学習状況の評価規準と判定基準』（図書文化），『平成29年度版　小学校新学習指導要領ポイント総整理』（東洋館），『平成29年度改訂　中学校教育課程実践講座　総則』（ぎょうせい）など．（訳書）『教師と子供のポートフォリオ評価』（論創社）．現在，袋井高校に勤務．

新しい評価を求めて――テスト教育の終焉

2001年7月15日　初版発行
2018年5月15日　第二版発行

著　者　　キャロライン・V・ギップス

訳　者　　鈴木　秀幸

発行者　　森下　紀夫
発行所　　㈲論　創　社
〒101-0051　東京都千代田区神田神保町2-23 北井ビル　TEL 03（3264）5254
FAX 03（3264）5232　郵便振替番号　00160-1-155266
組版　ワニプラン　印刷・製本　中央精版印刷

落丁本・乱丁本はお取り替えいたします